Jeremy Howe hat seine beiden Töchter nach dem gewaltsamen Tod seiner Frau Elizabeth allein großgezogen. Jessica und Lucy sind mittlerweile erwachsen, Jeremy hat zum zweiten Mal geheiratet. Er lebt mit seiner Frau in London, wo er als Chefredakteur für Hörspiele bei BBC, Radio 4, dem weltweit bedeutsamsten Sender für Hörspielproduktionen, arbeitet. Jeremy Howe war als Regisseur, Produzent und Autor für zahlreiche Werke auf der Bühne, im Radio und im Fernsehen zuständig, aber MAMAPAPA ist sein allererstes Buch.

Jeremy Howe

MamaPapa

Wie ich nach dem Tod meiner Frau
meine Familie neu erfand

Aus dem Englischen von
Karl-Heinz Ebnet

BASTEI
LÜBBE
TASCHENBUCH

BASTEI LÜBBE TASCHENBUCH
Band 60660

1. Auflage: Februar 2012

Bastei Lübbe Taschenbuch in der Bastei Lübbe GmbH & Co. KG

Titel der Englischen Originalausgabe:
»Mummydaddy«
Für die Originalausgabe:

Für die deutschsprachige Ausgabe:

Textredaktion: Dr. Ulrike Strerath-Bolz, Friedberg
Titelbild: © Robert Houser/Getty Images
Umschlaggestaltung: Sandra Taufer, München
Autorenfoto und Fotos im Innenteil: © privat
Satz: hanseatenSatz-bremen, Bremen
Gesetzt aus der Stempel Garamond
Druck und Verarbeitung: CPI – Ebner & Spiegel, Ulm
Printed in Germany
ISBN 978-3-404-60660-3

Mit all meiner Liebe für Jennie, Jessica und Lucy.
Und für Lizzie.

Am Abend des 25. Juli 1992 versammelten sich die Anglistik-Studenten der Open University Summer School in einem Seminarraum der Universität York, um von ihren Dozenten willkommen geheißen zu werden und anschließend eine Vorlesung über das dichterische Schaffen von Stevie Smith zu hören.

Die Begrüßungsworte waren gesprochen, es fehlte nur die Dozentin, die die Vorlesung halten sollte – Dr. Elizabeth Howe, BA (Oxford), M. phil. (London), D. phil. (London). Sie war bereits auf dem Campus gesehen worden – kurz nach dem Mittagessen war sie eingetroffen –, und ihr Ausbleiben war daher nicht recht zu erklären, weshalb der Vorsitzende der Versammlung in Begleitung eines Hausmeisters schließlich ihr Zimmer aufsuchte und nach mehrmaligem Anklopfen eintrat.

Dort fanden sie ihren nackten, verstümmelten Leichnam. Alles war mit Blut bespritzt. Sie war zweifellos ermordet worden.

Dr. Elizabeth Howe, Lizzie, war meine Frau und die Mutter unserer beiden Kinder Jessica (sechs Jahre) und Lucy (vier Jahre).

Das hier ist unsere Geschichte.

Kapitel 1

Haben Sie auch das Gefühl, dass Geburts- und Jahrestage immer geballt auftreten? Meine Mutter, mein Schwiegervater, meine Cousine und mein Patensohn haben alle in der ersten Septemberwoche Geburtstag, in der gleichen Woche, in der Lizzie und ich geheiratet haben. Es handelt sich also um eine Woche, in der ich Karten und Geschenke kaufen sollte, aber da ich ein Mann bin, vergesse ich mit schöner Regelmäßigkeit die Hälfte davon. Meine Familie, die Howes, nimmt solche Tage äußerst ernst, Sie können sich daher vorstellen, wie der Frühsommer für mich aussieht: Unsere Jüngste, Lucy, wurde am 18. Mai geboren, ihre ältere Schwester Jessica am 9. Juni und ihre Mutter, Lizzie, am 28. Juni; mein gebeuteltes Bankkonto wurde gleich mehrfach gesprengt.

1992 war keine Ausnahme. Im Grunde war es noch schlimmer als sonst, weil wir beschlossen hatten, in den sauren Apfel zu beißen und die Küche in unserem kleinen, aber wunderbaren Oxforder Reihenhaus herausreißen und die Grundfläche verdoppeln zu lassen. Die Arbeiten sollten in der Woche nach Lucys Geburtstag beginnen und zwei Wochen nach Lizzies Geburtstag beendet sein.

Lucy war vier Jahre alt und wegen ihrer Geburtstagsparty ganz aus dem Häuschen.

Solche Partys fangen immer am Samstagnachmittag um drei Uhr an, enden um fünf und durchlaufen wie der Schmerz (wobei sie nur geringfügig weniger traumatisch sind) sieben Phasen.

Phase eins: die Vorbereitung. Natürlich geht eine Woche der Planung voraus, am Morgen der Party zieht man in banger Erwartung des Wetters die Schlafzimmervorhänge zurück. Dieser Samstag sollte jedoch ein schöner Tag werden. Ähnlich wie beim traditionellen sommerlichen Zeitvertreib der Examensprüfungen sorgte die anstehende Party bei Lizzie und mir für einiges Nervenflattern. Wir waren keineswegs die geborenen Gastgeber, nahmen die Party aber sehr ernst: Würden die Spiele (sie fielen in meine Verantwortung) den Erwartungen entsprechen? Würde der Kuchen (Lizzies Domäne) Billigung finden? Würden unsere knausrigen Geschenktüten bei den Müttern ein Stirnrunzeln hervorrufen? Würden sich die Gäste gut benehmen oder, schlimmer noch, langweilen?

Nach einem entsetzlich frühen Supermarktbesuch, bei dem der Einkaufswagen vor allem mit Chipstüten vollgepackt wird, und einem entsetzlich frühen Mittagessen werden die Kinder nach oben geschickt, um sich fertig zu machen und/oder zu spielen. Das Haus wird von mir zu Tode gestaubsaugt (weiß Gott warum angesichts des Tohuwabohus, das die Kinder und die Bauarbeiter in Kürze anrichten würden), Lizzie inspiziert meine Arbeit, während sie sich Sorgen um das Essen und den Geburtstagskuchen macht und überlegt, was die Mädchen anziehen werden. »Warum machst du dir um die Sandwiches Gedanken, wenn die Meute doch nur Kuchen und Schokokekse will?«, sage ich. Lizzie, eine Lebensmittel-Puritanerin, die gerade Karotten- und Selleriestifte schneidet, sieht mich verächtlich an. Als Konzession an Lucys Geburtstag hatte sie mir erlaubt, zwei Cola-Flaschen zu kaufen, die behandelt werden, als würden wir unsere Partygäste mit Jahrgangschampagner überschütten.

Die Sache mit dem Geburtstagskuchen gestaltet sich schon problematischer. Im vergangenen Jahr hatte sich Lucy einen Kuchen in Form eines Cottages eingebildet (nachdem wir ihr den Elefanten und auch Fabius, die Figur aus Disneys *Arielle, die Meerjungfrau*, ausgeredet hatten, weil das Gewünschte die Backkünste ihrer Mutter bei Weitem überstiegen hätte). Der Kuchen jedoch war zumindest in Lizzies Augen zu einer einzigen Katastrophe geworden. Als Architektin hätte sie sicherlich ihre Probleme bekommen – ihr reizend rustikales Cottage aus Löffelbiskuit wollte nicht stehen und musste mit Strebebögen aus Schokoladen-Biskuitrollen gestützt werden. Lucy war begeistert, vor allem von den Schokostützen, aber die öffentliche Enthüllung in Anwesenheit der anderen Mütter war eine grauenhafte Demütigung für Lizzie. Daher gab es dieses Jahr einen einfachen, einlagigen Biskuitboden, der wie ein Teich dekoriert und mit vier Marzipanenten verziert war, eine für jedes von Lucys Lebensjahren. Er sah mehr nach naiver Kunst als nach Neorealismus aus, und die Enten vermittelten meiner Meinung nach den Eindruck, als wollten sie sich vor der ganzen Sache ebenso drücken wie ich. Die Idee dazu war schamlos von einer Nachbarin geklaut (einer Grafikdesignerin), die für ihren Kleinen einen handtuchgroßen Kuchen gestaltet hatte, auf dem in epischer Breite die *Schatzinsel* nacherzählt wurde. Dieses Kunstwerk aufzuessen war ein fast ebenso großes Sakrileg wie die Drohung der Diebe von Edvard Munchs Meisterwerk *Der Schrei*, das Bild zu zerstören, falls ihre Lösegeldforderung nicht erfüllt würde. Lizzie dagegen konnte es kaum erwarten, dass Lucys Freunde ihr weit weniger vollendetes Kunstwerk für immer vertilgten.

Zusammen brachten wir es auf insgesamt vier Universitätstitel, zwei davon von der Universität Oxford, und konnten uns mit einem ganzen Packen erstklassiger Noten schmücken, das Fach Kunst hatten wir allerdings schon sehr früh abgelegt, damit wir uns auf die eigentlichen Studien konzentrieren konnten – redeten wir uns ein. In Wahrheit waren wir im Zeichnen einfach Stümper. Damals hatte uns keiner gesagt, dass gute Eltern unbedingt über die Fähigkeit verfügen mussten, Kuchen zu backen oder, schlimmer noch, einen zu designen.

Während Lizzie also in ihrer eigenen Kuchenbackhölle schmorte, ging es mir bei der Vorbereitung der Spiele nicht viel besser. Meine Erfahrung sagte mir, dass sich Eselschwanz-Anheften (wie malt man einen Esel?), »Das Päckchen geht um« (unabdingbar, unter jeder Geschenkpapierlage ein kleines Präsent zu verstecken), Stopptanz und Schatzsuche nach zehn Minuten abgenutzt haben und die Gäste in einen Zustand ekstatischer Erregung versetzen, noch bevor der versprochene Festgenuss aus Chips, KitKat und E-Nummern ihren Energielevel und ihre Verdrießlichkeit in stratosphärische Höhen katapultieren. Und welche Musik spielt man zu Stopptanz? Nicht zu langsam, nicht zu schnell und wahrscheinlich nicht Lynyrd Skynyrd.

Und dann bricht die Katastrophe herein. Lucy, die meint, im Alter von vier Jahren sei es allerhöchste Zeit, endlich zu lernen, wie man auf dem Bauch die Treppe hinunterschlittert, schafft es, sich dabei am Teppichboden schlimme Abschürfungen zuzuziehen. Sie ist untröstlich, weil es höllisch brennt; wir sind untröstlich, weil es aussieht, als hätten wir ihr gewaltig eine gescheuert. Der Anblick, der mir von diesem Tag dauerhaft im Gedächtnis bleiben wird: Lucy sitzt in ihrem besten Partystaat vor dem Fernseher, hält Fabius an sich gedrückt und sieht sich mit einem dicken roten Striemen auf der Backe ein Video an.

Natürlich läuft die Party wie am Schnürchen: Fünf der noch ausstehenden Phasen – die Ankunft der Gäste, das Überreichen der Geschenke, die Spiele, der Geburtstagstee und die Ankunft der Mütter zum Einsammeln der Kleinen – werden wie ein alltägliches Ritual absolviert. Der Kuchen wird im Sturm genommen, die Kinder lieben die Spiele. Letzteres natürlich vor allem deshalb, weil der Spielemeister das Gehüpfe und Gerenne mit eiserner Knute dirigiert, sodass sich Zuchtmeister Fabio Capello daneben wie ein Waisenknabe ausnimmt. Dazu muss man wissen, dass ich der leistungsorientierteste Mensch der westlichen Welt bin und meine Berufung als englischer Nationalcoach knapp verpasst habe. Keinen kümmert es, dass die Geschenktüten mit billigstem Schund gefüllt sind, da die zehn Pence, die die Süßigkeiten in den Papiertüten wert sind, mit dem genialen Trick kaschiert werden, dass die Kinder nach dem Tee jeweils ihre eigene Tüte bemalen dürfen. Und *keinem* ist schlecht, bevor die Mütter eintrudeln.

Phase sieben: der Kollaps – aber natürlich erst, nachdem Lizzie und ich Industriemengen an halb gegessenen Sandwiches und abgeschleckten Schokoladen-Keksstäbchen entsorgt und das Trümmerfeld, das unser Wohnzimmer war, wieder auf Vordermann gebracht haben.

Und dann dürfen wir uns auf etwas freuen – weil Lizzie und ich so hart gearbeitet haben (ich in meinem Job bei der BBC, wo ich noch mehrere Urlaubstage abzufeiern habe, Lizzie bei den letzten Korrekturen an ihrem bald erscheinenden Buch) und weil unsere Osterferien wegen meiner Arbeit und meiner Mandelentzündung total in die Hose gegangen sind, sagen wir den Kindern, dass wir am nächsten Tag früh aufstehen und für drei Tage ans Meer fahren werden.

Wegen meiner paranoiden Angst vor Staus waren wir schon im Morgengrauen auf den Beinen, packten den Wagen voll und fuhren nach Swanage, wo wir ein (für unsere Verhältnisse) teures Hotel gebucht hatten, das oben auf einer Klippe lag und über eine Treppe direkt mit einem Sandstrand verbunden war. Da ständig die Sonne schien und wir den Großteil des Tages am Strand verbrachten und Sandburgen bauten, um die auflaufende Flut zu stoppen (etwas, was Väter lieben und wobei ihnen Kinder manchmal helfen), hatten Jessica und Lucy einen Heidenspaß. Genau wie ich. Ich war nicht mehr in Swanage gewesen, seit ich im Alter von vier Jahren mit meinen Eltern dort Urlaub gemacht hatte – den besten Urlaub meines Lebens. Wir waren damals von der Waterloo Station erster Klasse in einem Zug mit Dampflokomotive gefahren, ich hatte meine nagelneue Schuluniform getragen, wir hatten in einem Hotel übernachtet (für mich das erste Mal). Und die Insel Purbeck mit ihren Sandstränden, hohen Klippen, den Schiffsausflügen zu den Tilly-Whim-Höhlen und zu der auf einem Felsen aufragenden Burgruine Corfe Castle waren mir wie das Ferienparadies schlechthin erschienen. Als ich mit Lizzie, Jessica und Lucy nun erneut in Swanage eintraf, kam mir das alles vor, als wäre es erst ein Jahr her.

Dort suchten wir einen National-Trust-Laden auf, wo Jessica, Lucy und ich heimlich für Mama eine hübsche weißblaue Geburtstagstasse mit aufgemalter Katze erstanden. Wir hatten uns soeben ein Kätzchen angeschafft, weil wir hofften, es würde die Mäuse verschrecken, vor denen es in unserem Haus nur so wimmelte; die Mädchen waren daher ganz versessen auf Katzen. Und nun saßen Lizzie und ich in einem Teegarten mit Blick auf das Corfe Castle, während die Mädchen spielten. Wir plauderten darüber, wie groß sie geworden waren, ich teilte ihr mit, wie vertraut mir Swanage vorkam, welchen Eindruck es bei mir als Vierjährigem hinterlassen hatte, und fragte mich, was bei unseren beiden Töchtern davon bleiben würde, vor allem bei Lucy, die im gleichen Alter war wie ich damals. Auf der Heimfahrt kam noch einmal die dramatische Burgruine ins Blickfeld, und ich bat die Mädchen, sich umzudrehen und sich von ihr durch die Heckscheibe zu verabschieden. Bewusst wollte ich ihnen einen Film fürs Leben schaffen, so ähnlich wie der Swanage-Aufenthalt, der für mich eine Art Super-8-Film meiner unglaublich glücklichen Kindheit war. Wenn ich das, was uns als Nächstes zustoßen sollte, zusammensetze und zu verstehen versuche, dann war es dieser Augenblick, der sich mir unauslöschlich eingeprägt hat.

Was uns natürlich als Allernächstes zustieß, das waren die Handwerker, die uns einen wunderbaren Vorwand lieferten, Jessicas Geburtstag drei Wochen später nicht zu Hause zu feiern – zum Henker mit den Kosten, ihre Party sollte auf einem Bauernhof stattfinden.

Es hätte nicht besser laufen können – die extravaganten Ausgaben (vergessen Sie nicht den bereits erwähnten puritanischen Zug der Howes) ließen sich durch den demolierten Zustand des Hauses entschuldigen, und abgesehen von der Rechnung mussten wir uns nur um das Wetter sorgen sowie um die Frage, ob das alles Jessicas eskalierender Vorfreude gerecht werden würde.

Das Wetter war so lala – ein für Oxfordshire typischer bewölkter Tag, der mit Regenschauern drohte, aber nachdem das Dutzend Kinder und ein paar unbeugsame Mütter versammelt waren, hätte es ohne Weiteres schütten können: Jessica würde sich auf jeden Fall köstlich amüsieren. Wir begannen mit einer Schatzsuche auf dem Hof, bei der die Kinder zu den Kühen, Hühnern, Schafen, Schweinen und Hofhunden geführt wurden. Darauf folgte eine Fahrt auf einem von einem Traktor gezogenen Heuanhänger, was wenig aufregend klingen mag, aber wenn man sich mit Leibeskräften festhalten muss, während der Traktor mit fünfzehn Stundenkilometern unmöglich steile Hänge hinauf- und wieder hinunterröhrt, ist das für Sechsjährige das Abenteuer ihres Lebens, vor allem dann, wenn der Hofhund mit ausgeprägtem Sinn für seine Gastgeberpflichten beschlossen hatte, die gesamte Fahrt über neben Jessica zu sitzen. Die Kinder waren danach viel zu aufgeregt, um über das Geburtstagspicknick in der Scheune herzufallen – und viel zu abgelenkt, weil sie auf Heuballen herumspringen und Verstecken spielen konnten. Und auf den Einladungskarten hatte unverhohlen »keine Geschenktüten« gestanden – damit waren Lizzie und ich, nachdem wir bei Lucys Party mit unseren Do-it-yourself-Tüten so triumphiert hatten, für diesmal davon befreit.

Auf der Fahrt nach Hause seufzte Jessica müde: »Das war *die beste Party überhaupt!*«

»Was war das Beste daran?«

»Alles.«

»Mama, wann kann ich meine Party auf dem Bauernhof haben?«

»Vielleicht nächstes Jahr, Luce.«

»Nicht früher?«

»Eigentlich nicht, Liebling, nein. Du hattest doch gerade erst Geburtstag.«

»Ach ja, hab ich vergessen.«

Zwei geschafft, blieb noch einer. Am Wochenende vor Lizzies Geburtstag unternahmen wir mit zwei Freunden vom College eine Familien-Bootsfahrt. Es war äußerst idyllisch. Ich hatte einen teuren Geburtstagskuchen in einer Blechdose gekauft (ein Kuchen in einem Karton, so meine Überlegung, wäre für eine Bootsfahrt weniger geeignet), mir aber nie im Leben träumen lassen, dass wir dafür einen Büchsenöffner brauchen würden. Während John (unser Freund vom College) und ich beim Picknick mit einem Taschenmesser verzweifelt die Dose traktierten, erklärten Lizzie und Helen den Mädchen den Unterschied zwischen Bläss- und gemeinen Teichhühnern und warfen den Enten auf dem Fluss die wenigen Krümel zu, die wir der Dose entlocken konnten. Der Geburtstag lag auch in der Woche vor der Veröffentlichung des Buches. Lizzie hatte ihre Doktorarbeit zu einem erzählenden Sachbuch umgearbeitet; es ging um den Einfluss, den das erstmalige Auftreten von Schauspielerinnen im englischen Theater zur Zeit der Restauration unter Charles II. auf die Gesellschaft hatte. Doktormutter und Ersatzpatin für unsere beiden Töchter war der akademische Superstar Inga-Stina Ewbank, und zu Lizzies Geburtstag wollten wir sie und ihren Mann Roger zum Abendessen einladen. Da wir nicht kochen konnten (die Renovierung der Küche, Sie erinnern sich, aber ich sollte bekennen, dass Lizzie keine besonders gute Köchin war und ich mich in der Küche gotterbärmlich anstellte), gingen wir mit ihnen aus. Es war einer dieser perfekten Sommerabende – es gab einen Geburtstag und ein Ereignis zu feiern, das unser Leben verändern und Lizzies ins Stocken geratener akademischer Karriere neuen Schwung verleihen würde. Lizzie war die Einzige in unserem Bekannten- und Verwandtenkreis, die ein Buch geschrieben hatte, das wirklich verlegt wurde. Sie war erleichtert, es fertiggestellt zu haben, und ich war sehr stolz auf sie. Für die Howes – für Jeremy, Lizzie, Jessica und Lucy – konnte es nicht mehr besser kommen.

Wer also waren die Howes? Lizzie wurde 1958 in Bradford on Avon in Wiltshire geboren. Ihre Schwester Louise folgte 1961. Die Eltern, Ethel und Mirko Milicevic, Maka und Deda genannt (Serbisch für Großmutter und Großvater), hatten in Belgrad geheiratet, wo Maka – direkt nach ihrer Schulausbildung in Westbury Wilts und ohne jemals zuvor eine Auslandsreise unternommen zu haben – im diplomatischen Dienst arbeitete. Da es ihr dort nicht gefiel (nach ihrer Heirat mit einem »Einheimischen« wurde ihre Sicherheitsermächtigung herabgestuft; tatsächlich wurde sie zur Sekretärin degradiert) und er als Angehöriger der Mittelschicht so seine Probleme in Titos kommunistischem Staat hatte, gingen sie nach England. Der Beamte, der Deda ein sechsmonatiges Auslandsvisum ausstellte, sagte ihm, wenn er nicht zurückkomme, könne er sich als toten Mann betrachten. Da Deda nichts anderes vorhatte, als für immer in England zu bleiben, ignorierte er das Visum und kehrte erst wieder nach Jugoslawien zurück, als besagter Beamte fünfzehn Jahre später starb. Nur widerstrebend besorgte Makas Vater eine Arbeit für Deda. Da die Nachfrage nach in Serbien ausgebildeten Rechtsanwälten in Großbritannien gering war, putzte er die Böden in der Bowyers-Wurstfabrik in der Nähe von Bradford on Avon. Nach einigen Monaten meinte sein Vorarbeiter zu ihm, wenn er sich gut anstelle, könne er es in fünf Jahren vielleicht zum Vorarbeiter bringen. Als ich Lizzie kennenlernte, hatten sie und ihre Schwester eine Privatschule in Bath besucht, sie hatten ein tolles Haus, und Deda war Finanzvorstand der Firma, die die Firma aufgekauft hatte, die Bowyers aufgekauft hatte.

Ich wurde 1956 als das mittlere von drei Kindern, Jonathan, Jeremy und Philippa, in Bexleyheath in Kent geboren – so nannte sich der Ort, der im Grunde nur ein völlig anonymer Vorort von London war. Mein Vater, der im Spätherbst 1991 in Folge von so ziemlich allem verstarb, hatte im West End einen kleinen Stoffhandel, der unter Heaths Drei-Tage-Woche pleite ging, sodass wir fast die ganzen Siebziger hindurch in Armut lebten. Was insofern nicht einer gewissen Ironie entbehrte, als er sein Leben lang ein treuer Anhänger des Parlamentsmitglieds unseres Wahlkreises war, eines gewissen Edward Heath. Dass meine Mutter ihn verließ, machte es nicht unbedingt besser (er war ein netter Mann, aber ein Workaholic, der nie da war und nie viel redete – ich konnte sie verstehen). Vier Jahre lang lebten wir getrennt, er bei seiner Mutter in Teddington, wir in Bromley bei ihrer Mutter in einem weitläufigen Haus, in dem wir ungestört toben konnten, weil wir keine Möbel besaßen. Das Haus gehörte zum größten Teil meiner Tante, Mutters Schwester, die immer damit drohte, selbst einzuziehen, weshalb die Hälfte der Räume unbewohnt blieb.

Es war recht abenteuerlich, in einer Familie mit nur einem Elternteil aufzuwachsen – alle Familienregeln waren außer Kraft gesetzt, wir waren an einem neuen Ort, führten ein neues Leben, hatten neue Freunde, mit denen ich nie über meinen nicht bei uns wohnenden Vater sprach (»Ach, der ist im Moment nicht da.«), und meine Mutter tat immer so, als wären wir unbefristet im Sommerurlaub. Ich wuchs zu einem unabhängigen Kind heran und bekam, unbewusst, eine Menge darüber mit, was es hieß, alleinerziehend zu sein. Außerdem machte ich mir stellvertretend für meine Mutter ständig Sorgen ums Geld, weil wir nie welches hatten. Wir waren verarmte Mittelschicht.

Mein Vater allerdings war ein sturköpfiger, verbissener Mensch, und es gelang ihm tatsächlich, die Ehe wieder zu kitten. Plötzlich und zum Glück war das erbärmlich-provisorische, geldlose Leben vorbei. Bevor meine Eltern wieder zusammenfanden, fuhren wir alle gemeinsam in die Stadt, und mein Vater kaufte einen neuen Kühlschrank, sodass wir nicht mehr ein Fach im Kühlschrank meiner Großmutter benutzen mussten. Niemals zuvor hat der Erwerb eines Haushaltsgeräts einen Dreizehnjährigen mit solcher Freude erfüllt – es war das Zeichen, dass wir wieder eine Familie sein würden.

Meine Eltern hatten um die Trennung nicht viel Aufhebens gemacht. Die Sache lief etwa folgendermaßen ab: »Jonathan, Jeremy, Philippa, ich muss euch was sagen«, so unsere Mutter vier Jahre zuvor, während wir im Garten Limonade tranken. »Wir fahren diesen Sommer weg. Erst eine Woche nach Norfolk, dann ziehen wir um … nach Bromley.«

»Wirklich?«

»Und euer Vater wird nicht mitkommen.«

»Nicht in den Urlaub?«

»Nein, nicht mit nach Bromley.«

»Warum nicht?« Diese letzte Frage konnte sie nie zufriedenstellend beantworten.

So scheinbar beiläufig sie sich also getrennt hatten, so beiläufig kamen sie auch wieder zusammen.

»Euer Vater kommt wieder.«

»Das ganze Wochenende?«

»Nein, für immer.«

Zum Zeitpunkt seines Todes war die Ehe meiner Eltern so perfekt, wie eine Ehe nur sein konnte. Trotzdem kam ich mit meinem Vater nie wirklich zurecht, vor allem, weil er nie redete. Meine Eltern stammten aus der unteren Mittelschicht und hatten jeweils mit sechzehn die Schule verlassen. Aber sie strebten nach Höherem, weshalb sie unheimlich stolz auf ihre beiden klugen Söhne waren, die ein Stipendium für Oxford erhielten. Sie zogen von London nach Sudbury in Suffolk, kurz nachdem ich nach Oxford ging.

Dort habe ich Lizzie kennengelernt. Wir studierten beide Anglistik, waren im selben Studienjahr und teilten die Liebe zum Theater. Zum ersten Mal waren wir uns bei einem gemeinsamen Freund mit etwa sechs anderen Leuten begegnet. Sie konnte sich nie daran erinnern – ich schon: Sie saß in einer Ecke am Boden, eingehüllt in einen fantastischen Pelzmantel, den sie für einen Pappenstiel auf dem Markt in Oxford erstanden hatte. Richtig kennengelernt hatten wir uns dann bei der Produktion von Samuel Becketts *Endspiel*, bei dem ich Regie führte und für das wir in den gesamten Osterferien unseres zweiten Studienjahrs probten. Als Inspizientin war sie unheimlich gründlich, hundertprozentig zuverlässig, gut organisiert, engagiert, und es war immer nett, mit ihr zusammenzuarbeiten. Außerdem hatte sie sich darauf eingelassen, sich mit mir und meinem besten Freund, der im Studienjahr darauf die Hauptrolle in dem Stück spielte, eine Wohnung zu teilen.

Nach dem Ende der Aufführungen gingen alle ihrer Wege, wie das in der Welt des Theaters so ist – man schwor, sich mal wieder zu treffen, ohne es jemals zu tun. Nur dass ich an einem Nachmittag in der Theaterwerkstatt vorbeischaute, wo

Jim, mein Bühnenbildner, an der Ausstattung für ein anderes Stück arbeitete. Lizzie war ebenfalls da. Tatsächlich wusste ich, dass ich sie dort antreffen würde, was wahrscheinlich der Grund war, warum ich hinging. Ich erinnere mich, sie stand mit dem Rücken zu mir, ein Bein in ihrer hautengen Jeans angewinkelt, eine Hand an der Hüfte, und in der anderen hielt sie einen Pinsel. Ihr langes kastanienbraunes Haar wallte über ihren Rücken. Sie stauchte Jim zusammen, weil er nicht wusste, was er wollte, und er machte sich über sie lustig. Dann drehte sie sich um, lächelte mich an und sagte, sie müsse jetzt los, sonst komme sie zu spät zu ihrem Tutorium. Damit ging sie.

»Ich hab gesehen, wie du sie angestarrt hast. Jeremy Howe, du bist ja dermaßen in Lizzie Milicevic verknallt! Du kannst es doch kaum erwarten, ihr an die Wäsche zu gehen.«

Ich wurde knallrot und murmelte Unverständliches. Jim hatte recht – aber mir war es bis zu diesem Augenblick nicht bewusst gewesen.

Einige Wochen später, im Frühling 1978, trafen wir uns regelmäßig; etwa einen Monat später zogen wir zusammen, und von diesem Moment an wusste ich, dass sie die eine war. Sie arbeitete hart für die Abschlussprüfungen, geriet aber nie in Panik. Ich kam aus meiner Panik kaum heraus. Natürlich hatte sie während ihrer Studienzeit in Oxford regelmäßig was getan, während ich mir das zweite Studienjahr mehr oder weniger freigenommen hatte. Ich hatte also allen Grund, panisch zu sein. Beide hatten wir als Erstes eine mündliche Prüfung – sobald ich den Mund aufmachte, war den Prüfern klar, dass ich ein Windbeutel war, der nichts wusste, aber gute Essays schreiben konnte. Also bekam ich keine Eins. Aber das Gleiche passierte auch Lizzie, die in Sachen Intelligenz, akademischer Leistung und Fleiß unbestreitbar eine erstklassige Studentin war. Es nagte immer an ihr. Sie ließ zu ihrer Verteidigung auch nicht gelten, dass ihr, wenn sie aufgeregt oder nervös war, die Gedanken schneller zuflogen, als ihr Mund sie verarbeiten konnte, weshalb sie ins Stottern geriet. Ich fand das liebenswert, sie hasste es.

Wir machten unseren Abschluss und zogen nach London, wo ich vergeblich eine Anstellung als Theaterregisseur suchte und sie sich Gedanken darüber machte, was sie als Nächstes tun sollte. Rückblickend war es vollkommen klar, dass sie für die akademische Laufbahn bestimmt war, damals aber war sie sich keineswegs sicher. Sie schrieb für ihren Master eine Arbeit über das Theater der Restauration – was ihr nicht besonders viel Spaß machte –, arbeitete in einem Verlag in Brighton und begründete eine Zeitschrift für Sozialforschung an der Universität York, wodurch sie Arbeit in einer Krankenhausverwaltung bekam, die eine vielversprechende Karriere in Aussicht stellte. Als wir nach Colchester zogen, wo ihr eine ähnliche Stelle angeboten wurde, warf sie alles hin, schrieb ihre Doktorarbeit und verdiente sich ihren Lebensunterhalt durch Unterrichtsstunden in einem Paukstudio in London.

Nach unserem Umzug nach Belfast begann sie für die Open University zu arbeiten, interessanterweise am Maze Prison, wo ein Häftling, der zuvor in den Hungerstreik getreten war, zu den begabtesten Studenten zählte, mit denen sie jemals zu tun gehabt hatte.

Nachdem wir nach England zurückgekehrt und uns in Oxford niedergelassen hatten, machte sie sich neben ihrer Lehrtätigkeit daran, ihre Doktorarbeit umzuarbeiten. So entstand das Buch, das nach Lucys Geburtstag erschien (es ist immer noch lieferbar, *The First English Actresses*, Cambridge University Press, € 37,99 bei Amazon). Es bekam prompt eine klägliche und hundsmiserable Rezension in der *Sunday Times*. Einige Monate später wurde es dann von der akademischen Presse registriert und erhielt überschwängliche Kritiken. Es wurde in den USA mit einem Preis ausgezeichnet, zu einem Bühnenstück adaptiert (bei der Premiere war ich so stolz, dass ich meinte, mein Herz müsste bersten), wurde in der *Woman's Hour* auf Radio 4 besprochen und diente später als Vorlage für einen nicht besonders guten Film. Das Buch erzielt immer noch Einnahmen. So viel zur *Sunday Times*.

Warum liest sich Lizzies kurzes Leben also wie ein britischer Roadmovie? Weil sie mir immer nachfolgte. Nach einem Jahr des Nichtstuns (ich verkaufte Schrauben und Kleber bei Selfridges) bekam ich meine Chance als Theaterregisseur am Theatre Royal in York, wo sich mein dreimonatiger Vertrag dann irgendwie auf drei Jahre ausdehnte. Und eines Morgens im Februar 1981, kurz vor meiner Abreise nach York, während ich mich im Bad rasierte und sie sich im Schlafzimmer unserer winzigen Wohnung in Bayswater anzog, rief ich unvermittelt:

»Lizzie, warum heiraten wir nicht?«

Also taten wir es. Die Hochzeit fand im September 1981 im herrschaftlichen Haus ihrer Eltern in Bath statt. Es war ein herrlicher Tag – was sich nicht nur auf das Wetter, sondern auch auf die Hochzeit bezieht. Hochzeiten sind die schönste Art, in aller Öffentlichkeit eine Beziehung zu feiern. Und die Flitterwochen in Venedig waren auch nicht übel.

Die Hochzeit war die einzige Gelegenheit, zu der Lizzie Schuhe mit Absätzen trug – sie mochte das Foto nicht, das uns zeigte, als wir durch den Mittelgang der Kirche schritten und sie gut einen Zentimeter über mir aufragte. Barfuß war sie genauso groß wie ich – was nicht viel heißt, weil ich nur eins dreiundsiebzig (und einhalb) groß bin. Lizzie war damit jetzt eine Howe und keine Milicevic mehr – sie hasste ihren serbischen Namen, durch den sie sich heraushob, während sie doch in der englischen Gesellschaft aufgehen wollte; mich faszinierte ihre fremde Herkunft, sie empfand sie als Ärgernis. Wir waren noch nicht lange zusammen, als sich zwischen uns etwa folgender Dialog entspann:

»Hallo, ich bin Lizzie Milicevic.«

»Hi, ich bin Jeremy Howe.«

»Das ist ein schöner Name.«

»Jeremy?«

»Nein, Howe. Willst du mich heiraten?«

»Äh …«

»Damit ich meinen Namen ändern kann.« Sie grinste.

Am 5. September 1981 grinsten wir beide vor Freude.

Aber unser Leben blieb kompliziert – Lizzie musste für ihre Recherchen in London bleiben, während ich in York saß. Den Großteil unserer gemeinsamen Zeit verbrachten wir am Imbiss in der Victoria Station. Wir waren nicht glücklich. Als sie eine Stelle bei einem Verlag in Brighton bekam, zog ich zu ihr. Kaum dort angekommen, rief mich meine Arbeit wieder in den Norden. Sie warf ihren Job hin und zog mit mir in ein wunderschönes Haus in der Fulford Road gegenüber der Yorker Polizei.

Nach meiner Zeit in York zog ich nach Colchester, wo wir unser erstes Haus kauften. Dann ging meine Karriere den Bach runter – das dortige Theater schrammte knapp an der Pleite vorbei, und ich verlor meine Stelle. Seit einiger Zeit versuchten wir erfolglos, ein Kind zu zeugen (ihre Idee, nicht meine), und über ein Jahr probierte es Lizzie mit einer Art

Hormontherapie. »Wenn es diesmal wieder nicht klappt, sollten wir bei Ihrem Mann eine Spermienzählung vornehmen«, sagte der Arzt, den die Unfruchtbarkeit seiner Patientin verblüffte. Einige Wochen später hatten wir uns direkt nach ihrem Arzttermin in der Stadt zum Mittagessen verabredet. Ich wartete an der Straßenecke, als sie mir von hinten auf die Schulter tippte und mir ins Ohr flüsterte: »Dein Spermatest ist nicht nötig, Liebling.« Damit war Jessica unterwegs. Das einzige Problem: Ich war freiberuflicher Theaterregisseur, was eine kunstvolle Umschreibung für arbeitslos war. »Du musst dir eine richtige Arbeit suchen, Jeremy«, sagte sie mit Nachdruck. Ich hatte kaum mehr neun Monate Zeit, um eine zu finden.

Im Januar 1986 – es blieben keine fünf Monate mehr – hatte ich Bewerbungsgespräche für zwei Stellen: eine als Leiter des Theaters im lieblichen Farnham in Surrey, die andere als Hörspielredakteur für die BBC im weniger lieblichen Belfast.

Beide Bewerbungsgespräche liefen gut, und ich machte mir große Hoffnungen.

Eine Woche später wurde ich angerufen, und mir wurde eine der beiden Stellen angeboten. Natürlich konnte ich es kaum erwarten, Lizzie in ihrem Paukstudio davon zu erzählen.

»Ich hab den Job.«

»Wunderbar. Welchen?«

»Äh … Belfast.«

»O Scheiße.«

Das war zu der Zeit der schlimmsten Unruhen, ihre Reaktion kam also nicht überraschend. Wir zogen nach Belfast, zwei Wochen nachdem unsere Nachbarn in Colchester zu einem Ulster-Einsatz dorthin umgesiedelt waren – das Royal Anglian Regiment, das wegen des abschreckend betrunkenen Verhaltens seiner Soldaten jeden Freitagabend Colchesters Stadtzentrum in eine No-go-Area verwandelt hatte.

Vierzehn Tage nach dem Umzug weckte mich Lizzie, mittlerweile hochschwanger, um fünf Uhr morgens: »Jeremy, ich blute.«

»Ist bestimmt nichts Ernstes, schlaf weiter, Liebling, mach dir keine Sorgen.«

»Nein, ich blute. Schlag es bei Penelope Leach nach. Sofort.«

Ich torkelte aus dem Bett, fand den Schwangerschafts- und Säuglingsratgeber, sah unter »Blutung« und »Schwangerschaft« nach, wo relativ eindeutig stand: *Suchen Sie bei vaginalen Blutungen im letzten Stadium der Schwangerschaft umgehend ein Krankenhaus auf.* In diesem Sinne jedenfalls.

Zehn angstvolle Minuten später traf der Krankenwagen ein, und Lizzie verbrachte mit ihrem Plazentavorfall den nächsten Monat im Krankenhaus. Der Arzt beruhigte mich mit den Worten: »Wenn es darauf ankommt, ob wir das Leben der Mutter oder das des Kindes retten müssen, retten wir das Baby.«

Jessica wurde zwei Wochen zu früh am 9. Juni 1986 durch einen Notkaiserschnitt geboren. Bei der Empfängnis von Lucy gab es keinerlei Probleme. Sie kam am 18. Mai 1988 auf natürlichem Wege zur Welt. Erstaunlicherweise recherchierte Lizzie den Großteil ihrer Doktorarbeit, während sie mit Jessica schwanger war, und verfasste sie zwischen Jessicas Geburt und der von Lucy kaum zwei Jahre später. Die Supermutter. Einige Wochen nach Lucys Geburt erhielt sie ihren Doktor in Philosophie. Das Rigorosum absolvierte sie mit Lucy im Schlepp. Ihre Doktormutter passte solange auf das Baby auf. Nach einer Viertelstunde – anwesend waren drei hochrenommierte Akademiker – sagte der Vorsitzende des Gremiums: »Ich glaube, da draußen hat jemand Sie dringender nötig als wir. Herzlichen Glückwunsch zu Ihrem Titel, Doktor Howe. Und jetzt sollten wir lieber nach dem Baby sehen.« Und alle spazierten hinaus zu der schreienden Lucy.

Ein Jahr darauf trat ich eine Stelle bei Film 4 an, und so kehrten wir nach drei sehr glücklichen Jahren in einem Kriegsgebiet nach England zurück. Selbst wenn wir uns über beide Ohren verschuldet hätten, hätten wir uns nur ein mickriges Einfamilienhäuschen in Twickenham leisten können. Auf dem Weg dorthin, um in Frage kommende Objekte anzusehen, sagte Lizzie: »Willst du wirklich in Twickenham wohnen?«

»Nein.«

»Ich auch nicht.«

Also setzten wir uns nicht in den Zug, fuhren zum Haus ihrer Eltern zurück und ließen uns Plan B einfallen. Wir zogen nach Oxford, von wo ich jeden Tag nach London pendelte. Jeden verdammten Tag, von unserem hübschen kleinen Reihenhaus mit vier Schlafzimmern, das vorn und hinten einen Garten hatte, gut einen Kilometer vom Stadtzentrum und den Bibliotheken entfernt, die Lizzie für ihre Forschungsarbeit brauchte, in Fußnähe zu zwei staatlichen Kinderkrippen, vierhundert Metern zur Themse auf der einen und den Auen auf der anderen Seite. Von der Pendelei abgesehen, war es großartig. »Ich will nie wieder woandershin«, sagte Lizzie. Das musste sie auch nicht.

Nach zwei Jahren ging ich wieder zur BBC und arbeitete

als Hörspielredakteur für Radio 3, wo ich bis zum Sommer 1992 blieb. Das Leben schien ziemlich schön zu sein.

Wie in allen Beziehungen gab es auch bei uns Höhen und Tiefen, aber ich glaube, insgeheim wussten wir beide, dass wir den jeweils richtigen Menschen für unsere Reise durchs Leben gefunden hatten. Wir vertrauten einander, und wie viele der stärksten Partnerschaften, die wir kannten, waren auch wir mit- und aneinander gewachsen. Nicht weit von unserem Haus gab es eine Stelle, die Wittenham Clumps genannt wurde, zwei Bäume auf einem Hügel, von dem aus man den Fluss überblicken konnte (an dem wir oft das Pu-Stöckchen-Spiel spielten) und in der Ferne die schimmernden Türme Oxfords sah. Lizzie und ich waren wie die Wittenham Clumps – ein Baum zeigte nach Osten, der andere nach Westen, sie schützten und stützten sich gegenseitig, und je höher sie wuchsen, umso mehr bildeten sie ein Gegengewicht zum jeweils anderen. Als Paar waren wir mehr als die Summe unserer Teile – zu zweit waren wir aufgeweckter, dynamischer, netter, besser, stärker, kreativer als Lizzie oder Jeremy allein.

Und Lucy und Jessica?

Sie waren zwei wunderbare, liebenswerte Mädchen.

Jessica, sechs Jahre alt, war für ihr Alter groß, ungestüm, laut und sprühte vor unschuldigem Selbstvertrauen. In jenem Frühling sehe ich sie noch vor mir, wie sie an ihrem kleinen Tisch in der Nische von ihrem und Lucys Zimmer saß und an ihrem Buch schrieb, während Mama im Arbeitszimmer nebenan ihres verfasste. Als ich Jessica zum ersten Mal erblickte – die Krankenschwester reichte mir das in Windeln gepackte neugeborene Baby –, fixierte sie mich mit ihren stahlblauen Augen, als wollte sie sagen: »Und wer bist du jetzt?« Diesen inquisitorischen, kritischen Blick hat sie sich bewahrt. Obwohl sie immer dazu neigte, andere herumzukommandieren, war sie in Lucy ganz vernarrt. Sie waren die besten Freundinnen und Spielgefährtinnen.

Lucy war klein und vier Jahre alt. Kaum zu glauben, dass diese leicht pausbäckige, winzige Person zu einer größeren, schlankeren Frau herangewachsen ist als ihre Schwester. Sie war das genaue Gegenteil von Jessica, mit der sie wunderbar auskam, aber, Junge, Junge, konnten sie sich streiten, wenn ihr Jessicas Wichtigtuerei auf die Nerven ging. Lucy war ruhig, schüchtern (stumm ist, glaube ich, der Terminus technicus), fügsam und von Natur aus sehr lieb, wodurch sie ihre stille Entschlossenheit kaschierte. Lucy wusste immer, was sie wollte, sie sah nur keine Notwendigkeit, es anderen mitzuteilen.

Drei Geburtstage waren absolviert, ein Buch war veröffentlicht und die neue Küche bezugsfertig – wir Howes waren reif für die Sommerferien. Wir mussten nur noch die Woche überstehen, in der Lizzie an der Open University Summer School unterrichtete.

Kapitel 2

So traten wir am Samstag, dem 25. Juli 1992, die Sommerferien an.

Die Mädchen hatten einige Tage zuvor ihren letzten Schultag gehabt. Die Schule lag von uns aus nur um die Ecke, und zum Abschluss des Schuljahrs waren alle gebeten worden, in viktorianischer Kleidung zu erscheinen, um den hundertsten Gründungstag der Schule zu feiern. Zu diesem Anlass wurde ein wunderbares Fenster mit Glasmalereien enthüllt (die ein Freund von uns geschaffen hatte). Es herrschte große Aufregung, und die von einem Nachbarn aufgenommenen Fotos zeigen sie mit ihren reizenden, von ihrer Großmutter genähten Häubchen und ihren langen viktorianischen Gewändern (na ja, zwei von Mamas nicht ganz so langen Kleidern, die kürzer gemacht worden waren).

Lizzie legte am Freitag letzte Hand an ihre Vorlesung über Stevie Smith, die sie am darauffolgenden Tag zur Eröffnung der Open University Summer School in York halten wollte.

Bei mir ging es auf der Arbeit drunter und drüber – es war ja immer ein Albtraum, den Schreibtisch freizuräumen, wenn man eine Woche lang nicht da sein würde; immer gab es unerledigte Dinge und Entscheidungen, die aufgeschoben worden waren, aber getroffen werden mussten. Überschattet wurde dies alles vom Vorabend, an dem eine ältere Schauspielerin während einer Hörspielaufzeichnung tot umgefallen war.

Abgesehen vom bürokratischen Kleinkram, den Gesundheits- und Sicherheitsbestimmungen, befand sich das Produktionsteam in einem Schockzustand, sodass ich versuchen musste, ihnen allen meine liebevolle Zuneigung entgegenzubringen. Ebenso schlimm war, dass die Aufzeichnung eines Programms wie vom Erdboden verschluckt war, das hieß, ein nicht unbeträchtliches Budget war einfach in den Ausguss gespült worden, und ich war mit der Aufgabe betraut, der Ursache auf den Grund zu gehen. Ich saß zu unchristlich früher Stunde bereits an meinem Schreibtisch und kam erst um acht Uhr abends davon weg. Der einzige Lichtblick an diesem Tag war das Mittagessen mit einem Redakteur, der nach vierzig Jahren bei der BBC seinen letzten Arbeitstag hatte. John stammte aus Alexandria in Ägypten, ein anglophiler Grieche, der unter englischer Herrschaft in Ägypten aufgewachsen war und zu den weltläufigsten, kultiviertesten und klügsten Menschen gehörte, denen ich bei der BBC jemals begegnet bin. Beim Kaffee fragte ich ihn nach dem besten Hörspiel, das er jemals produziert hatte. Ohne zu zögern antwortete er: »Jeremy, das ist das Stück, das ich soeben fertiggestellt habe. Yeats' Version von *Ödipus* enthält mehr Weisheit als jedes andere mir bekannte Stück.«

»Warum?« Ich kannte das Stück nur vage.

»Die letzten beiden Verse sind ganz außerordentlich. ›Nenn keinen, der nicht tot ist, glücklich. Denn frei von Leid ist nur der Tote.‹ Yeats sagt also, glücklich wird man erst, wenn man stirbt.«

»Klingt ziemlich trostlos.«

»Nicht unbedingt – er lebte schließlich in gefährlichen Zeiten. Er meint damit, dass wir einfach nicht wissen, was hinter der nächsten Ecke lauert. Solange man lebt, kann man sich auf seinen Lorbeeren nicht ausruhen. Eine sehr nüchterne Sicht auf die Dinge, nicht wahr? Keiner von uns weiß, was ihn erwartet.«

»Ich schon, John, ich weiß, was mich erwartet: Mein verdammter Ablagekorb.«

Der Samstagmorgen zog als erstklassiger erster Ferientag herauf – sonnig und kühl, aber er hielt die Verheißung bereit, dass es richtig warm werden würde.

Während ich mich rasierte und Lizzie sich zu den einlullenden Tönen des Radio-4-Today-Programms energisch die Zähne putzte, witzelte ich mit ihr über David Mellor und seinen berüchtigten Chelsea-Dress.

»Was für ein Arschloch.«

Wir hatten es unglaublich eilig – Lizzie musste als Erstes zum Zug nach York, dann musste ich packen, unser neues Kätzchen Milly Molly Mandy (der Name stammte von Jessica – fragen Sie mich nicht!) in die Katzenpension bringen, bevor Jessica, Lucy und ich uns auf den Weg machten. Wir wollten uns mit meiner Mutter in Suffolk und meiner Schwester in Norfolk treffen, wo Lizzie zu uns stoßen sollte, bevor wir alles mit einem Wochenende am Strand in Scarborough abrundeten: ein rigoroser Ferienfahrplan, wie er meine Spezialität war. Da ich nicht recht wusste, was ich mit den Kindern anstellen sollte, wenn ich mit ihnen allein war, hatte ich es so eingerichtet, dass wir ständig unterwegs waren, bis am Freitagnachmittag ihre Mama wieder zu uns stieß.

Wir rasten zum Bahnhof, waren nur ein wenig zu spät dran, schlangen am Imbiss ein mieses Frühstück in uns rein und marschierten zum Bahnsteig, um auf den Zug zu warten. Als er einfuhr, sagte Lizzie zu mir, sie würde mich gegen sechs von einer Telefonzelle aus anrufen (Handys gab es 1992 noch kaum) – zum Abendessen, bevor ich zu meiner Mutter aufbrechen wollte. Wir verabschiedeten uns, Türen wurden zugeworfen, Gepäckträger alberten herum, der Zug setzte sich in Bewegung, und wir winkten ihr nach. Wir winkten und winkten, als ginge es um unser Leben, bis der Zug langsam um eine Kurve verschwand. Unsere Familie. Lizzie, Jeremy, Jessica und Lucy.

Ich scheuchte die Mädchen vom Bahnsteig und war mir eines plötzlichen Gefühls der Leere bewusst – der Zug war abgefahren, auf dem Bahnhof war es still, nur das Zwitschern der Spatzen auf den Deckenträgern war zu hören, und während Mama zu ihrem glamourösen Auftritt an einem aufregenden Ort unterwegs war, lag vor uns ein Tag, der angefüllt war mit häuslichen Pflichten. Ich fühlte mich wie ein Held bei meiner herkulischen Aufgabe, die mir in dieser Woche bevorstand: Ich würde mich allein um die Kinder kümmern müssen. Was war ich doch für ein Heiliger von einem Gatten! Keine Ahnung, wie ich die Woche rumbringen würde.

Es war ein hektischer Tag, ich packte und sah nach den Kindern, beaufsichtigte den Elektriker, der unsere nagelneue Küche fertig machte, und fuhr die Katze in die Katzenpension: eine fast fünfzig Kilometer lange Strecke mit dem zeternden Tier, während die Kinder mit ihren besten Freunden von gegenüber spielten. Lizzie rief um sechs nicht an. Mit dem Füttern und Baden der Kinder abgelenkt (»Heute mach ich Pizza!«, direkt aus dem Karton, dazu Saft und Karottenstifte und Apfelscheiben zum Nachtisch), fiel es mir erst auf, als wir schon auf halber Strecke nach Suffolk waren und die Kinder in ihren Schlafanzügen auf der Rückbank schlummerten. Während ich über den Motorway donnerte, sah ich ein Flugzeug vom Flughafen in Stansted abheben. Es drehte ab, und der gesamte Rumpf brannte kupferfarben, als die Strahlen der untergehenden Sonne darauffielen. Ich wünschte mir, wir säßen in der Maschine, um an irgendeinen Strand zu fliegen, und beim Gedanken an Lizzie ärgerte ich mich ein wenig – sie genoss die Zeit an der Summer School, verschwendete keinen Gedanken an uns, während ich mit zwei schlafenden Mädchen zu meiner Mutter und zu einem Urlaub unterwegs war, der mir eher wie ein Straflager vorkam.

Wir trafen in Sudbury ein, ich begrüßte meine Mutter, die, fast siebzig und vor kurzem Witwe geworden, um mich herumschwebte und mir helfen wollte. Aber ich schob sie nur zur Seite und raste erst mit einer schlafenden Jessica auf den Armen ins Haus und hinauf zu den Zimmern unter dem Dach, dann mit Lucy, die aufwachte und mich mit einem verschlafenen Lächeln fest umarmte, bevor sie wieder einschlief. Der Geruch, die unvergleichliche Wärme eines schlafenden Kindes, das man in den Armen hält, weckte überströmende elterliche Liebe. Ich setzte die beiden auf, zog ihnen die Schuhe und den Morgenmantel aus, sie fragten, wie spät es sei, rieben sich die Augen, klammerten sich an ihre Teddys, und als ich sie hinlegte und ihnen die Decke überzog, sagte Jessica: »Papa, ich liebe dich.« Und wie Lucy schlief auch sie sofort wieder ein.

Ich raste nach unten, lud den Wagen aus und umarmte meine Mutter.

»Hat Lizzie angerufen?«, fragte ich.

»Nein. Ich hab nur mit Philippa telefoniert.« Meiner Schwester.

»Seltsam. Das passt gar nicht zu Lizzie. Vielleicht hat sie vergessen, deine Nummer mit nach York zu nehmen. Wer weiß, wann ich sie überhaupt erreichen kann.«

»Wahrscheinlich lässt sie es sich gutgehen und hat es vergessen.« Das hielt ich für unwahrscheinlich, denn Lizzie nahm es mit solchen Dingen immer sehr genau. Aber dann saßen wir zusammen und plauderten über die Mädchen, über die Pläne meiner Mutter für das lange Wochenende mit uns, über den Klatsch in der Stadt, ich mit einem Bier vor mir, meine Mutter mit einer Tasse Tee, und es dauerte nicht lange, da hatte ich den verpassten Anruf vergessen. Total geschafft, ging ich früh ins Bett.

Ich weiß, dass ich schlecht geträumt habe, als meine Mutter in ihrem Morgenrock über mir steht und mich wachrüttelt.

Es ist stockdunkel.

»Was ist los? Wie spät ist es?«

»Liebling, da klopft jemand an die Tür und sagt, er wäre von der Polizei und möchte einen Mr. Jeremy Howe sprechen. Es ist ein Uhr in der Nacht.«

Ich bin wach. Ich sammle mich, registriere das Klopfen, das sich in meine Träume geschlichen hat, tappe so schnell wie möglich nach unten, während mir meine Mutter wie ein Schatten folgt.

Ich öffne die Tür einen Spaltbreit.

»Sind Sie Mr. Jeremy Howe? Darf ich reinkommen?« Ein junger Constable steht vor der Tür. Er sieht aus wie zwölf.

»Ja, ich bin Mr. Jeremy Howe. Worum geht es?« Mir kommt der Gedanke, dass ich vielleicht den Wagen wegfahren soll, weil ich im Halteverbot geparkt habe. Ich bin verärgert.

»Es geht um Ihre Frau, Mr. Howe.«

»Ist mit ihr alles in Ordnung?«

»Ich muss Ihnen leider sagen, dass sie verletzt wurde. Kann ich bitte reinkommen?«

»Wie schwer verletzt?«, frage ich, während ich im Pyjama vor ihm stehe.

»Kann ich bitte reinkommen?«

Er kommt herein.

Ich schließe die Tür.

Meine Mutter steht besorgt hinter mir und ringt die Hände.

»Wie schwer verletzt?« Eine ganze Abfolge verschiedener Szenarien schießt mir durch den Kopf, wie wir sie wieder gesundpflegen könnten. Kein guter Anfang für …

»Sie ist tot, Sir … rufen Sie diese Nummer an. Das ist die Durchwahl zum zuständigen Beamten in der Polizeidienststelle York.«

Scheiße. Ich bin mir nicht sicher, ob ich ihn richtig verstanden habe.

»Tot? Lizzie tot? Das ist nicht möglich.«

»Ich fürchte, sie ist tot, Sir.«

Damit hatte ich nicht gerechnet. *Damit hatte ich nicht gerechnet.*

Nenn keinen, der nicht tot ist, glücklich.

Plötzlich bin ich hellwach.

»Sie wurde überfallen. Rufen Sie bitte diese Nummer an.«

Ich sehe Lizzie blutend in einem Straßengraben liegen. Wie um alles in der Welt konnte Lizzie etwas passieren?

Ich rufe die Nummer an und spreche mit einem sehr nüchternen Beamten aus Yorkshire, der mir erzählt, meine Frau sei am Samstagnachmittag gegen sechs in ihrem Zimmer auf dem Campus mit durchgeschnittener Kehle aufgefunden worden;

man habe gegen acht auf dem Campus einen Studenten der Open University festgenommen, der heute noch des Mordes angeklagt würde. Es scheint sich um einen zufälligen Überfall gehandelt zu haben, mitten am Nachmittag, verübt von einem mit Wodka und Drogen zugedröhnten Mann, der mit seinem Leben nicht mehr zurechtgekommen und Lizzie nie zuvor begegnet war. Statt sich selbst umzubringen, hat er sie umgebracht, so denkt es sich jedenfalls der Polizist. Sie war die falsche Person, die zur falschen Zeit am falschen Ort war. Und jetzt ist sie tot. Nicht tot – ermordet. Es ist nicht mehr möglich, die Uhr fünf Minuten zurückzudrehen zu dem Zeitpunkt, an dem ich Hoffnung hatte (Lizzie sei verletzt), oder zehn Minuten, als mein Leben noch in Ordnung war. Es ist *verdammt noch mal aussichtslos*, es gibt niemanden, mit dem man verhandeln könnte, damit wir unser altes Leben wiederbekommen oder die Uhr zurückdrehen können. Während der Beamte mit mir redet, denke ich: »So hat es also geschehen sollen.«

Als wäre das, was sich ereignet hat, unvermeidlich gewesen.

»Was soll ich jetzt machen?«, frage ich.

»Mr. Howe, Sie müssen nach York kommen, um die Leiche zu identifizieren. So schnell wie möglich.«

»Wie?«

»Ich rate Ihnen, nicht selbst zu fahren, Mr. Howe. In dem Zustand, in dem Sie sich jetzt wahrscheinlich befinden, sollten Sie sich nicht mehr ans Steuer setzen.«

»Äh … und was raten Sie mir, wie ich zu Ihnen kommen soll? Ich bin in Suffolk. Am anderen Ende des Landes.«

»Mit dem Zug.«

»An einem Sonntag? Da werde ich nicht vor dem Abend

eintreffen.« Ich erwarte, dass er sagt, jemand von der Polizei in Suffolk würde mich hinfahren.

»Lassen Sie sich von einem Freund oder einem Verwandten hochfahren.«

»Ich bin bei meiner Mutter. Sie fährt nicht. Was soll ich machen?«

»Ich bin mir sicher, dass Sie das hinkriegen. Je früher Sie kommen, umso besser, Mr. Howe.«

»Gut.«

»Es tut uns wirklich sehr leid, Mr. Howe.« Ich höre die Polizeidienststelle im Hintergrund, Leute, die mit leisen Stimmen und Yorkshire-Akzent miteinander reden, das Knarzen von Funkgeräten, das Klackern von Schreibmaschinen, Geräusche einer fernen Normalität, ähnlich dem Soundtrack zu einem Radio-Hörspiel. Es kommt mir so nah vor und scheint gleichzeitig von einem anderen Planeten zu stammen.

Ich lege den Hörer auf. Ich weiß nicht, was ich tun, weiß nicht, wie ich reagieren soll. Was wird von einem erwartet in einem solchen Augenblick, in dem das eigene Leben in sich zusammenstürzt?

Ich stehe da und sage zu niemand Bestimmtem: »Lizzie … ist … ermordet … worden.« Ich sehe den Polizisten, seine Verlegenheit, die Hilflosigkeit meiner Mutter.

Ich weiß nicht, was ich tun oder wie ich reagieren soll, also breche ich schluchzend auf dem Boden zusammen. Ich spüre den harten Steinboden unter dem Läufer, der von meinen Tränen feucht wird. Ich habe die säuerliche Feuchtigkeit des Teppichs auf den Lippen. Ich höre meine Mutter den jungen Polizisten fragen, ob er eine Tasse Tee möchte.

»Nein, danke. Ich gehe lieber.«

Ich komme mir ein wenig dämlich vor, also stehe ich auf,

wische mir den Rotz weg, putze mir die Nase und entschuldige mich für mein Verhalten. Wir geben uns die Hand, und er geht.

Mein Leben ist nicht mehr so wie vorher, und ich weiß nicht, was ich tun soll.

Ich denke an Lucy und Jessica, die oben unter dem Dach unschuldig schlafen.

Ich weiß nicht, was ich tun soll.

Nach einer Tasse heißem, süßem Tee entwerfen meine Mutter und ich einen Plan – obwohl es fast zwei Uhr morgens ist, rufe ich meine Schwester an, die nach außen hin ganz ruhig ist und sagt, wir sollen nach Norfolk kommen, wenn die Mädchen wach sind. Sie klingt, als wüsste sie, was zu tun ist; das ist mehr, als ich von uns behaupten kann, weshalb ihr Plan zu unserem Plan wird. Ich versuche, Lizzies Eltern anzurufen – bekomme aber nur die Ansage auf einem Anrufbeantworter zu hören. Ich versuche es ein Dutzend Mal, ohne Erfolg.

Ich weiß noch immer nicht, was ich tun soll, und da es mitten in der Nacht ist, lege ich mich wieder ins Bett, kann aber nicht schlafen. Ich gehe ins Schlafzimmer meiner Mutter. Sie kann auch nicht schlafen. Ich lasse mich auf ihre Bettdecke fallen, sie legt mir den Arm um die Schulter, und wir reden – über Lizzie, über Lizzie und mich, wie glücklich unser Leben war, wie wir uns in Oxford kennengelernt haben, wie ich mich dadurch als Mensch verändert habe, die harte Zeit in London, unser verrücktes getrenntes Leben in York und Brighton, wie unsere Liebe uns stark gemacht hat, unsere Bemühungen, Kinder zu kriegen, und so weiter. Aber alles in mir ist in Aufruhr. Ich kann mich auf nichts konzentrieren, und schließlich schläft meine Mutter wieder ein, und ich versuche neben ihr zu dösen. Es ist, als wäre ich wieder ein Kind.

Kurz nach vier gebe ich es auf, ziehe mich an, und da ich nicht weiß, was ich sonst tun soll, schleiche ich mich aus dem Haus und gehe in der Flussniederung spazieren, die sich auf der anderen Straßenseite anschließt.

Die Welt ist grau und farblos. Feuchter Nebel hängt über dem Flussufer, Kühe stehen auf der Weide, ihr schnaubender Atem durchbricht die Stille, ansonsten regt sich nichts. Die Welt ist am Erwachen, ich aber bin *hellwach*. Alles in mir kribbelt, mir ist schwindlig vor Gefühlen, ich möchte laufen, ich möchte lauthals herausschreien, ich spüre Lizzies Verlust wie einen krampfenden Schmerz im Magen. Mein Kopf fühlt sich an, als wollte er explodieren, weil ich unmöglich verstehen kann, was soeben geschehen ist. Ich fühle mich am Boden zerstört. Ich möchte allein sein, ich möchte es aller Welt erzählen, ich möchte Lizzie in den Arm nehmen und ihr sagen, dass ich sie liebe. Ich möchte den Mann umbringen, der ihr, der uns das angetan hat. Es geht mir so schlecht, dass ich die Kinder nicht wecken und es ihnen erzählen kann. Es geht mir schlecht, wenn ich nur daran denke, dass ich es ihnen erzählen muss. So gern würde ich mit Lizzie reden. Ich möchte es mit ihr besprechen, mehr als alles andere auf der Welt.

Niemals habe ich mich einsamer gefühlt. So habe ich mich nicht mehr gefühlt, seitdem ich Lizzie kennengelernt habe. Ich bin allein. Allein in einer neuen, beängstigenden Welt.

Ich gehe schnell, weil meine Gedanken rasen. Als wollte ich weglaufen, aber weglaufen wovor? Vor mir, vor meinem Leben, das gerade umgeworfen wird? Im Grunde sind meine Gedanken so klar, als würde mein Leben davon abhängen.

Etwa eine halbe Stunde lang bin ich unterwegs und gehe die Möglichkeiten durch. Bleibe ich in Oxford, ziehe ich zu meiner Mutter oder zu Lizzies Eltern in Bath oder zu meiner Schwester Philippa oder zu Lizzies Schwester Louise? Siedle ich nach London um, damit ich näher an meiner Arbeit bin? Werfe ich meinen Job hin und ziehe die Kinder groß? Wie soll ich die Kinder großziehen? Ich allein? Oder vergrabe ich mich einfach in meiner Arbeit, und irgendjemand aus meiner Familie kümmert sich um sie? Was mache ich mit meiner Arbeit? Ich kann doch nicht wieder arbeiten gehen? Oder suche ich den Kindern eine neue Mutter? Wo soll ich sie finden? Oder haue ich einfach ab und reise um die Welt und versuche mich selbst zu finden – mit oder ohne Jessica und Lucy?

Irgendwann komme ich an die Brücke über den Stour, einem typischen verschlafenen englischen Fluss, der durch John Constables Gemälde berühmt geworden ist. Neun Monate zuvor stand ich hier in einer kalten, sternenklaren Nacht und versuchte, mit dem Tod meines Vaters klarzukommen. In jener Nacht sah ich zu den Sternen auf und hatte das Gefühl, sein Tod, so schmerzhaft er sein mochte, gehörte zur natürlichen Ordnung der Dinge, das Universum drehte sich weiter, richtete sich neu aus. Ich war traurig, aber sein Tod folgte einer Art natürlichen Gerechtigkeit, sein Leben hatte genau die richtige Spanne. Mit Lizzies Tod ist das anders. Der Mord an ihr ist ein Frevel an der Natur, die Nachricht von ihrem Tod zerschmettert das Bild eines harmonischen Universums mit der Wucht einer Dampframme. Alles, was ich fühle, ist Kränkung, Wut; die Ungerechtigkeit ihres Todes empfinde ich als körperlichen Schmerz – mein Herz rast, mein Atem geht flach, ich spüre den steigenden Blutdruck in meinem Gehirn, ich habe einen Knoten im Magen, ich möchte schreien, ich will etwas kaputt machen. Ich massiere mir die Stirn, um den Stress abzubauen, und versuche klar zu denken. Und der

Fluss fließt weiter, immer weiter, ohne Ende, die Kuh an der Brücke starrt mich an, käut wieder, gibt schnaubend Dampfwölkchen von sich, während ihr Schwanz gleichmäßig hin und her pendelt.

Ich gehe weiter.

Der Weg gabelt sich. Ich zögere. Links, und ich käme direkt zum Haus meiner Mutter zurück, rechts führt der Weg in einer Schleife durch die Flussniederung, über den Fluss und dann nach Hause. Links oder rechts? Nach links, und ich gehe unter. Nach rechts, und ich halte mich über Wasser. Links oder rechts? Untergehen oder schwimmen? Lasse ich mich versinken, lasse ich mich davon zerstören? Weitermachen oder ertrinken? Ich habe Angst. Ich fürchte mich so sehr. Mehrmals atme ich tief ein, versuche den Kopf freizubekommen und der Panik Herr zu werden.

Großer Gott, es geht hier um mein Leben.

Was würde Lizzie wollen? Was hätte Lizzie *von mir* gewollt? Mit jeder Sekunde treibt ihr Leben wie das Wasser im Fluss weiter von mir fort.

Ich nehme die rechte Abzweigung.

Ich schwimme.

Ich werde versuchen, die Kinder großzuziehen, so gut ich kann, ich werde weiter zur Arbeit gehen, ich werde unser Leben nicht aufgeben. Ich werde weitermachen.

Ich werde tun, was Lizzie von mir gewollt hätte: die Kinder großziehen, so gut es mir möglich ist, den Job behalten, mit dem Leben weitermachen.

Ich halte mir den Kopf. Ich richte mich auf, atme tief ein und gehe weiter.

Es wird nicht einfach werden.

Ich werde schwimmen.

In dieser halben Stunde treffe ich die meisten Entscheidungen über mein, über unser Leben. Davon handelt dieses Buch. Jahrelang habe ich mir klarmachen müssen, was ich tue und warum ich es tue. Ich habe versucht, mich wieder in meine Lage während jenes Spaziergangs in Sudbury zu versetzen. Die Flussniederung ist mein Berg Sinai, und Jessica und Lucy sind das Volk, das ich aus der Wüste führen werde.

Der erste Schritt auf diesem Weg war die Fahrt zu meiner Schwester, die sich um Jessica und Lucy kümmern wollte, während mich ihr Mann Malcolm nach York fuhr, damit ich Lizzies Leichnam identifizierte.

Ich kehrte ins Haus zurück und ging durch die Garage in die Küche. Meine Mutter stand mit dem Rücken zu mir, eine Hand auf dem Kessel, während sie wartete, dass das Wasser kochte. Sie war in Gedanken versunken. Sie drehte sich um, und ihr ängstlicher Gesichtsausdruck verwandelte sich in Wärme. Sie lächelte mich an und umarmte mich.

»Was soll ich den Mädchen sagen?«

»Ich weiß. Ich bin darüber aufgewacht. Ich weiß es nicht.«

»Angenommen, Lizzie ist gar nicht tot? Angenommen, sie haben die falsche Leiche?«

»Ich weiß.«

»Ich weiß einfach nicht, was ich tun soll.« Ich hatte keine Ahnung, was ich ihnen sagen oder wie ich es ihnen sagen sollte.

Ich schenkte zwei Gläser Saft ein, wie ich es jeden Morgen tat, ging nach oben und weckte sie, obwohl es noch nicht sechs war.

»Planänderung, ihr Süßen. Wir stehen sofort auf und fahren noch vor dem Frühstück zu Tante Philippa.«

»Warum, Papa?«

»Äh …«

Pause.

»Es ist was dazwischengekommen. Papa muss ins Büro. Mit Onkel Malcolm.«

Nicht unbedingt meine beste Flunkerei, aber sie freuten sich auf ihre Tante Philippa und ihre Cousine Jennifer und die Zwillinge und deren Hund.

»Fahren wir dann ans Meer, Papa?«

»Heute nicht. Vielleicht später.« Sie akzeptierten Papas Schwindelei. Aber ich hatte gekniffen.

Ich war einfach nicht bereit für die Wahrheit, und so begannen wir dieses Leben mit einer Lüge.

Wir fuhren los, die Mädchen auf dem Rücksitz, noch immer in ihren Schlafanzügen, dösten eingekuschelt in ihren Decken vor sich hin; meine Mutter auf dem Beifahrersitz. Die graue nieselige Morgendämmerung war zu einem grauen nieseligen Tag geworden. Die Scheibenwischer wischten den Regen weg, aber nicht die Tränen. An jeder Ampel, an jeder Kreuzung musste ich mir die Brille putzen und hoffen, dass die Mädchen nicht sahen, in welchem Zustand ich mich befand. Meine Mutter tat so, als bemerkte sie nicht, dass ich fast ununterbrochen weinte.

Gegen acht Uhr trafen wir bei meiner Schwester ein. Unter dem schweren grauen Himmel erschien mir alles wie gedämpft. Als wäre ich in Watte gepackt. Leise unterhielten wir uns abseits, damit die Kinder uns nicht hörten, wir frühstückten, ich tätigte den Anruf, vor dem ich mich so fürchtete.

Noch immer sprang bei Makas und Dedas Anschluss nur die Maschine an.

Was tun? Ich rief bei der Auskunft an und erhielt die Nummer von Makas bester Freundin und Nachbarin. Ich kannte sie flüchtig. Ich sprach mit Sue.

»Sue, hier ist Jeremy Howe, Lizzies Mann. Es tut mir furchtbar leid, Sie so früh an einem Sonntagmorgen zu stören.«

»Keine Sorge, ich bin schon seit Stunden auf.«

»Ich muss Lizzies Eltern sprechen. Es ist dringend, aber es meldet sich immer nur der Anrufbeantworter. Ich muss mit ihnen so schnell wie möglich reden.«

»Verstehe.«

»Können Sie mir einen Gefallen tun? Gehen Sie zu ihnen rüber und sagen Sie ihnen, sie sollen mich unter dieser Nummer sofort anrufen. Es sind keine guten Neuigkeiten.«

»Natürlich, Jeremy. Bin schon unterwegs.«

Fünf unerträgliche Minuten später klingelte das Telefon. Ich konnte es kaum ertragen, den Hörer abzunehmen.

»Maka, Gott sei Dank. Ich habe schon die ganze Nacht versucht, euch zu erreichen.«

»Der verdammte Deda. Stellt das Telefon immer um. Ich weiß nicht, warum er immer herumpfuschen muss, dieser Nichtsnutz.«

»Ich habe schreckliche Neuigkeiten.«

»Ja«, sagte sie ruhig und atemlos.

»Lizzie ist ermordet worden.«

»Verstehe.«

Pause.

»Wie ist es passiert?«, fragte sie dann ebenso ruhig. Ich erzählte es ihr, und sie reagierte, als hätte sie damit seit langer Zeit gerechnet. »Verstehe … verstehe … ja … natürlich … natürlich.«

Ich legte auf. Stille. Ich versuchte mir vorzustellen, was

Lizzies Mutter jetzt tat. In meiner Vorstellung hörte ich einen schmerzerfüllten Schrei, ihr Gesicht verzerrt, von Tränen überströmt, ohne dass ihr Mann in der Lage gewesen wäre, sie zu trösten, jetzt oder später.

Ich rief ihre Schwester Louise und meinen älteren Bruder Jonathan an, um ihnen die schrecklichen Neuigkeiten mitzuteilen, dann die Polizei, um Bescheid zu sagen, dass ich mich auf den Weg machte. Dann verabschiedete ich mich so unbeschwert wie möglich von den Mädchen, die vollauf mit dem Puppenhaus ihrer Cousinen beschäftigt waren, und begab mich mit Malcolm auf die fürchterliche Odyssee, um in York Lizzies Leichnam zu identifizieren.

Kapitel 3

Ich war der schlimmste Beifahrer der Welt.

Ich befand mich in der Vorhölle. Angeschnallt in einer Art Raumschiff, das die hügeligen Ebenen des östlichen Englands durchmaß auf einer Reise in unbekannte Gefilde. Eine Mission mit einem bestimmten Zweck, aber weiß Gott, was für einem Zweck. Meine Gedanken befanden sich entweder im freien Fall oder waren völlig ausgelöscht, weil ich nicht erfassen konnte, was ich zu Gesicht bekommen würde.

Wir schwiegen. Malcolm – an die zwölf Jahre älter als ich, ein Waliser, wie er im Buche steht, und Forschungsingenieur beim Sportwagenhersteller Lotus, gut bezahlt, hart arbeitend, sehr intelligent, aber kein großer Redner – sagte: »Man weiß ja nie ... vielleicht ist es gar nicht Lizzie. Das wirst du wohl erst erfahren, wenn du den Leichnam identifizierst.«

Die Wahrscheinlichkeit für diesen Fall lag bei einem Prozent. Aber Malcolm hatte recht: Es gab ein Fünkchen Hoffnung.

Als wir uns York näherten – Ortschaften, die ich wiedererkannte, da Lizzie und ich drei Jahre lang hier gelebt hatten –, zog sich mir der Magen zusammen. Ich war fahrig und angespannt. Ein Gefühl wie vor einer Premiere, wenn man weiß, dass man auf die Bühne muss, aber keine Ahnung hat, wie die Aufführung werden wird.

Ich befand mich auf einem anderen Planeten. Der Planet

Schmerz ist eine öde Wüste, einsam, unwirtlich, aber von einer seltsamen Anziehungskraft. So ist es also, wenn König Lear auf der trostlosen Heide herumirrt. Er auf einer Pilgerfahrt nach Dover, um Erlösung zu finden, ich auf dem Weg nach York, um Gott weiß was zu finden. Ich versuchte einen Sinn darin zu entdecken, aber es gab keinen Sinn. Es war einfach so, wie es war. Ich konnte nur versuchen, dem heulenden Sturm, der mich umzuwerfen drohte, standzuhalten, ihn zu umarmen, mich nicht zu widersetzen oder mit ihm zu hadern. Er durfte mich nicht zerstören.

Ich war in der ersten Phase des Schmerzes – Schock und Verdrängung.

Im Wagen selbst war es ruhig, die Landschaft, endlich von der Sonne erhellt, hüllte sich in Pastellfarben, als wäre sie ein Aquarell. Mein Herz raste, mein Kopf pochte, mein Kiefer war vor Anspannung starr, regungslos saß ich im Wagen, und obwohl ich mit Gefühlen rang, die ich nur aus Shakespeare-Tragödien kannte, ließ ich mich von einem Jungen ablenken, der aus einem Zeitschriftenladen trat und einen Marsriegel auspackte, einem an einem Laternenpfahl kauernden Hund, dessen Besitzer in die andere Richtung blickte, während das Tier sein Häufchen machte. Das Leben ging weiter an diesem Sonntagmorgen.

Wir hielten an einer Little-Chef-Raststätte gut fünfzehn Kilometer von unserem Ziel, damit ich pinkeln konnte – nicht weil ich pinkeln musste, sondern weil ich unsere Ankunft hinauszögern wollte, den Moment, an dem ich mich der Wahrheit über Lizzie stellen musste. Noch gab es Hoffnung. Wenn ich den Leichnam identifiziert hatte, würde es keine Hoffnung mehr geben – insgeheim wusste ich das. Mir war schlecht.

Kurz vor zehn erreichten wir York und parkten auf dem leeren Krankenhausparkplatz, der mir nur allzu vertraut war. Dort hatte ich Lizzie immer abgeholt, als sie acht Jahre zuvor in der Krankenhausverwaltung gearbeitet hatte. Die Sonne schien, ein hartes, grelles, kaltes Licht, charakteristisch für den Norden. Wir gingen zur Rezeption, eine große, leere Höhle, die übers Wochenende geschlossen hatte. Der stellvertretende Coroner begrüßte uns, wir gaben uns die Hand. »Tut mir leid, dass wir uns unter solch schrecklichen Umständen treffen.« Er war groß, in den Fünfzigern, grau, charmant, trug ein Tweed-Jackett, sprach leise und entschuldigte sich für alles, worum er uns bitten musste.

Mit schnellen Schritten führte er uns durch makellose weiße Gänge, durch Türen, über Treppen, um Ecken in die Mitte eines verlassenen Labyrinths, bis wir einen großen Raum erreichten, in dem von oben trüb das Tageslicht einfiel und der durch eine Glastrennwand, vor der ein langer durchscheinender weißer Vorhang hing, in der Mitte geteilt wurde.

»Hier entlang, Mr. Howe.« Er führte mich hinter den Vorhang, während Malcolm in der Lobby wartete.

Eine mit einem Tuch verhüllte Rollbahre. Darunter ein lebloser Körper.

»Sind Sie bereit, Mr. Howe?«

Mein Gott, es geht alles so schnell. Fünf Minuten zuvor haben wir den Wagen geparkt, jetzt bin ich in diesem fremden Raum, dessen hallende Stille mich immer begleiten wird. Es ist wie in dem Augenblick, in dem ein Flugzeug abhebt und das stundenlange Warten plötzlich ein Ende hat, die Triebwerke heulen auf, und die Maschine katapultiert einen in den Himmel. Bin ich bereit, mich dem Unvorstellbaren zu stellen? Nein, aber dazu ist keiner jemals bereit. Ich kann nicht glauben, was mir hier widerfährt. Er zieht das Tuch zurück.

Es ist Lizzie.

Oder Lizzies Leichnam. Ich erkenne sie, diese Frau, die ich kaum vierundzwanzig Stunden zuvor zum Abschied geküsst habe, aber jetzt ist sie leblos und überhaupt nicht mehr Lizzie. Sie sieht noch nicht einmal aus, als würde sie schlafen, sondern wie jemand, der ihr ähnlich sieht. Außer einem dunkelroten Streifen am Hals deutet nichts darauf hin, dass sie angegriffen oder gar verletzt worden wäre.

»Mr. Howe, ist das Ihre Frau Elizabeth Howe?«

»Ja. Es ist Lizzie. Es ist Elizabeth Howe.«

Was jetzt? Gehen wir jetzt einfach?

»Mr. Howe, wären Sie bereit, diese Aussage gegenüber der Polizei zu wiederholen?«

»Ja, natürlich.«

»Mr. Howe, wäre es Ihnen möglich, für die Aussage mit zur Polizeidienststelle zu kommen? Hier hat am Sonntag alles geschlossen. Es wäre einfacher. Und ich bin mir sicher, der Beamte der Mordkommission würde Sie gern kennenlernen.«

»Natürlich.«

»Mr. Howe, soll ich Sie einige Augenblicke allein lassen, damit Sie von Ihrer Frau Abschied nehmen können?«

Ich zögere. Ja, das sollte ich wohl tun. Aber ich weiß nicht recht, warum.

»Ja, gut.«

»Ziehen Sie bitte nicht das Tuch weg, unter dem Ihre Frau liegt, Mr. Howe.«

Er schließt den Vorhang, um mich allein zu lassen.

Ich höre ihn und Malcolm murmeln, während ich Lizzie betrachte. Lizzies Leichnam. Ich weiß nicht, was ich tun soll. Ich bin unsicher. Ich wage nicht, sie zu berühren. Mir ist schwindlig. Ich glaube, mein Herz steht kurz vor der Explosion.

Und dann kommen die Tränen. Ich weine und weine. Ich küsse sie, ich halte sie fest, ich sage ihr, dass ich sie liebe, verspreche ihr, mich um die Kinder zu kümmern, danke ihr für unser gemeinsames Leben, unsere Liebe, unsere Töchter, unser Glück. Es ist ein Albtraum, ein Albtraum oder ein gespenstischer Film, aber ich bin kein Schauspieler, das alles ist echt, und ich kann nicht glauben, dass so etwas geschieht und dass es mir geschieht. Ich kann das alles noch immer nicht fassen, kann nicht fassen, dass dieser wächserne, kalte Körper, der so ruhig, so friedlich aussieht, der misshandelte Körper der Person ist, die ich aus ganzem Herzen liebe.

Ich spreche ein Gebet. Ein Gebet, das ich von nun an Abend für Abend sprechen werde und es bis heute beibehalte. Seit fast zwanzig Jahren.

»Lieber Gott, ich danke dir für Lizzie, bitte richte ihr aus, dass ich sie liebe, und ich werde ihr versprechen, ich werde ihr hoch und heilig versprechen, dass ich mich um die Kinder kümmere.«

Trotz der Tränen, des Rotz und der unerträglichen körperlichen Schmerzen reiße ich mich zusammen, verabschiede mich von ihr und gehe durch den weißen Vorhang in eine unsichere, undurchschaubare Zukunft, von der ich nur weiß, dass ich Lizzie Milicevic, Elizabeth Howe, meines Herzens höchsten Schatz, nie wiedersehen werde.

Aus weiter Ferne hörte ich die Stimme des Coroners.

»Wollen Sie mitkommen, Mr. Howe?«

»Natürlich.«

»Ich schlage vor, wir fahren mit beiden Wagen zur Polizei ... wenn Sie mir bitte folgen wollen. Kennen Sie York?«

»Ja. Wir haben mal hier gewohnt. Lizzie und ich.«

»Es ist nur ... die Einbahnregelungen sind sehr verwirrend. Wenn Sie mir folgen, verfahren Sie sich nicht.«

Wir folgten dem stellvertretenden Coroner zur Polizei. Ich kannte den Weg, weil unser letztes Haus während unseres dreijährigen Aufenthalts in York genau gegenübergelegen hatte. Mittlerweile war es ein Bed & Breakfast, in dem wir für das folgende Wochenende Zimmer gebucht hatten.

Ich war völlig benommen. Wir parkten, und noch auf dem Weg zum Eingang kam der Detective Chief Superintendent in Uniform und Mütze und mit Lederhandschuhen in der Hand auf uns zugeschlendert. Wir wurden einander vorgestellt.

»Es tut mir sehr leid, Mr. Howe, dass Sie unter so furchtbaren Umständen diese schöne Stadt aufsuchen müssen«, sagte er, als er mir die Hand gab.

»Ich weiß. Wir haben hier mal gewohnt. Es ist eine grauenvolle Rückkehr.«

»Oh, das wusste ich nicht.«

»Ja.«

»Gott sei Dank haben wir den Mann gefasst, der nach unserem Dafürhalten diese abscheuliche Tat begangen hat.«

»Ja.«

»Wenn wir irgendetwas für Sie tun können – ein Hotel buchen, falls Sie übernachten müssen, oder irgendetwas anderes –, dann geben Sie uns Bescheid.« Wenn ich darüber nachdenke, komme ich zu dem Schluss, dass der Superintendent vermutlich auf dem Parkplatz auf uns gewartet hatte. Gemischte Gefühle machten sich in mir breit, als er zu seinem

Wagen ging. Sein Angebot, uns eine Übernachtungsmöglichkeit zu besorgen, verwirrte mich. Ich kam mir wie eine unheildrohende Berühmtheit vor – nie zuvor war ich mit so hohen Tieren bekannt gemacht worden –, und ich beneidete ihn, weil er in seinen Wagen steigen und zu einem Leben in Normalität zurückkehren konnte, aus dem ich jetzt ausgeschlossen war.

Nie und nimmer würde ich in York übernachten. Ich wollte fort, sobald ich meine Aussage unterschrieben hatte. Es war jetzt kurz nach elf. Es sollte Nachmittag werden, bis wir loskonnten.

Die Polizei hatte mir in der Nacht zuvor mitgeteilt, dass Lizzies Mörder festgenommen worden war, als er, mit ihren Sachen bekleidet, bei Einbruch der Dunkelheit in seinem Wagen den Campus verlassen wollte. Sie hatten »sie« aufgegriffen, weil »sie« sich so seltsam verhalten hatte.

Wir betreten die Dienststelle, ein großes, freudloses, heruntergekommenes Gebäude aus den Siebzigern, in dem es vor Geschäftigkeit nur so brummt. Der stellvertretende Coroner führt uns in die Eingeweide des Baus, vorbei an Beamten in Hemdsärmeln, mit Funkgeräten am Gürtel, aus denen knarzende Meldungen im Befehlston kommen.

Wir kommen in einer Ecke des Gangs an einem Tisch vorbei, auf dem Lizzies Kleid ausgebreitet ist, das sie getragen hatte, als sie am Tag zuvor das Haus verließ. Dort liegt auch meine Aktentasche, die Lizzie immer benutzt hat (»JP Howe Klasse 5a« steht auf der Lasche, ein Geschenk meiner Eltern nach den Prüfungen für die Hochschulreife): ein flüchtiges Aufflackern unserer häuslichen Normalität in dieser fremden Umgebung, und dann werde ich in ein stickiges Büro gebeten, das vor Akten nur so überquillt. Der stellvertretende Coroner wühlt in den Papieren, bis er schließlich irgendwo das richtige Formular hervorzieht. »Ist leider nicht mein Büro. Wir benutzen es nur gelegentlich.«

Er lässt mich bestätigen, dass ich Lizzies Leichnam identifiziert habe. Ich unterschreibe, dann verschwindet er.

Schweigend sitze ich mit Malcolm im Büro.

Eine Viertelstunde später taucht der Coroner wieder auf. »Der Beamte, der die Ermittlungen leitet, hat mich gebeten, Sie zu fragen, ob Sie das nicht etwas ausführlicher aufschreiben könnten. Wenn es Ihnen nichts ausmacht«, entschuldigt er sich.

»Klar. Was soll ich aufschreiben?«

»Nur, wo Sie waren und was Sie gestern getan haben, angefangen vom Zeitpunkt, an dem Sie Ihre Frau das letzte Mal gesehen haben, bis hin zu Ihrem Anruf bei der Polizei um … wann war das?«

»So gegen ein Uhr morgens.«

Vor zehn Stunden.

»Dann bis ein Uhr … wenn Sie so freundlich wären.«

»Gut.«

Pause.

»Wo ist der mutmaßliche Täter?«

»Oh. Wohl in einer der Zellen den Gang runter.«

»Ist er schon des Mordes angeklagt?«

»Noch nicht. Das Gesetz schreibt vor, dass ihm eine gewisse Ruhezeit gewährt werden muss, bevor er verhört werden darf.«

Es kommt mir surreal vor, nur wenige Meter von dem Menschen entfernt zu sitzen, der Lizzie umgebracht hat. Ich möchte ihn grün und blau prügeln, auf ihn einstechen, ihn umbringen. Ich möchte ihre Sachen nehmen, sie berühren, daran riechen, sie für mich einfordern. Es wäre so einfach. Ich atme durch und frage, ob ich sie wiederhaben oder sie wenigstens noch einmal sehen kann.

»Nein. Die Polizei braucht sie als Beweismittel … sie hätten eigentlich nicht da sein sollen, als Sie gekommen sind … hier ist ein weiteres Formular. Schreiben Sie einfach auf, was Sie gestern gemacht haben, und wenn Ihnen der Platz ausgeht, bekommen Sie ein zweites Blatt. Ich lasse Sie mal damit allein und versuche ein Sandwich aufzutreiben. Ich fürchte, das alles wird eine Weile dauern.«

Ich beginne das Formular auszufüllen – das Tagebuch des Tages, bevor wir in die Hölle geworfen wurden. Ich komme zu Milly Molly Mandy und der Fahrt zur Katzenpension, die Lizzie gebucht hatte, ohne zu wissen, dass sie auf halber Strecke nach Swindon lag und verdammt schwierig zu finden war. Ich hatte sie deswegen verflucht. Das war gegen 16 Uhr gewesen, etwa zu der Zeit, als sie vermutlich ermordet wurde. Anscheinend hatten Leute auf dem Gang vor ihrem Zimmer Schreie gehört, aber dann waren die Schreie verstummt, und sie nahmen an, alles wäre wieder in Ordnung. Sie hatte über zwei Stunden tot im Zimmer gelegen. Und etwa zum Zeitpunkt ihres Todes hatte ich Lizzie verflucht.

Während ich meine Aussage aufschreibe, wird mir bewusst, dass Milly Molly Mandy mein Alibi ist, und wenn ich ein Alibi brauche, könnte ich auch zu den Verdächtigen gehören. Hält die Polizei es wirklich für möglich, dass ich mit dem Mord an Lizzie etwas zu tun haben könnte?

Ich behalte den Gedanken für mich.

Ich schreibe meine Aussage zu Ende, lese sie noch einmal durch und unterzeichne auf jeder Seite. Mir geht die Frage durch den Kopf, was ich damit alles abtrete. Der stellvertretende Coroner dankt mir. »Können Sie noch kurz bleiben? Ich muss Ihre Aussage einem Beamten zeigen, der an dem Fall arbeitet.«

Wir warten schweigend eine Ewigkeit, dann steckt ein Polizeibeamter den Kopf zur Tür herein. »Der Detective Inspector, der für den Fall zuständig ist, würde sich gern kurz mit Ihnen unterhalten. Können Sie mit nach oben kommen, Mr. Howe?«

Ich brauche moralische Unterstützung.

»Kann mein Schwager mitkommen?«

»Oh. Bin gleich zurück. Ich frag mal nach.«

Erneut dauert es eine Ewigkeit.

»Ist das in Ordnung, Malcolm?«

»Klar, klar.«

Er erscheint wieder. »Ja. Ihr Schwager kann mitkommen.«

Wir werden nach oben in ein sehr großes Büro geführt, das eher wie ein Studierzimmer aussieht als wie das Büro eines Polizisten. In einem Bücherregal stehen Sportplaketten. Zwei korpulente Beamte in Zivil erwarten uns, sie kondolieren, was sich mittlerweile wie ein Ritual anfühlt, dann nehme ich auf einem Stuhl vor dem Schreibtisch Platz. Der höherrangige der beiden Beamten sitzt mir gegenüber, der andere seitlich daneben. Hinter mir spüre ich den schweigsamen Malcolm. In meinem Rücken liegt ein großes Fenster, von dem aus das Haus zu sehen ist, in dem Lizzie und ich gewohnt haben. Unser erstes gemeinsames Haus, nur wir beide. Wir waren hier sehr glücklich.

Sie befragen mich abwechselnd, netter Bulle, fieser Bulle.

Sie behandeln mich wie einen Verdächtigen. Der schlimmste Tag in meinem Leben wird noch albtraumhafter. Sie bitten mich, jeden einzelnen Punkt meiner Aussage durchzugehen. Als sie zu der Fahrt in die Katzenpension kommen, halten sie inne. Sie wollen eine minutiöse Auflistung dessen, was ich gemacht, wo ich mich aufgehalten habe, wer alles meine Angaben bezeugen kann. Es ist ihnen ernst damit.

»Haben Sie die Telefonnummer der Katzenpension?«

»Nicht bei mir. Tut mir leid.«

Es ist wirklich ernst. Einer der Polizisten notiert es sich.

Schweigen.

»Und kennen Sie einen Robin Pask?«

»Nein. Wer ist das?«

»Kannte er Ihre Frau?«

»Warum?«

»Wir glauben, er hat sie umgebracht.«

»Ich weiß nicht, ob sie ihn gekannt hat. Mir sagt der Name nichts. Wer ist er? Ich meine, vielleicht ist er in der Summer School von Lizzie früher schon mal unterrichtet worden. Ich weiß es nicht.«

»Er ist Student der Naturwissenschaften in Bolton, Mr. Howe. Meinen Sie, Ihre Frau könnte ihn in ihrem Seminar gehabt haben?«

»Unmöglich. Lizzie hat Anglistik unterrichtet. Keiner von uns beiden ist jemals in Bolton gewesen.«

»Könnte er ein Motiv gehabt haben, sie umzubringen, Mr. Howe?«

»*Nein!* Lizzie hat sich nie etwas zuschulden kommen lassen. Warum sollte irgendjemand Lizzie umbringen wollen?«

»Also unwahrscheinlich, dass hier eine Verbindung besteht, würde ich sagen. Irgendwelche finanziellen Probleme zu Hause, Mr. Howe?«

»Was meinen Sie damit?«

»Sind Sie in finanziellen Schwierigkeiten?«

»Nein. Warum?«

»Menschen bringen ihre nächsten Anverwandten um, damit sie die Versicherung kassieren können.«

»Unsere Lebensversicherung läuft auf mich, nicht auf Lizzie.«

»Wie war die Beziehung zu Ihrer Frau in letzter Zeit, Mr. Howe?«

»Was meinen Sie?«

»Sind Sie gut miteinander ausgekommen? Haben Sie sich gestritten?«

»Äh … nein … das Übliche. Wir kommen gut miteinander aus. Wir kamen gut miteinander aus.«

»Wie war Ihr Sexleben, Mr. Howe?«

»Äh … wunderbar. Wir haben zwei Kinder.«

»Ich meine, hatte einer von Ihnen beiden eine Affäre, Mr. Howe?«

»Was soll das heißen? Nein. *Nein!*«

So geht das immer weiter, ich fühle mich immer mehr in die Enge getrieben und unter fürchterlichem Druck. Am liebsten würde ich lauthals schreien, Witze reißen, ihnen Lügen auftischen, ihnen sagen, sie sollen sich verpissen. Welches Recht haben sie, mir das anzutun? Während Lizzies Mörder in einer Zelle schläft, damit er ausgeruht von der Polizei verhört werden kann, und ich seit ein Uhr nachts verdammt noch mal wach bin.

Schließlich …

»Wir würden gern Ihr Haus in Oxford durchsuchen. Können Sie uns den Schlüssel geben? Haben Sie einen dabei?«

Verfluchte Scheiße. Sie meinen es wirklich ernst. Ich habe den Haustürschlüssel in meiner Hosentasche. Sicherlich werden sie auch in Lizzies Handtasche einen finden. Ein Freund von uns – Henry – hütet in unserer Abwesenheit das Haus. Aber ich will nicht, dass sie im Haus rumwühlen, wenn ich nicht da bin. Es reicht.

»Nein. Der ist bei meinem Bruder. In Hampshire. Seine Telefonnummer habe ich leider nicht bei mir.«

Eine Lüge. Ich spüre, wie ich rot werde.

Sie müssen wissen, dass ich sie angelogen habe.

Schweigen, während der Beamte mir gegenüber nachdenkt. Mit einer Geste zu seinem Kollegen sagt er: »Ist auch nicht so wichtig, Mr. Howe. Wir gehen nicht davon aus, dass Sie mit dem Tod Ihrer Frau irgendwas zu tun haben. Es wäre sowieso nur eine Routineuntersuchung gewesen. Haben Sie noch irgendwelche Fragen?«

»Ja. Wer ist dieser Robin Pask?«

»Na ja ... wir haben ihn noch nicht verhört, er ist Mitte dreißig, Labortechniker bei Bolton Lancs, nimmt zum ersten Mal an der Summer School der Open University teil, verheiratet, zwei Kinder. Er ist der Polizei schon früher aufgefallen, weil er Frauen Gewalt angedroht hat ... na ja, einer Frau bislang, seiner Nachbarin, er meinte, sie hätte eine lesbische Affäre mit seiner Frau. Und er war wegen psychischer Probleme in Behandlung. Soweit wir durch den Beamten, der ihn festgenommen hat, wissen, ist er gestern gegen Mittag in York eingetroffen. Hat sich daraufhin mit Alkohol und Pillen zugedröhnt, Wodka, Speed, solchen Sachen, und allem Anschein nach hat er sich dann zufällig Ihre Frau herausgegriffen. Mehr wissen wir nicht. Schon gar nicht, warum er es getan hat.«

Der vorgesetzte Beamte sagt: »Okay, Mr. Howe, Sie können jetzt gehen.«

»Danke.« Ich stehe auf.

»Was sollen wir in der Pressemitteilung bringen?«

Ich setze mich wieder.

Es ist absurd.

»Äh ...?«

»Möchten Sie eine Pressekonferenz?«

»Ähm ... Brauche ich eine Pressekonferenz? Ich weiß nicht ... wieso?«

Die beiden Beamten sehen sich an. »In der Regel schlagen wir den Angehörigen des Opfers nur dann vor, eine Pressekonferenz abzuhalten, wenn wir der Ansicht sind, sie hätten etwas zu verbergen. Es sprudelt dann oft alles aus ihnen raus; Sie verstehen schon.«

Sofort muss ich an einen nicht lange zurückliegenden Fall denken, bei dem der Freund des jungen weiblichen Opfers bei der Polizeipressekonferenz leidenschaftlich an den Täter appellierte, sich zu stellen. Am Tag danach wurde dieser Freund festgenommen und des Mordes angeklagt.

»Dann ... meinen Sie also, ich hätte etwas zu verbergen?«

»Uns scheint die Sache ziemlich klar auf der Hand zu liegen. Ihre Frau wurde das zufällige Opfer eines ihr völlig unbekannten Täters. Nein, wir sind nicht dieser Ansicht. Eigentlich nicht.«

Also setzen wir eine Pressemitteilung auf. Sie sagen mir, wenn es noch andere Dinge gebe, die sie für mich tun könnten, solle ich nicht zögern, sie anzurufen. Sie würden im weiteren Verlauf mit mir in Kontakt bleiben und wünschten mir alles Gute.

Ich kann es nicht erwarten, nach draußen an die frische Luft zu kommen, wenigstens den Anschein meines Lebens zurückzugewinnen und diesem Albtraum zu entfliehen.

Bevor wir den Rückweg antreten, steht noch eine Aufgabe an.

Ich überquere von der Polizeidienststelle aus die Fulford Road und gehe über den vertrauten Pfad zu dem Haus, wo Lizzie und ich unser letztes Jahr in York verbracht haben – im Obergeschoss eines wunderbaren georgianischen Bauernhauses, direkt am Rand zur Innenstadt gelegen, wo jetzt eine Bed-and-Breakfast-Pension untergebracht ist. Ich klopfe an. Es dauert lange, bis ein Mann öffnet und uns fragend ansieht. Offensichtlich habe ich ihn aus seinem Sonntagnachmittagschläfchen gerissen.

»Hallo, ich bin Jeremy Howe. Wir haben bei Ihnen für nächsten Samstag für vier Personen gebucht. Ich möchte das absagen.«

»Verstehe.«

»Meine Frau ist ermordet worden.«

Schweigen.

»Wir haben es soeben erfahren. Ich komme gerade von der Polizei.« Etwas theatralisch deute ich über die Schulter zur Dienststelle.

»Das tut mir sehr leid.«

Und damit machen wir uns auf den Weg nach Norfolk, um die Trümmer meines Lebens einzusammeln.

KAPITEL 4

Die Fahrt nach York glich einer gefährlichen Reise ins Unbekannte. Ich kehrte nicht mit guten Neuigkeiten zurück, sondern, bildlich gesprochen, mit der Asche einer Toten.

Wir schalteten das Radio an, um die Nachrichten zu hören.

Wir waren die letzte Meldung der Radio-4-Kurznachrichten um 15 Uhr; am Morgen war noch nichts davon erwähnt worden. »Die Polizei in York hat den Mann festgenommen, der eine Dozentin der Open University umgebracht haben soll.«

Wir schalteten auf BBC Radio York um.

»Die Polizei in York hat den mutmaßlichen Mörder von Doktor Elizabeth Howe festgenommen …« Der Sprecher verlas die Pressemitteilung, die ich vor kaum einer halben Stunde mitverfasst hatte.

Die Tragweite des Ereignisses traf mich erneut wie ein Schlag. Es war unerträglich.

Mit einem ziegelgroßen Handy der ersten Generation rief Malcolm zu Hause an und ließ Philippa wissen, dass wir unterwegs waren. Kurz sprach sie auch mit mir: »Wir sind gerade vom Sommerfest im Nachbardorf zurück. Jessica und Lucy hat es großen Spaß gemacht. Jetzt sitzen sie vor dem Fernseher und sehen sich das Video von Jennifers Ballettunterricht an. Willst du mit ihnen sprechen?«

»Nein. Richte ihnen Grüße aus. Und bitte, bitte schalte das

Radio nicht ein. Die Meldung ist gerade raus. Ich will nicht, dass sie sie hören.«

»Okay. Wann willst du es ihnen sagen?«

»Ich weiß es nicht, Philippa. Ich weiß es einfach nicht.«

Ich wusste nicht, was ich sagen sollte, also schwieg ich. Ich kam mir vor, als wäre ich unendlich weit von Norfolk und den Erlebnissen entfernt, die sie beschrieb: Mittagessen und Ausflüge und Wassereis und die Spiele mit den Cousinen. Ich war eine Ewigkeit von der Normalität entfernt. Ich sehnte mich nach einem Rettungsanker in dieser Welt, und jetzt kehrte ich nicht nur mit der Asche einer Toten, sondern mit einem toxischen Virus zurück: Ich würde die Welt, von der ich hoffte, sie kümmere sich um mich, in die Luft sprengen.

Jeder Kilometer erschien mir länger als der vorhergehende. Verzweifelt sehnte ich mich danach, zu Hause zu sein, aber was wollte ich dort? Was war dieses Zuhause jetzt? Zuhause, das waren wir gewesen, Lizzie und ich, wir hatten dieses liebevolle Heim geschaffen. Jetzt aber war ich dieses Zuhause und weiß Gott noch alles. Nach Hause zurückkehren sollte heißen, alles, was geschehen war, mit Lizzie zu teilen. Nichts anderes hatte ich in meinem gesamten Erwachsenenleben getan. Jetzt war ich allein, ich hatte niemanden mehr, mit dem ich diese Schrecklichkeit teilen konnte. Und nachdem mittlerweile die Medien darüber informiert waren, konnte ich es nicht mehr aufschieben, ich musste es den Mädchen erzählen. Aber was sollte ich ihnen erzählen? Und wie? Ich würde ihr Leben zugrunde richten.

Ich fühlte mich, als hätte mir jemand ein Messer in den Leib gerammt, als hätte mir jemand das Leben in tausend Stücke zertrümmert. Ich kam mir verloren vor. Mir war schlecht vor Schmerz und Angst. Ich wollte weinen. Ich konnte nicht weinen. Ich wollte schreien. Aber ich konnte nicht schreien. Ich wollte die Zukunft ausblenden, mich zusammenrollen und verstecken. Ich wollte davonlaufen. So tun, als wäre das alles nicht passiert. Ich wollte schlafen. Ich fühlte mich wie ein Boxer am Boden nach dem K.-o.-Schlag. Ich wusste, jenseits der Seile gab es noch eine Welt, eine Welt voller Schreie, voller Gejohle, aber mir ging nur durch den Kopf, dass ich am Boden lag, den Lärm kaum hörte, sondern nur das laute Rauschen des Bluts in meinen Ohren. Ich wollte für immer auf dem Boden liegen, mich auf dem Beifahrersitz zusammenkauern, in eine Decke wickeln und so tun, als würde das alles nicht geschehen.

Ich war erschöpft. Ich stand unter Hochspannung.

Ich konnte mir nicht vorstellen, dass ich jemals wieder schlafen konnte. Ich wollte für immer schlafen.

»Na, dann nimm doch eine Schlaftablette«, schlug Malcolm vor.

»Ich habe keine Schlaftabletten. So was hab ich noch nie genommen. Noch nie«, erwiderte ich. Aber der Gedanke nistete sich bei mir ein.

Erneut rief Malcolm zu Hause an.

»Jeremy muss schlafen. Hat jemand zufällig Schlaftabletten?«

Meine Schwester fragte meine Mutter. Nein. Sie hatte welche in Sudbury. Philippa legte auf, durchwühlte das Medizinschränkchen und rief zurück. »Nein, wir haben keine, tut mir leid.«

Es wurde bei mir zu einer fixen Idee. Malcolm meinte, wir sollten es bei einem Arzt versuchen. Gute Idee. Aber an einem Sonntagnachmittag?

Malcolm am Steuer begann nun eine Telefonodyssee, die

sich wie ein Leiterspiel ausnahm – es war eine Tortur, vor allem, weil ich nicht derjenige war, der den Würfel warf, sondern der Spielstein auf dem Brett. Er rief zu Hause an, um Philippa zu bitten, den Arzt anzurufen. Die Praxis war geschlossen, und außerhalb der Sprechstunden gab es keine Bandansage. Malcolm glaubte ihr nicht, also rief er selbst in der Praxis an, dann wieder zu Hause und bekam die Nummer des Freundes eines Freundes, der die Privatnummer des Arztes hatte, den er schließlich anrief. Der Arzt war beim Essen, sollte aber bald zurückkommen, aber er kam nicht bald zurück, und Malcolm rief zu Hause an, um Bescheid zu geben, dass wir ihn erreicht hatten. Dann rief der Arzt zurück, aber das Signal wurde schwach (wir schrieben das Jahr 1992, keiner hatte ein Handy, Anrufe kosteten so viel wie eine Flasche Whisky, und die Netzabdeckung war äußerst dürftig). Malcolm rief den Arzt zurück und erklärte ihm, was wir wollten. Der Arzt schlug vor, es in einer Krankenhaus-Unfallstation zu probieren. Gut.

Nichts war damit erreicht, aber eine Stunde war rum.

Dann hörten wir die 16-Uhr-Nachrichten auf Radio 4. Nachdem sie jetzt einen Namen hatten, gab es auch eine Story. Lizzies Tod war das Hauptthema.

Das Handy klingelte. Meine Schwester sagte, dass Henry – unser Haushüter in Oxford – mit mir reden müsse. Warum? Sie hatte Henry erzählt, was geschehen war. Warum? Weil tausend Journalisten vor der Haustür campierten und von ihm eine Stellungnahme forderten – der er sich verweigerte – sowie ein Foto von Lizzie.

Mein Gott!

Ich sprach mit Henry, und trotz seines Entsetzens und meines betäubten Zustands schaffte er es, mir zu erklären, dass die Presse versprach, uns in Ruhe zu lassen, wenn er ihnen ein Foto von Lizzie gäbe.

Ein einziger Horror. Aber ich wollte dem armen Henry helfen. Ich schickte ihn los, die Fotos hervorzukramen, die der Verlag ein paar Wochen zuvor von ihr hatte machen lassen. Lizzie fand sie fast alle abscheulich, außer einem, das sie ziemlich gut einfing und das ihr gefiel. Er fand die Fotos in ihrem penibel aufgeräumten Arbeitszimmer, und wir gingen sie am Handy durch. Er beschrieb mir jedes einzelne.

»Nein, dieses nicht.«

»Das hier ist ein schönes, sie steht im Garten und lächelt. Das trifft sie doch ganz gut.«

»Nein, nicht dieses. Sie hasst es.«

»Einen Moment. Es klingelt gerade an der Tür.«

Pause. Ich hörte Henry in seinem weichen Dubliner-Singsang: »Einen Moment, einen Moment, haben Sie doch Geduld. Nein, Sie können nicht mit ihm reden.« Die Eingangstür wurde zugeschlagen.

Unser Haus in Oxford stand unter Belagerung.

»Sie haben eine Deadline«, sagte er mir. »Ich habe gesagt, wir würden ihnen das Foto so schnell wie möglich geben. Es ist hier wie beim Rugby. Unglaublich. Ein Nein lassen sie einfach nicht gelten.«

Ich verwarf Foto für Foto, die er mir übers Handy beschrieb. Schließlich stimmte ich einer Aufnahme zu, von der ich glaubte, dass sie Lizzie am besten gefiel. Dass sie ihr am besten *gefallen hatte*. Es war mir nämlich wichtig. Aber ich versaute es. In den nächsten Tagen war jede Zeitung mit einem grobkörnigen Foto von ihr zugekleistert, von dem ich wusste, dass sie es gehasst hatte – aus irgendeinem Grund erschienen die Wangenknochen lächerlich hoch, und das Lächeln war mehr ein gestelztes Grinsen als Ausdruck ihrer natürlichen Wärme. Sogar jetzt noch wird mir schlecht, wenn ich an dieses Bild denke. Ich entschuldigte mich noch bei Henry, ihn ins Auge des Orkans gestellt zu haben, dann legte ich auf und glaubte, etwas geleistet zu haben. Malcolm aber sah, wie erschöpft ich war.

»Ich ruf noch mal den Arzt an.«

Der Arzt sträubte sich, aber Malcolm ließ sich nicht abwimmeln. Der Arzt stimmte zu, sich mit uns in der Praxis zu treffen; wir sollten ihn noch mal anrufen, wenn wir in Norfolk waren und vor dem Haus standen.

Aber da Malcolm ein Mann ist und Männer nie zu Ärzten gehen, wusste er bei unserem Eintreffen in Norfolk natürlich nicht, wo sich die Praxis befand. Nach einer weiteren Telefonrunde erreichten wir schließlich kurz nach sechs ein Ärztehaus, einen Zweckbau mitten im Nichts, der genauso verlassen war wie das York General Hospital am Morgen. Der Arzt, ein großer Mann Ende vierzig, ließ uns rein, nachdem wir fünf Minuten vergeblich gegen Glastüren gepocht und den Summer gedrückt hatten. Er war ganz offensichtlich sauer über diese Störung seines Sonntags.

Er hatte nicht geglaubt, was Malcolm ihm am Handy erzählt hatte, und bat mich, mit eigenen Worten wiederzugeben, warum ich so erschöpft sei, aber als ich ihm die Ereignisse der vergangenen siebzehn Stunden erzählte, klappte ihm wie in einer Sitcom die Kinnlade herunter. Bis dahin hatte ich nie mit einer Geschichte eine solche Wirkung erzielt. Er zeigte sich entsetzt über jede neue Wendung an diesem schrecklichen Tag und kam meinem Wunsch umgehend nach – aus einer Schreibtischschublade zog er einen Blister mit zwölf winzigen blauen Pillen und teilte ihn in zwei Hälften. Das alles geschah so verstohlen, dass ich das Gefühl hatte, vor einem Dealer zu sitzen.

Ich nahm immer nur eine halbe Pille auf einmal, und irgendwo in einer Schublade muss noch immer eine übrig gebliebene halbe Pille liegen.

Es fällt mir natürlich leicht, meine Geschichte von meinem Standpunkt aus zu sehen. Nahezu unmöglich aber ist es, die Kollateralschäden zu begreifen, die ich anderen zugefügt hatte: Was um alles in der Welt ging meinem Schwager durch den Kopf, als er mit mir insgesamt acht Stunden im Auto saß? Was war ich ihm für ein Reisegefährte? Wie reagierte er auf die fürchterlichen Neuigkeiten? Und der Arzt – ich platzte in das Leben anderer wie eine Pest, eine Art umgekehrter Midas, der alles, was er anfasste, verseuchte und vergiftete, ohne sich dessen überhaupt bewusst zu sein.

Kapitel 5

Wir trafen wieder bei meiner Schwester ein.

Die Kinder hatten gebadet, sie waren schon in ihren Schlafanzügen, und ihre Großmutter las ihnen eine Gutenachtgeschichte vor.

»Papa, Papa, schau, was ich bekommen habe!« Jessica zeigte mir ein handgefertigtes Armband; Tante Philippa hatte jedem der vier Mädchen eines gekauft.

»Schau, meines ist grün, Papa«, stimmte Lucy mit ein.

»Und das von Cousine Katherine ist purpurrot!« Jessica verdrehte ihr Handgelenk, um ihr neuestes modisches Accessoire zur Geltung zu bringen.

»Habt ihr einen schönen Tag gehabt?«

»O ja! Den schönsten Tag *überhaupt*!«

Und Jessica plapperte im Höllentempo drauflos und erzählte alles, was sie seit der Ankunft bei ihren Cousinen gemacht hatten. Ich hörte sie kaum. Alles, was mir durch den Kopf ging, war: Ich kann es ihnen nicht sagen. Nicht vor dem Zubettgehen. Ich kann es einfach nicht. Ich gab ihnen einen Gutenachtkuss, ich knuddelte sie und lebte weiter mit der Lüge.

Ich würde es ihnen morgen sagen, redete ich mir ein.

Leider kam der nächste Tag viel zu schnell.

Nachdem ich medikamentenbedingt die Nacht durchgeschlafen hatte, stapfte ich um sieben Uhr nach unten. Meine Mutter und meine Schwester waren in der Küche, unterhielten sich leise und versuchten, mit dem neuen albtraumhaften Leben zurechtzukommen.

Philippa fragte, ob ich es ihnen sagen würde, wenn ich sie weckte. Aber da sie bei ihren Cousinen übernachteten (was für ein Fest! Natürlich kannte keine von ihnen den Grund, warum sie so verwöhnt wurden), hielt ich das für keine so gute Idee. Eine Ausrede. Wie lange konnte ich dieses absurde Spiel mit Jessica und Lucy noch aufrechterhalten? Tage? Wochen? Jahre? Mir wurde vor Kummer und Sorge ganz schlecht. Ich musste es so schnell wie möglich tun. Aber wie es ihnen sagen? Ich brauchte ein Drehbuch, das ich ihnen vorlesen konnte – schließlich war ich Theaterregisseur gewesen, ich hatte immer ein Drehbuch gehabt. Ich konnte mir die Bühnenanweisungen vorstellen und die erste Zeile (»Meine Lieben, ich habe ganz schlechte Neuigkeiten für euch«), dann blätterte ich um und sah vor mir nur eine fürchterlich leere Seite.

Ich schenkte zwei Gläser Saft ein, ging nach oben und weckte sie, wie Lizzie und ich es jeden Tag getan hatten.

»Habt ihr gut geschlafen?«

»Hmmm. Ja. Sehr gut. Papa, ich hab geträumt, dass ich mit meinen Cousinen in einem Ballett tanze, ein schöner Traum.« Jessica war wie immer sofort wach und in Plauderlaune.

»Und du, Lucy?«

»Ich bin müde.« Lucy war nie sofort wach und war nie in Plauderlaune.

»Was machen wir heute, Papa? Fahren wir ans Meer?«

»Heute nicht. Vielleicht ein andermal.«

»Ich bin müde.«

»Hast du gestern Abend mit Mama telefoniert, Papa?«, fragte Jessica.

Pause. Eine quälende Pause. Es fühlte sich an wie ein Schlag in den Magen. Ich spürte, wie mir das Blut in den Kopf stieg und sich mein Hals zusammenschnürte.

»Ich vermisse Mama«, sagte Lucy.

Eine Pause, die mir wie zehn Jahre vorkam. Wie lange konnte ich mit dieser Lüge noch leben?

»Oh, Süße.« Ich strich ihr durchs Haar. »Sie lässt ganz, ganz viele und liebe Grüße ausrichten.«

»Wann können wir mit Mama reden?«

»Na ja, das ist schwierig, weil sie kein Telefon hat. Trinkt erst mal euren Saft, dann zieht euch an, und dann frühstücken wir und gehen hinaus in den Garten und überlegen uns, was wir heute machen.« Ich lenkte ihre Gedanken auf das, was sie anziehen sollten, ging nach unten und kam mir wie ein Soldat vor, der soeben Fronturlaub von seinem Schützengraben bekommen hatte.

Meine Mutter, meine Schwester und ich einigten uns auf einen Plan:

Sofort nach dem Frühstück würde ich mit den Mädchen in den Garten gehen und es ihnen sagen. Meine Mutter würde nachkommen und uns zur Seite stehen, während meine Schwester es ihren drei Kindern im Wohnzimmer erzählte. Kein besonders ausgefeilter Plan, aber ein Plan.

Es den Mädchen sagen zu müssen war so schmerzhaft, dass ich mich kaum erinnern kann, was als Nächstes geschah. Es ist wie ausgelöscht.

Ich kann mich erinnern, am Frühstückstisch gesessen zu haben. Ich kann mich erinnern, gesagt zu haben, dass ich ihnen etwas mitzuteilen habe und sie dazu bitten müsse, mit hinaus in den Garten zu kommen.

»Geht es um die Ferien?«, platzte Jessica heraus. »Fahren wir heute ans Meer?«

Wenn wir es nur könnten!

Ich kann mich erinnern, dass es ewig gedauert hat, bis wir in den Garten hinausgingen, und ich weiß noch genau, wo wir gestanden haben. Neben einer hohen Zypressenhecke. Ich erinnere mich, wie grau der Himmel war, wie reglos die Luft, wie feucht. Ich erinnere mich, dass ich mich hingekauert habe, um mit ihnen auf einer Höhe zu sein, dass ich ihnen die Arme um die Schulter gelegt und gedacht habe, ich kenne nur die erste Zeile, dann weiß ich nicht mehr weiter. Aber ich habe keinerlei Erinnerung daran, Jessica und Lucy erzählt zu haben, dass ihre Mama tot ist.

Meine Mutter sagt, sie habe meine leise, sonore Stimme gehört, dann Schweigen, dann einen schrecklichen Schrei, und dann kam sie angerannt.

Jessica sagt, sie erinnere sich, in diesem Augenblick gedacht zu haben, wie lang die Bäume in der Hecke wohl brauchen, bis sie so hoch wären, dass sie Mama im Himmel erreichen könnten.

Ich kann mich an nichts erinnern, nur dass Lucy zu jammern anfing, als ich sagte, ich würde mich um sie so kümmern wie Mama …

»Aber, Papa, du kannst doch gar nicht kochen.«

»Doch, kann er schon. Er hat uns am Samstag Pizza gemacht«, schluchzte Jessica.

»Aber die war aus der Packung.«

»Und letzte Woche hat er uns Fischstäbchen gemacht«, weinte sie.

Jessica zählte daraufhin alles auf, was Papa kochen konnte. Die Liste war nicht sehr beeindruckend – Lucy hatte nicht so unrecht. Ich war ziemlich ahnungslos und nicht sehr bewandert im Ressort ihrer Mutter.

KAPITEL 6

Die Woche bei meiner Schwester in Norfolk war eine sehr seltsame Zeit.

Es war eine Woche in der Vorhölle, in der zweiten Phase der Trauer – Schmerz und Schuld. Wir Erwachsenen saßen zusammen, meistens schweigsam, als würden wir darauf warten, dass etwas geschah, während die Kinder glücklich miteinander spielten. Hin und wieder kamen Jessica oder Lucy zu mir und ließen sich umarmen, um gleich darauf wieder resolut davonzupesen, während einer von uns aufstand und Tee machte oder die Zeitung durchblätterte.

Als Erstes musste ich mit der Presse zurechtkommen. Man erwartet einfach nicht, zu einer Nachrichtenstory zu werden, aber zum Beginn der Sommerferien, nur zwei Wochen nach dem schrecklichen Mord an Rachel Nickell auf Wimbledon Common, geriet Lizzies Tod unweigerlich in die Schlagzeilen. Am Montagmorgen prangte Lizzies Foto, über das ich mir am Tag zuvor solche Gedanken gemacht hatte und das ich in den folgenden Jahren schlichtweg hassen sollte, groß und breit auf den Titelseiten des Boulevards und etwas geschmackvoller auf denen der übrigen Presse. Dass der Fall solche Wellen schlug, rechtfertigte etwas meinen Schmerz, die Berichterstattung aber war oberflächlich bis falsch. Ich erkannte kaum die Familie wieder, deren Leben auf den Titelseiten ausgebreitet wurde. Leute in unserer Straße in Oxford, von denen ich noch nie gehört hatte, sagten Nettes über uns, und die Open University – für die Lizzie vier Jahre tätig gewesen war – hatte nicht die geringste Vorstellung, wer Lizzie überhaupt war. Mein Chef wurde mit dem Ausspruch zitiert, mir habe eine glänzende Karriere bevorgestanden. Habe bevorgestanden, nicht würde bevorstehen. Am Freitag gehörte ich noch zu den aufstrebenden Führungskräften der BBC, den Mittdreißigern mit vielversprechender Zukunft; am Montag war das alles aufgrund persönlicher Umstände wie ausgelöscht. Und das alles auf der Titelseite eines Revolverblatts, frisch aus dem Mund meines Chefs.

Ich rief ihn an, um ihm zu erklären, warum ich nicht zur Arbeit erscheinen würde und dass ich noch nicht wisse, ob ich jemals wieder erscheinen würde. Ohne das geringste Zögern erwiderte er, ich solle noch nicht einmal daran denken, hier aufzutauchen, bevor sich nicht alles etwas gelegt habe, und bot mir alle Unterstützung an, die ihm möglich wäre etc., etc. Sein Zitat erwähnte ich nicht, aber aus unserem Gespräch ging deutlich hervor, dass er mich nach wie vor als seinen Mitarbeiter betrachtete, nicht als ehemaligen Mitarbeiter, was mir ein kleiner Trost war.

Ich rief Inga-Stina Ewbank an. Sie war untröstlich. Es sei eine Tragödie. König Lears Schlussverse kämen einem in den Sinn: »Du kehrst nimmer wieder, niemals, niemals, niemals, niemals, niemals!«, wehklagt Lear über Cordelias Leiche. Eine der herzzerreißenden Szenen des Theaters. Als ich den Hörer auflegte, wurde mir bewusst, dass ich in dem Stück mitspielte, nicht als Nebenrolle, sondern im Zentrum des Sturms. Ich stand hoch oben auf einem Berg, getrennt von der übrigen Welt, zu der ich sechsunddreißig Stunden zuvor noch gehört hatte. Als hätten die Götter mich aus meinem faden, glücklichen Leben gerissen, um mich auf die Probe zu stellen.

Wie Botschafter aus der richtigen Welt besuchten uns am Dienstagnachmittag zwei Universitätsfreunde aus Cambridge. Wir saßen im Garten, ihre Mädchen spielten mit meinen beiden, und Karen – eine Journalistin – stillte ihr Neugeborenes.

Sie sagte, was die Presse schrieb, könne ich nur geraderücken, wenn ich ein Interview gäbe. Sie kenne auch den genau Richtigen, den ich beim *Daily Telegraph* anrufen könne. Ich tat es noch am selben Tag. Er war sehr nett, gab sich sehr besorgt. Kurz bevor er auflegte, fragte er mich ganz unschuldig, wo ich mich aufhalte. Ich hielt inne und gab nichts weiter preis als »East Anglia.« Ich hielt das Tor geschlossen. Das Haus meiner Schwester – ein hübsches Cottage mit einem schönen, riesigen Garten in einem abgelegenen Dorf, in dem es nur einen Laden gab, irgendwo in Norfolk – war wie die Zuflucht in einem Unwetter. Egal, wie oft das Telefon klingelte – und es klingelte immer für mich, und das verdammt oft im Lauf dieser Woche –, das Tor blieb geschlossen; im Garten blieb es ruhig, wir konnten die Welt draußen, die mir fremdartig und nicht wenig angsteinflößend erschien, von uns fernhalten. In dieser Oase der Stille hatte ich das Gefühl, ich könnte Jessica und Lucy und mich davor schützen, in aller Öffentlichkeit bloßgestellt zu werden.

Und dennoch, muss ich zugeben, tat mir die Publicity auch gut. Ich wollte sie und hasste sie zugleich. Ich kam mir wichtig vor; sie gab mir das Gefühl, gebraucht zu werden, verlieh mir das Gefühl, dass die schreckliche Zeit, die wir durchzustehen hatten, nicht so vollkommen sinnlos und lebensbedrohlich wäre, wie sie sich anfühlte. Die öffentliche Empörung verlieh ihr sogar eine Art Rechtfertigung. Trotzdem lebte ich in der ständigen Angst, dass mir Reporter vor der Tür auflauern könnten.

Als andere Nachrichten im Sommerloch in den Vordergrund rückten (es war die Zeit der Olympischen Spiele in Barcelona, bei denen dem britischen Team ebenso wenig gelang wie John Majors glückloser Regierung, während sich David Mellor weiterhin an sein Amt klammerte, obwohl er mitsamt seinen »family values« von der Presse nach allen Regeln der Kunst auseinandergenommen wurde), fand sich Lizzies Tod nur noch auf Seite drei wieder, und am Ende der Woche war er überhaupt keine Meldung mehr wert. Ich kam mir betrogen vor und war daher umso dankbarer, als der *Independent* einen Nachruf auf Lizzie brachte, in dem ihr Leben, das ich ganz aus den Augen verloren hatte, als so bedeutsam hingestellt wurde wie ihr Tod. Gut, er war von Karen verfasst, aber erst auf diese Weise merkte ich wieder, wie stolz ich auf Lizzie war und welch außergewöhnliche Frau ich geheiratet hatte.

Als wir in Norfolk in dem sonnigen Garten saßen, hatten Karen, ihr Mann Andy und ich uns über die Schäden unterhalten, die man nach solchen Ereignissen davonträgt.

»Weißt du, du darfst dich davon nicht kaputtmachen lassen. Für dich und die Mädchen wird alles anders werden, aber ihr dürft euch davon nicht kaputtmachen lassen.«

Ich glaube, Karen hatte recht. Ich habe immer wieder Mut aus diesem Satz geschöpft. Wir sind anders, wir haben ein anderes Leben als das geführt, was wir mit Lizzie geführt hätten, manches ist weniger gut, anderes besser: Wir haben mehr Abenteuer erlebt, meine Beziehung zu Jessica und Lucy ist mit einem Stahlband eingefasst; ein gebrochener Knochen, sagte ein Kollege mir, ist stärker, wenn er wieder zusammengewachsen ist – und unsere Knochen sind sehr stark, nachdem sie gebrochen und fachmännisch zusammengesetzt wurden. Die einzige Person, der nichts davon blieb – und ich bin aufgebracht und wütend und voller Schmerz, wenn ich diesen Satz hinschreibe und über diesen sinnlosen Verlust, diese Verschwendung nachdenke – ist natürlich Lizzie selbst.

Ihre Eltern – Maka und Deda – reisten aus Bath an und quartierten sich in einem nahe gelegenen Hotel ein. Ein Ferienszenario, wie von Jean-Paul Sartre verfasst. Wir saßen alle um den Tisch im Garten meiner Schwester und wussten nicht, was wir tun sollten. Wir tranken Tee und aßen Kekse, verbrachten die Zeit; Fremde, durch den Schmerz vereint, redeten über alles außer über das Naheliegende, und jedes Mal, wenn Lizzies Name erwähnt wurde, brach ihr Vater, Deda, in osteuropäischer Manier (d.h. unkontrolliert) in Tränen aus. Einmal, zweimal, schön und gut, aber alle fünfzehn Minuten, viermal die Stunde, und das jeden Tag, die ganze Woche lang, das half weder ihm noch uns noch seiner Frau, Maka, die meinte: »Dieser verfluchte Mann, warum kann er sich nicht mal zusammenreißen? Was helfen Tränen jetzt noch?«

Die Zeit stand still.

Und da ich nicht recht wusste, was ich mit den Kindern oder für sie tun sollte, beschloss ich, mit ihnen wie versprochen ans Meer zu fahren. Ihre Cousinen Jennifer und Katherine wollten ebenfalls mitkommen, sodass für andere Erwachsene im Wagen kein Platz mehr blieb.

Wir fünf machten uns also auf den Weg zu einem tollen Tag in Great Yarmouth.

Außer der Fahrt von Sudbury hatte ich mich seit der Nachricht von Lizzies Tod nicht mehr ans Steuer gesetzt. Ich hatte

Angst – als würde mir die Welt hinter jeder Ecke auflauern, um über mich herzufallen, als würden die Menschen mitten auf der Straße stehen bleiben und mich anstarren. Ich kam mir ungeheuer verletzlich vor.

Ich stellte fest, dass man nicht depressiv wird, wenn man in Bewegung bleibt. Also blieben wir in Bewegung: ein Picknick am Strand, ein Spaziergang auf der Promenade, Eis mit Schokoflocken (»Wirklich, Papa – mit Flocken?« – »Ja, Lucy.« – »Wowwwww! Danke, Papa!«), für jeden fünfundzwanzig Pence für den Spielautomaten, dann ein Besuch im Vergnügungspark. Dort überkam mich die Trauer.

Die Mädchen wollten Riesenrad fahren – nur war es kein besonders riesiges Riesenrad, weil es nur für Kinder war. Ich konnte mich nicht in die kleine Gondel quetschen, so sehr ich es auch versuchte.

Ich trat zurück, weniger verlegen als besorgt, nachdem der Fahrgeschäftsangestellte witzelte, ich sei wahrscheinlich nicht unter zehn. Ich musste also warten, winkte ihnen zu, während die vier Mädchen eine Runde nach der anderen drehten und ihren Spaß hatten. Ich kam mir unendlich allein vor, ein alleinstehender Mann mittleren Alters mitten in einem Vergnügungspark für Kinder. Ich konnte es kaum erwarten, dass die Fahrt zu Ende war und ich Jessica und Lucy an der Hand packen konnte. In meiner Angst empfand ich die Trennung von ihnen als körperlichen Schmerz.

Zur Überraschung meiner zwei Mädchen und zur Freude ihrer Cousinen schlug ich vor, in einem von einem Pony gezogenen Einspänner zum Auto zurückzufahren, statt zu Fuß zu gehen. Ungeachtet der Tatsache, dass Lizzie und ich vor einer solch verschwenderischen Überspanntheit meilenweit Reißaus genommen hätten. Aber es war genau das Richtige, um den vergnüglichen Tag abzurunden. Sie waren hellauf begeistert.

Das Empfangskomitee, das uns zu Hause begrüßte, hätte über die wohlbehaltene Rückkehr nicht überraschter oder erfreuter sein können, wenn Scott nach hundert Jahren vom Südpol zurückgekehrt wäre. Im Grunde hatten wir einen wunderbaren Ausflug unternommen, bei dem wir unsere Sorgen vergessen konnten und unseren Spaß hatten.

Am Spätnachmittag klingelte das Telefon.

»Jeremy, für dich. Die Polizei.«

Mein Herz beschleunigte sich, als ich den Hörer aufnahm. Was wollten sie?

»Mr. Howe. Hier ist der im Fall Ihrer verstorbenen Frau zuständige Detective Superintendent.«

»Ja?«

Wollten sie unser Haus in Oxford durchsuchen? Mich erneut befragen? Hielten sie mich immer noch für einen Verdächtigen (obwohl Robin Pask am Tag zuvor des Mordes an Lizzie angeklagt worden war)?

»Mr. Howe, mein Vorgesetzter hat grünes Licht für die Beerdigung Ihrer Frau gegeben.«

»Oh, verstehe. Danke.«

»Mr. Howe, planen Sie eine Erdbestattung oder eine Feuerbestattung?«

»Ähm …«

»Eine Erdbestattung wäre uns lieber.«

»Aha. Warum?«

»Falls der Leichnam irgendwann exhumiert werden muss. Im Namen der Polizei in North Yorkshire möchte ich Ihnen und Ihrer Familie noch alles Gute wünschen. Einen schönen Tag noch, Sir.«

»Danke. Auf Wiedersehen.«

»Ach, noch etwas, Mr. Howe ...«

»Ja?«

»Wir würden Ihnen raten, nicht allzu viel Aufhebens um die Beerdigung zu machen.«

»Warum?«

»Das Interesse der Presse wird groß sein, das könnte alle möglichen komischen Leute anlocken, Sie wissen schon, Leute, die Ihnen möglicherweise nachstellen und Sie nicht zur Ruhe kommen lassen. Ich rate Ihnen, es nicht an die große Glocke zu hängen, Mr. Howe.«

Ich war zu benommen, um irgendetwas in die Wege zu leiten, weshalb ich nur allzu froh war, dass sich Lizzies Eltern um die Beerdigung kümmerten. Wir kamen überein, Lizzie in Bath zu bestatten, dem einzigen Ort, den sie in unserem unsteten Leben als Zuhause bezeichnen konnte, im Grab ihrer Tante, die ein paar Jahre zuvor gestorben war. Ihre Eltern sagten, sie würden für sämtliche Kosten aufkommen. Der Rat der Polizei war für sie Gesetz; sie wollten eine Feier im engsten Familienkreis, wogegen ich mich sperrte – ich wünschte mir, dass auch unsere Freunde dabei sein konnten. Schließlich gaben sie nach, Maka hatte nur einen Einwand:

»Wer passt auf die Kinder auf?«

»Das wollte ich machen. Sie kommen mit.«

»Sie können nicht mitkommen, auf keinen Fall. Sie sind zu klein. Es würde sie viel zu sehr aufwühlen.«

In den zehn Tagen vor der Beerdigung befand ich mich in einem Zustand völliger Verwirrung. Mein ureigenstes Gefühl sagte mir, Lucy und Jessica wären untrennbar mit mir verbunden, natürlich sollten sie zur Beerdigung mitkommen. Der Gedanke, von ihnen getrennt zu werden, erdrückte mich. Natürlich würde die Beerdigung sie aufwühlen, aber waren sie nicht sowieso schon aufgewühlt? Klar sollten sie mitkommen, wieso nicht?

Ich suchte Rat. Oder, besser, meine Schwester tat es an dem Tag, nachdem die Polizei mich angerufen hatte. Durch irgendein Wunder gelang es ihr, mir noch am selben Morgen einen Termin bei der Leiterin der kinderpsychiatrischen Abteilung in Norwich zu besorgen (übliche Wartezeit: sechs Monate).

Ich kam mir wie ein Betrüger vor, als ich mit Philippa im Wartezimmer saß. Ich war noch nie bei einem Psychologen oder Psychiater gewesen. Sicherlich würde ich die Ärztin nur fragen müssen: »Soll ich die Kinder mit zur Beerdigung ihrer Mutter nehmen, ja oder nein?« Und sie würde darauf eine Antwort geben, ja oder nein, und mich damit nach Hause schicken. Wenn es so lief, hätte ich das alles genauso gut am Telefon erledigen können.

Meine Schwester und ich waren dann über eine Stunde bei ihr. Obwohl die Ärztin die Geschichte kannte (auch sie hatte sie in der Zeitung gelesen), wollte sie, dass ich sie mit eigenen Worten erzählte. Sie sprach mit leiser, monotoner Stimme, während wir in ihrem kühlen, abgedunkelten Sprechzimmer saßen. Die Zeit war stehen geblieben. Ich hatte Zeit zum Durchatmen, Entspannen, Nachdenken. Wir berührten kaum das Thema der Beerdigung – jedenfalls stellte sie mir keine direkte Frage –, aber als ich ging, hätte ich sie (a) am liebsten umarmt und bekam (b) allmählich eine Ahnung davon, was ich wirklich wollte.

Ich war anscheinend auf das erste Gesetz gestoßen, um mit so etwas fertigzuwerden: Vertraue deinen Instinkten. Lass den Kopf nicht vom Herzen regieren, sondern geh tiefer. Vertraue deinem Bauchgefühl.

Ohne das Problem überhaupt angesprochen zu haben (im Grunde kam ich mir sogar ein wenig betrogen vor – sie hatte mir nicht nur keine Antwort gegeben, sondern mir auch kaum die Möglichkeit eingeräumt, überhaupt die Frage zu stellen), war bis zum Abend die Antwort klar.

Natürlich sollten die Kinder an der Beerdigung teilnehmen.

Wenn das kein Wunder war, weiß ich nicht, was es sonst sein sollte.

»Ach, und Jeremy«, fügte sie noch hinzu, als wir uns die Hand gaben. »Falls Sie weitere Hilfe brauchen, ich kenne eine Kollegin in Oxford. Ich kann ihr und Ihrem Hausarzt schreiben, falls Sie sie aufsuchen wollen.«

Sie hielt ihr Wort. Aber das ist eine andere Geschichte.

KAPITEL 7

Lizzies Beerdigung fand zwei Wochen nach ihrem Tod an einem typischen – nassen, grauen, windigen – Augustnachmittag statt.

Wir verließen Norfolk, machten kurz in Oxford Halt, um uns frische Kleider zu holen, und fuhren weiter nach Bath.

Bevor wir in Oxford wieder aufbrachen, musste ich mein Alibi abholen. Die arme Milly Molly Mandy wollte aus dem Tierheim gerettet werden. Ich lud die Kinder bei Julia von gegenüber ab – sie war in Oxford Lizzies beste Freundin – und raste davon, um unser unglückliches Kätzchen zu holen. Zum ersten Mal seit meinem Spaziergang durch die Flussniederung in Sudbury war ich wieder allein. Solange ich mich durch den fürchterlichen Verkehr in Oxford quälte, ging es mir gut, na ja, ganz leidlich, aber dann auf der zweispurigen Schnellstraße brach alles zusammen. Jede Kurve, jede Abzweigung, jedes Straßenschild weckte Erinnerungen an Lizzie. Es ging mir fürchterlich: Ich weinte, ich schrie Lizzies Namen, ich drehte zur Begleitung das Radio auf volle Lautstärke, aber ich übertönte noch die lärmende Musik. Ich fuhr immer schneller. Es ging mir abgrundtief schlecht, ich fühlte mich hilflos, hoffnungslos, ich schluchzte. Ich fuhr so schnell, dass Gefahr bestand, die Kontrolle über den Wagen zu verlieren. Interessierte es mich? Natürlich interessierte es mich, verdammt noch mal!

Ich fasste mich, bremste und bog in einen Rastplatz ein. Ich hielt an. Und dort saß ich, zusammengekauert, und schlug mit dem Kopf gegen das Lenkrad. »O Lizzie, Lizzie, Lizzie, Lizzie. Ich ertrage es nicht, ich ertrage es einfach nicht.« Und so weiter.

Ich nahm die Brille ab, die so beschlagen war, dass ich nichts mehr sah.

»Reiß dich zusammen«, herrschte ich mich an. Ich stieg aus, ging hundert Meter die Straße entlang, atmete tief durch, ging zurück, ließ den Motor an und fuhr vernünftig weiter.

Die Dame in der Katzenpension zeigte sich sehr verständnisvoll, die Katze hingegen war bei meinem Anblick alles andere als erfreut. Sie fauchte mich an, und auf dem Rückweg hörte sie nicht auf zu kreischen, als würde ich sie entführen. Mir war es zu peinlich, mich in ihrer Gegenwart ungebührlich aufzuführen, und ich brachte sie sicher und in aller Ruhe nach Hause.

Zu Hause wurde das Tier von den Mädchen fast zu Tode geknuddelt. Wir baten die Nachbarin, sie zu füttern, machten uns auf den Weg nach Bath und ließen Milly Molly Mandy zurück, um das Haus zu hüten.

Die Vorbereitungen zu Lizzies Beerdigung fanden im selben Haus statt wie die Vorbereitungen zu unserer Hochzeit – im Haus ihrer Eltern, einer großen, honigfarbenen Regency-Villa, in der Lizzie aufgewachsen war und die für die Mädchen ein zweites Zuhause war. Es besaß für jeden Tag in der Woche eine eigene Toilette und für jede Woche im Jahr einen eigenen Wasserhahn. Von vorne sah es wie das Haus aus, das Kinder malen würden, zur Straße hin stand ein wunderschöner Magnolienbaum, es hatte eine berankte Veranda und im Anschluss an die Steintreppe, genau in der Mitte der Fassade, eine große Eingangstür.

Die Beerdigungsvorbereitungen erinnerten mich furchtbar an den Tag unserer Hochzeit, nur dass jemand fehlte: Lizzie war nicht da, sie konnte sich nicht mehr darüber aufregen, dass wir uns alle verspäteten, sie konnte keinen Anfall mehr bekommen, weil es nicht genügend warmes Wasser gab, um sich die Haare zu waschen. Genau wie bei unserer Hochzeit hatte ich mit der Planung fast nichts zu tun. Maka organisierte alles, und mein Trauzeuge – mein Bruder Jonathan – hatte die Gäste eingeladen, falls das bei einer Beerdigung der richtige Ausdruck ist.

Die Auswahl der Kirchenlieder (ich bat ihre beste Schulfreundin, die mittlerweile in Amerika lebte und nicht kommen konnte, Lieder auszusuchen, die Lizzie gefallen hätten), das Gespräch mit dem Priester, den ich nie zuvor gesehen hatte, das Versorgen der Kinder, das Warten auf das Eintreffen der Verwandten: das alles verschwamm vor meinen Augen. Mein Magen zog sich zusammen, während der Uhrzeiger auf zwei Uhr zukroch.

Der Morgen bestand aus Warten, Haarewaschen, Baden, Haarebürsten, Bügeln und Bereitlegen der Kleidung. Der Tag diente einem so grausamen Zweck, dass ich nicht glauben konnte, das alles würde mir passieren. Es fühlte sich an, als wäre ich in einem schrecklichen Traum gefangen. Außerdem hatte ich versprochen, mit den Kindern am Vormittag in die Kirche zu gehen, damit sie den Sarg sehen konnten. Ich wollte ihnen den Schock ersparen, dass sie beim Eintreffen zum Trauergottesdienst zum ersten Mal den Sarg ihrer Mutter zu Gesicht bekamen. So hatten wir unseren ganz persönlichen Abschied von ihrer Mama.

Jessica und Lucy hatten – während ich auf meiner Katzenrettungsmission unterwegs war – mit Hilfe von Julia jeweils einen Teller über und über mit Muschelschalen beklebt. Zusammen mit einem Strauß Gartenblumen, die sie mit Maka gepflückt hatten, wollten wir sie auf den Sarg legen. Mit den Tellern und dem Strauß betraten wir die leere Kirche, auf deren Dachziegeln der Regen trommelte. Auf einem Gestell vorn am Ende des Mittelschiffs stand der Sarg. Mein Herz drohte auszusetzen, als ich ihn jetzt zum ersten Mal erblickte. Die Mädchen waren weniger erschrocken, eher aufgeregt und neugierig, und wollten hochgehoben werden, um Mamas Sarg in Augenschein zu nehmen.

»Ich hab nicht gewusst, dass Mamas zweiter Vorname Mary ist, genau wie meiner«, piepste Jessica, als sie das Messing-Namensschild sah: *Elizabeth Mary Howe 1958–1992.*

»Papa, kann ich es auch sehen?« Ungeduldig reckte Lucy die Arme. Ich hob sie auf meine Hüfte. »Mama hatte überhaupt keinen zweiten Vornamen!«, sagte ich. Der fehlende zweite Vorname war für Lizzie immer ein Ärgernis gewesen, während es für Jessica ein ständiges Ärgernis war, mit Mary geschlagen zu sein – nach meiner Großmutter, die lange vor ihrer Geburt gestorben war: »Mary ist ein schrecklicher Name, Papa.« Nur Lucy war unglaublich stolz auf ihren zweiten Vornamen Elizabeth.

Mir wurde richtiggehend übel – warum hatte ich es zugelassen, dass andere alles organisierten und es versauten? Für die Mädchen aber war dadurch das Eis gebrochen. Sie schnatterten und schimpften. »Warum wissen die Beerdigungsleute nicht, wie Mama heißt?«

»Vielleicht ist da gar nicht Mama drin. Vielleicht ist sie gar nicht tot.«

»Sei kein Dummkopf, Luce.« Aber ich bemerkte, dass Jessica nur allzu gern glauben wollte, was Lucy soeben gesagt hatte.

»Sie ist leider wirklich tot, meine Lieben. Mama liegt wirklich in dem Sarg«, sagte ich.

»Können wir reinschauen, Papa, damit wir wissen, dass es auch wirklich Mama ist?«

»Nein, das könnt ihr nicht. Er ist zugeschraubt für die Beerdigung.«

»Bitte. Ich will Mama sehen.«

»Nein, Lucy, meine Liebe, das geht leider nicht. Tut mir leid.«

»Papa hat doch überhaupt keinen Schraubenzieher dabei, du Dummkopf.«

»Er könnte aber einen holen.«

Auf Anraten der Polizei, des Leichenbestatters und jedes anderen war der Sarg so schnell wie möglich fest verschlossen worden. Lizzies Verletzungen waren zu abscheulich (weshalb mich der stellvertretende Coroner bei der Identifizierung der Leiche angewiesen hatte, das Tuch nicht anzufassen). So war ich der Einzige aus der Familie, der Lizzies Leichnam noch zu sehen bekommen hatte.

»Ich glaube, Maka hat sich da einfach geirrt«, sagte ich.

»Sie nennt mich die ganze Zeit Lizzie, Papa.«

»Stört dich das, Jessica?«

»Nein, eigentlich nicht. Eigentlich ist es ganz lustig.«

Bis zum Ende ihrer Tage nannte Maka Jessica immer nur Lizzie. Der armen Frau fiel ihr Irrtum nie auf.

Ich hob die Mädchen abwechselnd hoch, und sie legten sehr sorgfältig ihre Teller und die Blumen auf den Sarg.

Ich sprach ein einfaches Gebet: »Lieber Gott, bitte kümmere dich um unsere Mama, sag ihr, dass wir sie lieben, jetzt und für alle Zeiten. Um Jesu Christi willen, Amen.«

Die Mädchen sagten leise »Amen«, dann nahm ich sie an der Hand und führte sie aus der Kirche. An der Tür warfen wir einen letzten Blick auf Mama, hasteten über den patschnassen Kirchhof zum Wagen und fuhren nach Hause.

Maka war ehrlich überrascht über ihren Irrtum. Sie hatte tatsächlich geglaubt, Lizzie heiße mit zweitem Vornamen Mary. Sofort rief sie das Bestattungsunternehmen an. Hinter ihrer brüsken, gestrengen Fassade schien sie völlig durch den Wind zu sein. Und ich glaube, sie hat sich nie wieder ganz erholt.

Nach einem frühen Mittagessen, bei dem mir jeder Bissen im Hals stecken blieb, und während die Caterer die Küche übernahmen und über Jessica und Lucy gluckten, machten wir uns fertig. Ich konnte mich nicht entschließen, was ich anlegen sollte – meine helle oder meine schwarze Krawatte (ich hatte nur die beiden). Die Entscheidung kam mir unheimlich wichtig vor. Ich tauschte sie gut hundert Mal aus, dann erschien plötzlich der Bestatter, und ohne es richtig zu erfassen, wurden wir im strömenden Regen zur Kirche geschafft.

Wir kommen an und versammeln uns unter Schirmen, Lucy, Jessica und ich ganz vorn. Als warteten wir in den Seitenkulissen eines Theaters. Der Bestatter späht kurz in die Kirche und bedeutet mir, dass wir eintreten können. Er drückt die knarrende, schwere Tür auf, und unter den Klängen der Orgel ziehen wir in die Kirche ein.

Ich weiß nicht, was ich erwartet habe. Jessica und Lucy klammern sich jeweils an eine Hand, mehrere hundert Gesichter in der dicht besetzten Kirche drehen sich uns zu. Ich bin ungemein erleichtert und werde getragen von einem Meer der Liebe.

Wir schreiten durch den Mittelgang, unsere Tagesmutter Catherine Unia eilt aus einer Kirchenbank und überreicht Jessica und Lucy einen Blumenstrauß. »Für eure Mama«, flüstert sie atemlos mit schmerzgerötetem Gesicht.

»Papa«, flüsterte Jessica, »sitzen wir ganz vorn, weil wir was Besonderes sind?« Aus ihrem Mund klingt es, als handelte es sich um ein besonderes Vergnügen, als dürfte sie mit mir ins Theater gehen.

Wir sitzen vorn beim Sarg. Ich führe die Mädchen in die erste Reihe und bemerke, dass »Mary« grob aus der Messingplakette herausgekratzt und die hübschen kleinen Teller der Mädchen und ihre Sträuße auf dem Deckel fixiert worden sind, sodass der Sarg fast wie ein fürs Abendessen gedeckter Tisch aussieht.

Ich kann nicht glauben, dass Lizzie da drin liegt. Solange es Beerdigungen gibt, kann sich wahrscheinlich kein Mensch vorstellen, dass die geliebte Person im Sarg liegt. Tod und Unglaube gehen Hand in Hand.

»Warum schauen uns alle an, Papa?«, sagt Lucy laut. Das bricht das Eis. Manche lachen, manche schluchzen.

Den Gottesdienst nehme ich nur verschwommen wahr. Ich bin damit beschäftigt, Lucy beim Zeichnen eines Bildes zu helfen.

Mein Chef liest aus Miltons *Lycidas*, Lizzies Lieblingsgedicht (sicherlich nicht meines, aber es passt zum Anlass), Inga-Stina Ewbank liest aus dem Prediger Salomo, ein weiterer Freund aus Wordworths *Da war ein Junge*, ein Gedicht, das mir viel bedeutet. Der Priester – den ich erst am Tag zuvor kennengelernt habe – hält eine wunderbare Predigt, wir singen Lizzies Lieblings-Kirchenlieder, sprechen Gebete. Und dann ist alles vorbei. So schnell.

Jessica, Lucy und ich folgen als Erste dem Sarg hinaus und schütteln wie auf einer Hochzeit der gesamten Gemeinde die Hand. Es kommt mir alles sehr seltsam vor, aber irgendwie passt es auch. Wahrscheinlich bin ich nie in meinem Leben von so vielen Menschen umarmt worden, und jede Umarmung bringt mir ein wenig von der Liebe zurück, von der ich fortgerissen worden bin.

Zwei Trauergäste ragen heraus – einmal eine Freundin, deren Ehe in die Brüche gegangen war und die daraufhin beschlossen hatte, beruflich umzusatteln; Lizzie, immer die Lehrerin, hatte ihr unglaublich dabei geholfen, das Juraexamen zu bestehen. Mit verweintem Gesicht umarmt sie mich und sagt, welch wunderbarer Mensch Lizzie gewesen sei und dass sie mit mir in Kontakt bleiben möchte. Sie ist völlig erschüttert. Ich habe nie mehr etwas von ihr gehört. Die andere war Lizzies Tutorin in Oxford. Lizzie hatte sich kurz zuvor für einen Lehrauftrag beworben, war aber noch nicht einmal in die engere Auswahl gekommen. Die Vorauswahl hatte diese Frau getroffen. Sie konnte mir nicht in die Augen sehen.

Dann der Bestattungsritus am Grab. Mittlerweile hatte es aufgehört zu regnen, die Sonne kam durch. Ich hatte mit Maka und Deda den Kompromiss ausgehandelt, dass die Bestattung – wenn es allen als das Vernünftigste erschien – nur im engsten Kreis stattfinden sollte und meine Mutter und meine Schwester sich währenddessen zu Hause um Jessica und Lucy kümmerten. Ich hatte ihnen versprochen, an ihrer Stelle Blumen und eine frische Feige (Lizzies Lieblingsobst) aus Maka und Dedas Garten ins Grab zu legen. Jetzt aber war ich fest an die Kinder gekettet; dass wir getrennte Wege gehen sollten, war schlicht unvorstellbar. Ebenso wenig würde ich diese wunderbaren Menschen davon abhalten, der eigentlichen Bestattung beizuwohnen, die hoch oben auf einem Hügel am südlichen Stadtrand von Bath stattfand, wo man scheinbar die ganze Welt überblicken konnte.

Ich erinnere mich nur noch an die Menschenmenge, die über den Hügel zum Grab strömte, das mit mehr Blumen umgeben war, als ich jemals in meinem Leben gesehen hatte.

Als der Sarg in die Erde gelassen wurde, warf Jessica ihre Blumen hinterher, Lucy wollte ihre Feige ins Grab geben, versuchte dann aber, selbst hineinzuspringen.

»Ich will zu meiner Mama«, weinte sie. »Ich will bei meiner Mama sein.« Schluchzend wurde sie von meiner Mutter hochgehoben.

Und so wurde Lizzie, meines Herzens höchster Schatz, im Alter von vierunddreißig Jahren bestattet.

Am Tag nach der Beerdigung sah ich mir mit den Mädchen im Kino Walt Disneys *Peter Pan* an. Fast den ganzen Film hindurch hielt ich Jessicas Hand, während sie und Lucy sich die Backen mit Popcorn ausstopften (Ich hatte es ihnen gegönnt, ich meine, warum sollte ich sie, warum sollte ich uns alle nicht für den Rest unseres Lebens verwöhnen, welchen Sinn hatte es, sich irgendetwas zu versagen?). Nachdem das Popcorn alle war, kletterte Lucy auf meinen Schoß. Ich sah sie als Säugling vor mir, wie sie auf dem Schoß ihrer Mutter saß. Das tat sie jetzt auch. Sie hatte diese unsichtbare Nabelschnur auf mich übertragen.

Peter Pan ist eine mutterfixierte Geschichte. Als er auf Wendys Schoß sitzt und sie fragt, ob sie seine Mutter sein will, liefen mir Tränen über die Wangen. Ich hatte ganz vergessen, wie sehr der Film der Mutterschaft huldigt, wie ungeeignet er für zwei kleine Mädchen war, die gerade ihre Mutter beerdigt hatten. »Was geht dir durch den Kopf, Lucy?«, fragte ich das völlig versunkene Kind. War das alles zu schmerzlich für sie, sollte ich mit ihr das Kino verlassen?

»Wendy hat so ein schönes Kleid an.«

Kapitel 8

Auslöser für unsere Rückkehr in die Normalität war Katies Geburtstagsparty.

Katie, ein stilles Mäuschen, war unerklärlicherweise Jessicas beste Freundin.

Ich fürchtete mich vor der Heimkehr. Jessica, Lucy und ich standen am Anfang eines neuen Lebens, die Spielregeln hatten sich grundlegend geändert, und ich fühlte mich alles andere als gerüstet dafür. Aber es musste sein. Also fuhren wir.

Am Samstagvormittag kamen wir in Oxford an. Die neue Küche war während unserer Abwesenheit fertiggestellt worden. Auf der neuen Arbeitsoberfläche standen zwei Disney-Arielle-Becher, dazu ein Zettel: »Für Jessica und Lucy. Ich hoffe, euch gefällt die neue Küche. Alles Gute, Paul.« Paul war unser Handwerker. In jeder Vase standen frisch geschnittene Blumen – meine Personalreferentin hatte irgendwie mit unserer Tagesmutter Catherine Kontakt aufgenommen und sie gebeten, die Küche mit Blumen zu schmücken. Ich war unglaublich gerührt. Aber das Haus war leer und still. Es fühlte sich nicht wie unser Zuhause an.

Während sich die Mädchen für die Party umzogen, machte ich mich auf die Suche.

Auf die Suche nach Lizzie.

Meine Mutter hatte gesagt, sie habe meinen Vater in ihrem Haus in Sudbury noch lange nach seinem Tod gespürt.

Überall suchte ich nach Lizzie, fand aber nichts. Sie war fort, für immer. Nur Stille und Leere. Kein liebevoller Duft, der ihrem Morgenmantel neben der Dusche anhaftete, keine von ihr herrührende Kuhle in unserem Bett, keine überraschenden Notiz- oder Erinnerungszettel auf ihrem Schreibtisch, kein Geheimversteck mit Liebesbriefen. Nur eine Menge frisch gewaschener, unnötiger Wäsche und ordentliche Papierstapel, ihre alltäglichen Gegenstände, die nun ohne Sinn und Zweck waren, weil sie einfach nicht mehr da war, um ihnen einen solchen zu verleihen – ihr Nachthemd unter dem Kissen, ihre Zahnbürste im Becher auf dem Waschbecken, ihre Reinigungsmilch am Bett, ihr Diaphragma, der Fluch unseres Sexlebens, ordentlich im Nachtkästchen aufgeräumt, ihre Liste mit den Aufgaben, die nach ihrer Rückkehr aus York anstanden, angeheftet am Anschlagbrett in ihrem Arbeitszimmer, ihre akkurat ausgerichteten Unterlagen, ihre Garderobe, ihre Bücher. Aber keine Lizzie. Alles war genau so, wie sie es verlassen hatte, aber von ihrer Person keine Spur. Ich konnte sie nicht finden. Es gab nichts, was man als Lizzies Geist hätte bezeichnen können. Ich fühlte mich getäuscht. Mit zunehmender Beklemmung durchwühlte ich alles, als würde ich eine verlegte Brieftasche, einen Schlüssel suchen, riss Schubladen auf, öffnete Schmuckkästchen, roch an ihren Kleidern im Schrank, blätterte durch die Papiere. Wo war sie? Ich dachte, ich würde sie finden, wenn wir zu Hause wären, aber nein – sie war verdammt noch mal spurlos verschwunden.

Ich musste an den Wagen denken, an dem wir auf der Fahrt von Bath vorbeigekommen waren: ein Unfallwrack am Straßenrand, die Motorhaube klaffte offen, darunter das zahnlose Grinsen des Kühlers, die Windschutzscheibe durch den

Aufprall von Rissen überzogen, das Dach eingedellt, nachdem der Wagen sich überschlagen hatte, die Flanken eingedrückt. Totalschaden. Lizzies Tod war wie dieser Unfall. Jessica, Lucy und ich waren die Überlebenden, die am Straßenrand standen: verloren, betäubt, aber am Leben. Und um uns herum unsere weltlichen Habseligkeiten, verstreut und vom Wind verweht.

Ich musste an Wittenham Clumps denken, von denen ich schon erzählt habe: zwei Bäume auf einem Hügel, miteinander verwachsen, einer zeigte zum Sonnenaufgang, der andere zum Sonnenuntergang, jeder schützte seinen Gefährten vor Wind, Regen und Sonne. Gefährten fürs Leben – wie Lizzie und ich. Was geschieht, wenn einer der Bäume abstirbt? Wenn er aus der Erde gerissen wird? Zwei Bäume, jetzt nur noch einer, allein und schutzlos zeigt er in die falsche Richtung. Daneben ein klaffendes Loch. Ein großer Krater.

Ich stand neben diesem Loch. Ich hatte Angst, dass wir alle hineingesaugt und im Schmerz ertrinken würden.

»Papa ... Jessica will wissen, wo du das Geschenk für Katie hingetan hast.« Lucy unterbrach meine Gedanken. »Warum hast du Mamas Kleider alle auf den Boden geworfen?«

»Ich habe was gesucht. Lucy, du siehst hübsch aus. Ist das das Kleid, das dir Maka zum Geburtstag geschenkt hat?« Es war ihr einziges Kleid. Lucy mochte keine Kleider: »Wenn ich groß bin, werde ich ein Junge.«

»Das Geschenk ist unten. Hast du schon vergessen, dass deine Cousine Jennifer es für uns in das hübsche Papier mit den Elefanten eingepackt hat?«

»Papa!«, rief Jessica nach oben. »Ich kann meine Haarbürste nicht finden. Wir müssen los, sonst kommen wir zu spät!«

Plötzlich wurde mir bewusst, dass ich in ihren Augen jetzt auch ihre Mama war. Geschenke und Haarbürsten und Auf-Partys-gehen waren Mamas Aufgaben. Als Papa hatte ich mich für den Spaß zuständig gefühlt: »Gehen wir aufs Volksfest!« – »Sollen wir heute ans Meer fahren?« – »Ach, mach schon, kauf ihnen doch das Eis.« Und Lizzie war für die Arbeit zuständig. »Iss den letzten Karottenstift!« – »Zeit fürs Bett, Mädchen!« – »Jessica, wasch dir deine schmutzigen Hände. Na los, sofort!« Wenn sie jetzt, überlegte ich, eine neue Mutter hatten, dann hatten sie vielleicht ihren Vater verloren, weil ich keine große Lust mehr auf Spaß hatte und ihnen sicherlich auch eine andere Mutter war, hauptsächlich weil ich (a) ein Mann war, (b) dazu eine berufstätige Mutter und (c) ziemlich unfähig. Wenn Lizzie mal fort gewesen war – was in unregelmäßigen Abständen vorkam –, hatte ich die Mama gespielt, war dabei auf interessante Weise anders gewesen als ihre richtige Mama, aber, um ehrlich zu sein, nicht besonders gut. Jetzt gab es keine Ausflüchte mehr, und es würde auch nie wieder welche geben.

»Los, Mädchen. Hier ist das Geschenk. Die Mäntel brauchen wir nicht, was meint ihr? Und hast du die Karte geschrieben, Jessica?«

»Wir wollten doch eine machen, Papa.«

»Oh.«

»Sollen wir sie jetzt machen?«

»Nein, Liebes. Katie wird ohne Karte auskommen müssen, sonst kommen wir ganz schrecklich zu spät.«

»Aber Papa, sie ist doch meine beste Freundin!«

»Ehrlich, Liebes, sie wird es verstehen. Wir haben zwei Stunden im Auto gesessen, um hierherzukommen. Es wird in Ordnung sein, wirklich.«

»Okay.«

»Kommt schon.«

Wir zogen ab. Ich wollte gerade die Eingangstür zuknallen …

»Papa, hast du an den Haustürschlüssel gedacht?«

»Scheiße.«

»Papa!«, tadelte sie mich.

»Huch. Puh, meine ich.«

Sie gickelten.

»Gut, dass du mich daran erinnerst.« In den folgenden zwei Jahren bekam dann fast jeder in unserer Straße einen Schlüssel für die Hausnummer 10, für den Fall, dass ich ihn mal wieder vergaß.

Wir spazierten durch den Park, wobei ich das Gefühl hatte, als wäre ich nackt unterwegs und alle starrten mich an. Ich kam mir vor, als hätte ich mehrere Hautschichten verloren. Dann standen wir vor der weit geöffneten Tür des Saals der Kirchengemeinde. Drinnen war es dunkel, und ich musste allen Mut zusammennehmen, um einzutreten. Ich blieb stehen und umarmte beide – es war nicht zu verkennen, dass sie genauso viel Angst hatten wie ich.

»Viel Spaß, meine Lieben.«

»Kommst du nicht mit, Papa?«

»Nein, ich … gut. Aber nur für ein paar Minuten.«

Was sich daraufhin abspielte, war ziemlich surreal. Alle Mütter – von denen ich kaum eine kannte oder wiedererkannte – standen herum und unterhielten sich, die Kinder scharten sich um Katie, die ihre Geschenke auspackte. Als wir eintraten, verstummten alle. Genauso gut hätten Gespenster in den Saal schweben können. Jessica, Lucy und ich standen hilflos vor ihnen.

Katie brach das Schweigen, kam auf Jessica zu und umarmte sie. Dann umarmte sie Lucy und lächelte mich an.

»Ich bin so froh, dass Sie gekommen sind«, flüsterte ihre Mutter mir zu. »Katie hat sich solche Sorgen gemacht, dass Jessica es nicht schaffen könnte.«

»Machen Sie sich mal keine Sorgen, Jessica hätte um nichts auf der Welt Katies Party verpasst. Sie hat mir die ganze Woche damit in den Ohren gelegen.«

»Es tut uns so leid, was Ihnen zugestoßen ist.«

»Ja, es ist schrecklich. Ich kann es immer noch nicht fassen. Na ja, irgendwie schon, aber Sie wissen, was ich meine.«

»Ja.« Sie war keine Frau vieler Worte, sie war eigentlich überhaupt keine Frau von Worten. Schweigend standen wir uns gegenüber, bis sie fragte: »Sie kennen nicht zufällig ein paar Partyspiele?«

»Äh …«

»Es ist nur, Dave hätte das übernehmen sollen, aber er musste zur Arbeit weg.«

Ah, dachte ich, ein kluger Vater.

In der nächsten Stunde organisierte ich also – recht manisch – Partyspiele; meistens liefen die Mädchen dabei kreischend im Kreis, was ich mit einigen Stopptanz-Einlagen anreicherte. Die Mütter verschwanden allmählich wieder zu ihren Samstagnachmittagen. Ich hatte nichts, wohin ich hätte verschwinden können, aber die Spiele waren vielleicht eine ganz gute Therapie. Eines jedenfalls wusste ich jetzt mit Bestimmtheit: Unsere kleine Gemeinschaft im Süden von Oxford stand unter Schock.

Kapitel 9

Katies Party hatte natürlich an einem Samstag stattgefunden. Am darauffolgenden Montag trat ich unter eher unkonventionellen Umständen für die Dauer der Sommerferien einen außerplanmäßigen Mutterschaftsurlaub an. Die Arbeit, früher ein so wichtiger Teil meines Lebens, trat sofort in den Hintergrund, als ich – mehr recht als schlecht – lernte, eine Mutter zu sein.

Die dritte Phase des Schmerzes besteht aus Wut und Gefeilsche. Ich muss Ihnen also nicht sagen, wie ich reagierte, als die Waschmaschine den Waschraum oben unter Wasser setzte. Wahrscheinlich hatte sie gehört, wie ich einige Monate zuvor Lizzie versprochen hatte, das Gerät beim nächsten Defekt zu entsorgen. Die Aussicht, unter neuer Herrschaft zu stehen, konnte sie offensichtlich nicht ertragen. Jessica, Lucy und ich wischten den Boden und wuschen alles mit der Hand – ansonsten wäre es kritisch mit der Unterwäsche geworden –, dann zogen wir los, um eine neue zu kaufen. Es war ja nur Geld.

An einem Vormittag hörten wir von draußen ein fürchterliches Gemaunze. Wir eilten in den Garten und entdeckten, dass Milly Molly Mandy auf dem Dach über dem Dachzimmerfenster festhing. Es war meine Schuld. Als die Göttin des Haushalts, die ich war, hätte ich natürlich das Fenster nicht offen stehen lassen dürfen – Lizzie wäre das jedenfalls nicht passiert –, und da ich der Katze wegen des Alibis sowieso noch einen Gefallen schuldete, beschloss ich, sie zu retten. Ich weiß nicht, wer verängstigter war: die unglückliche Katze, die Kinder unten oder ich, als ich mein Leben, meine Knochen und meine Würde aufs Spiel setzte und halb aus dem Fenster stieg, um das Tier in Sicherheit zu bringen.

Ich bekam Kondolenz- und Unterstützungsschreiben von Kollegen, von Leuten wie dem Leiter der Radioabteilung, dem Programmdirektor und seinem Stellvertreter (John Birt – jemals von ihm gehört?). Verdammt, dachte ich mir, ich bin berühmt. Wenn auch aus den völlig falschen Gründen. Und hin und wieder meldete sich mein Chef und erkundigte sich nach meinem Befinden. Oder sagte mir, dass ich nicht zur Arbeit kommen solle.

Die Personalabteilung meldete sich und versicherte mir, man erwarte mich erst wieder im Büro, wenn ich dazu bereit sei. Diese schattenhafte Abteilung, zuständig fürs Heuern und Feuern und andere zwielichtige Tätigkeiten, streckte mir die Hand entgegen, gab mir Sicherheit und war schließlich sogar freundschaftlich mit mir verbunden. Sie war es gewesen, die bei meiner Rückkehr von der Beerdigung für die Blumen im Haus gesorgt hatte, sie erstellte einen Plan, wie ich mich allmählich wieder in die Arbeit einfinden konnte. Dieses »sie« bestand im Grunde genommen aus einer Frau: Kate Poulton. Sie war fantastisch, hinter ihr aber erkannte ich die väterliche Hand meines Chefs.

Meine Sekretärin wurde nach Oxford geschickt, damit sie mir dabei half, alles auf die Reihe zu bringen, was durch meine Abwesenheit liegen geblieben war. Sie war sehr liebenswürdig, aber wie so viele, die aus erster Hand Zeuge dessen wurden, was wir durchzumachen hatten, wagte sie sich –

wohl überwältigt davon – kein zweites Mal mehr in unser Chaos. Außerdem antwortete ich auf jede ihrer Fragen mit dem leeren Gesichtsausdruck des Unverständnisses, so, als hätte mein überlastetes Gehirn alles gelöscht.

Zwei Kollegen kamen eines Tages vorbei und verwöhnten mich mit einem Picknickkorb. Zwei barmherzige Engel, das waren sie. Hätte es nicht geregnet, wären sie mit mir am Nachmittag ins Freie gegangen, so brachten sie nur eine große Ladung Lebensmittel, und wir saßen um den Küchentisch, der unter den von uns verdrückten Marks-&-Spencer-Leckereien ächzte. Sie kamen unangekündigt (nachdem sie sich vergewissert hatten, dass ich da sein würde) und machten sich ohne viel Aufhebens am Spätnachmittag wieder auf den Weg. Ein Akt menschlicher Nächstenliebe. Ich hatte das Gefühl, nicht ausgeschlossen zu sein; ein Urlaub an einem Nachmittag.

Eine Woche später trafen haufenweise Kartons von der BBC ein: ein Faxgerät, ein Modem, ein Drucker, ein Anrufbeantworter etc. Mir wurde die komplette Grundausstattung eines Heimbüros zur Verfügung gestellt, und dabei lag ein Zettel: »Das hilft hoffentlich, Clive.« Mein engster Arbeitskollege hatte dafür gesorgt, dass ich, wenn ich nicht wollte, nie mehr ins Büro musste.

Das war toll, vorerst. Aber ich steckte in einem gewaltigen Dilemma.

Gewaltiges Dilemma Teil eins: Wie sollte ich jemals wieder an meine Arbeit zurück? Ich war leitender Angestellter der BBC, ich hatte eine hohe Arbeitsbelastung, ich wohnte in Oxford und arbeitete in London etc., etc.

Gewaltiges Dilemma Teil zwei: mein Kontoauszug.

Juli 1992: Mein Einkommen + Lizzies Einkommen – zwei

Kinder großziehen – Abbezahlen einer Hypothek – ein kleiner Betrag für Kinderbetreuung = plus/minus null; wir kamen gerade so über die Runden.

August 1992: Mein Einkommen – zwei Kinder großziehen – Abbezahlen einer Hypothek – verdammt viel Kinderbetreuung = O Scheiße.

Wie lautete die Antwort?

Nun, ich konnte jederzeit meine Arbeit aufgeben. Ich dachte viel darüber nach, aber mir gefiel meine Arbeit. Sie trug dazu bei, dass ich wusste, wer ich war, sie verlieh mir eine Identität. Ich hatte mit einigen großartigen Leuten zu tun, die meine Freunde waren (siehe oben), und ich verdiente damit ganz anständig. Den Job an den Nagel zu hängen kam also nie ernsthaft in Frage. Ich wäre dann nicht mehr der gewesen, der ich war, ein Zustand, dem ich sowieso bereits gefährlich nahegekommen war.

Sollte ich näher an meinem Arbeitsplatz wohnen? Wie um alles in der Welt konnte ich nach London ziehen? Ich hatte dort kein Netz, das mich auffing. Ich würde untergehen.

Sollte ich mich in Oxford nach Arbeit umsehen? Als was? Der Rundfunk war alles, was ich wirklich konnte. Die Universität in Oxford hatte noch keinen Studiengang in Medienwissenschaft. Schon mal schlechte Voraussetzungen.

Deda versuchte mich zu überreden, zu ihnen nach Bath überzusiedeln. Für die Mädchen war Bath ein zweites Zuhause, meine Schwiegereltern wollten ihren Keller für mich zu einer Wohnung ausbauen, die Mädchen hätten bei ihnen oben wohnen können. Ein großzügiges Angebot – nur war der Keller feucht wie ein Schwamm, hatte kein einziges Fenster und lag 180 Kilometer von meiner Arbeit entfernt. Wenn ich die Mädchen sehen oder gar ihr Vater sein wollte, kam das eindeutig nicht in Frage. Wenn ich nur daran dachte, fühlte ich mich eingesperrt, ein Untermieter im Souterrain, ein Häftling in seiner Single-Höhle, dem die Familie auf dem Kopf herumtrampelte. Als wäre ich eine Figur aus *Ein Fall für die Borger*, allerdings unter der Regie von Roman Polanski. Mich schauderte.

Im Grunde wollten Maka und Deda sich Jessica und Lucy sichern und sie als ihre Kinder großziehen. Wer konnte es ihnen verübeln? Sie hatten einen Workaholic als Schwiegersohn, der nicht im Geringsten zu erkennen gab, dass er in der Lage war, überhaupt etwas großzuziehen, ganz zu schweigen von den kostbaren Sprösslingen ihrer kostbaren Tochter. Sie wünschten sich nichts mehr, als ihre mutterlosen Enkeltöchter zu verhätscheln, und erwarteten von mir, dass ich mir verdammt schnell eine Partnerin suchte und mit ihr in den Sonnenuntergang zog. Deda ließ so etwas mehrere Male verlauten.

Aber das geschah nicht. Ich hatte beschlossen, die Kinder aufzuziehen, zum Guten oder zum Schlechten, und in dem Haus zu bleiben, das für uns das Zuhause war.

Also brauchte ich jemanden, der die Kinder betreute. Und das ziemlich oft. Wir hatten eine Tagesmutter, die sich etwa fünf Stunden in der Woche um die Mädchen kümmerte. Catherine war fabelhaft. Aber ich ging davon aus, dass ich jemanden brauchte, der sie zur Schule brachte, sie dort wieder abholte und auf sie aufpasste, bis ich nach Hause kam; in dieser Rechnung waren die Ferien noch gar nicht berücksichtigt. Das machte … sechzig Stunden pro Woche, vom Frühstück bis zum Zubettgehen. Sie würde im Haus wohnen müssen. Es würde eine Stange Geld kosten, aber was blieb mir anderes übrig? Ich brauchte eine Nanny – ein

Wort, das Lizzie und mir noch nicht einmal über die Lippen gekommen wäre.

Ich ging zu einer Nanny-Agentur. Bis zu diesem Zeitpunkt hatte ich nicht gewusst, dass es so etwas überhaupt gab, aber jetzt wurde ich sehr schnell zum Experten. Die Agentur war in einem winzigen fensterlosen, mit Papierstapeln vollgestopften Büro untergebracht, das über eine dunkle Hintertreppe zu erreichen war – hinter einem Laden an der Rückseite eines Kinos im Zentrum von Oxford. Auf dem Treppenabsatz lungerte eine junge Frau unbestimmter Nationalität herum, und im Büro saßen zwei Überdreißigjährige, die mir nicht viel Beachtung schenkten, obwohl ich einen Termin vereinbart hatte. Schließlich durfte ich erklären, wen ich suchte und warum.

»Ah, verstehe, Sie sind ein alleinerziehender Mann. Wir werden nie eine Nanny finden, die bei einem alleinerziehenden Vater wohnt.«

»Aber …«

»Tut mir leid, aber ich glaube, wir können Ihnen wirklich nicht helfen.«

»Aber …«

Wahrscheinlich hätte ich mir sowieso nicht leisten können, was immer sie mir angeboten hätten, weshalb ich mir hastig einen Plan B zurechtlegte: Wenn ich von der Idee Abschied nahm, dass die Nanny sie zur Schule brachte, würde sie erst um drei Uhr nachmittags mit der Arbeit beginnen müssen und nicht um acht Uhr morgens, die sechzig Stunden Arbeitszeit schrumpften somit auf vierundzwanzig zusammen. Was viel billiger wäre! Ich gab eine Anzeige in der Zeitung auf. Aber wie in Gottes Namen sollte es funktionieren? Wie sollte ich die Kinder morgens zur Schule bringen? Irgendwann würde es jemandem auffallen, dass ich nie vor elf Uhr im Büro erschien. Ich war der Verzweiflung nahe.

Nachdem die Anzeige geschaltet war, beschloss ich, mein Glück noch einmal bei einer Agentur zu versuchen. Diese war um einiges schicker eingerichtet und sehr viel teurer. Die Büroräume waren einladend und entspannend, die Leiterin – eine Mutter von drei Kindern und etwa in meinem Alter – hatte eine Tasse Tee für mich bereit und war unglaublich einfühlsam. Sie kannte meine Geschichte und wollte mir helfen. Sie vertrat einen ganz simplen Standpunkt: Wenn man mit Geld nur so um sich werfen konnte, ließ sich jedes logistische Problem der Kinderbetreuung lösen. Sie schlug vor, abzuwarten, was sich aus der Zeitungsannonce ergab. Funktionierte es, wunderbar; falls nicht, sollte ich sie wieder aufsuchen. Es gab einen Ausweg aus dem Chaos! Ich war in Hochstimmung.

Auf dem Heimweg dann kam mir eine Fahrradfahrerin entgegen. Lizzie war immer mit dem Fahrrad unterwegs, war immer in Eile gewesen und hatte immer den Eindruck vermittelt, spät dran zu sein. Einen Augenblick lang – mir blieb die Luft weg – dachte ich, es wäre tatsächlich Lizzie.

»Lizzie! Alles wird gut!«, murmelte ich und wiederholte die Worte lauter. Und noch einmal.

Mein Herz raste. Ich hielt den Wagen an, wollte ihr sagen, dass alles gut werden würde und dass ich sie liebte. Nichts hätte ich lieber getan … und dann war die Radlerin an mir vorbei und hatte überhaupt nicht wie Lizzie ausgesehen. Ich fühlte mich betrogen. Ich war so überzeugt gewesen, dass es Lizzie wäre! Ich sah ihr nach. Nein, sie war es nicht, definitiv nicht, obwohl ich so davon überzeugt gewesen war. Absolut überzeugt. Vielleicht könnte ich sie anrufen, ihr sagen … dass alles gut werden würde, dass es den Mädchen gut ging, dass ich sie furchtbar vermisste, dass sie ... wieder heimkommen könne ...

Stattdessen fuhr ich nach Hause.

Aber noch Tage danach fühlte ich mich Lizzie so nah, als hätte ich sie berührt.

Das wäre natürlich die Lösung meines Problems gewesen: wenn Lizzie zurückkäme. Ich brauchte eine Frau und eine Mutter. Und eine Geliebte. Was für eine elegante und einfache Lösung, die sich die Männer haben einfallen lassen. Verlor man seine idealtypische Gefährtin, brach alles zusammen.

Genau dieses Gefühl hatte ich: Alles brach zusammen.

Jessica hatte natürlich auch einen Betreuungsplan: »Papa, warum gehen wir nicht zu Jane zum Tee?«

»Warum, Liebes?«

»Weil ich mit Laura spielen möchte.«

Laura war Janes Tochter und zwei Jahre älter als Jessica.

»Ja, gute Idee. Das sollten wir mal machen.«

»Und, Papa, Lauras Papa ist doch auch gestorben.«

»Ich weiß, Liebes. Wie traurig. Sie muss sehr traurig darüber sein.«

»Und Jane muss auch traurig sein. Ich bin mir sicher, dass sie sich freut, wenn wir kommen.«

»Aber das ist schon Jahre her, Liebes. Bevor wir nach Oxford gezogen sind.«

»Aber sie muss doch einsam sein. Genau wie du, Papa.«

Jane wohnte zwei Häuser weiter mit ihren beiden Mädchen und einem Jungen. Ihr Mann war etwa fünf Jahre zuvor gestorben, und sie war – genau wie ich – alleinerziehend. Von außen betrachtet war ihr Leben ein einziges Chaos. Ähnlich dem unseren. Pflichtschuldig erschienen wir zum Tee.

Ich mochte Jane. Sie war lebhaft, zupackend, witzig und kam wunderbar mit allem zurecht. Anders als ich.

»Warum hat Jane nicht wieder geheiratet, Papa?«

»Bevor man heiratet, muss man sich erst in jemanden verlieben.«

»So wie du dich in Mama verliebt hast?«

»Genau, Liebes. Und ich nehme an, Jane hat sich eben noch nicht verliebt.«

»Warum heiratest du sie nicht, Papa?«

»Weil ...« Es war klar, worauf ihr Argument hinauslief – es besaß eine bestechende innere Logik. Jane ist alleinstehend und eine Mutter. Papa ist alleinstehend und ein Vater, also sollten sie heiraten, und wir könnten alle eine einzige große glückliche Familie sein.

Weiter.

Oder eher zurück zur Nanny. Auf die Annonce hatten sich ein paar Leute gemeldet. Aber es konnten natürlich alle möglichen Leute sein. Ich musste sie mir ansehen und mir ein Urteil bilden.

Meine Schwester Philippa half mir: Wir hatten die Bewerberinnen eingeladen, wir putzten das Haus, wir hatten einen Plan. Wir empfingen sie, dann sollten die Mädchen sie mit nach oben nehmen, um ihnen ihr Zimmer zu zeigen. Und nach zehn oder fünfzehn Minuten würden wir hochgehen und die potenzielle Nanny nach unten bitten, damit wir miteinander »plaudern« konnten. Wir waren organisiert. Es fühlte sich irgendwie professionell an.

Sechs junge Frauen kamen an einem Nachmittag der Reihe nach zu Besuch: das Treibgut des Schulsystems, mit zweifelhaften Abschlüssen, halbherzigen Anstrengungen, im Berufsleben Fuß zu fassen. Wir hatten diejenigen eingeladen, deren Bewerbungsschreiben vielversprechend aussahen und eindeutig besagten, dass sie nicht alkoholabhängig waren, keine Aufenthalte in der Psychiatrie hinter sich hatten und einige Erfahrung in der Betreuung von Kindern nachweisen konnten. Sie waren alle aufgedonnert. Ich hatte von Anfang an klargemacht, was wir uns vorstellten, und, wen konnte es überraschen, mir einige Absagen eingehandelt. Jedes Mal, wenn ich die Haustür öffnete, fragte ich mich, was um alles in der Welt sie erwarteten.

Es war ein anstrengender Nachmittag, die Auswahl aber wurde durch Lucy entschieden erleichtert.

Es gab nur eine Bewerberin, auf die Lucy nicht sofort lauthals zugestürmt war, auf sie eingeschlagen und ihr an den Kopf geworfen hatte: »Ich will dich nicht, ich will meine Mama wiederhaben.« Im Nachhinein betrachtet lag es vielleicht daran, dass Lucy bereits müde war, als ihr Linda vorgestellt wurde. Also gab ich Linda den Job.

Sie sollte in der Woche des Schulbeginns bei uns anfangen. Wir vereinbarten, dass ich die Mädchen vor Schulbeginn bei Catherine Unia ablieferte und Catherine oder Linda sie jeden Nachmittag von der Schule abholte. Das bedeutete, dass ich wieder zur Arbeit konnte. Stück für Stück richtete ich das Gebäude wieder auf, das einmal die Familie Howe gewesen war.

Kapitel 10

Die vierte Phase des Schmerzes besteht aus Depression, Nachdenken und Einsamkeit. Die nächsten Wochen jedenfalls hielten sich an diese Regel. Der restliche Sommer war ziemlich sonderbar.

Es regnete fast jeden Tag.

Ich stellte fest, dass es mir nahezu unerträglich war, Oxford zu verlassen. Aber ich war auch nicht mehr gern zu Hause – nicht dass es nicht mehr als mein Zuhause erkennbar gewesen wäre, aber es war nur noch das Haus, in dem wir wohnten. Ich entwickelte eine Art Agoraphobie.

Daneben legte ich mir auf der Stirn eine dicke Furche zu, die tiefste Sorgenfalte der Welt.

Eines Morgens erlitt meine Mutter, die bei uns wohnte, um uns zur Hand zu gehen, einen Schlaganfall. Keinen schlimmen, der Arzt und das Krankenhaus versicherten uns, es gehe ihr gut, aber es zeugte doch von der Anspannung, unter der wir alle standen.

Das Leben ging weiter. Besucher – die es nur gut mit uns meinten – zogen in regelmäßigen Abständen durchs Haus und wollten meine Geschichte hören. Wenn man eine gute Geschichte hat, und die hatte ich zweifellos, erzählt man sie natürlich gern, aber die ständige Wiedergabe von Lizzies Tod war wie das wiederholte Abspielen einer zerkratzten Schallplatte. Hier und da variierte ich etwas, um die Geschichte aufzuhübschen, aber das Nacherzählen beschädigte auf lange Sicht die Nadel, das heißt, mich. Einer meiner Freunde schlug vor, ich solle mir ein T-Shirt mit dem Aufdruck »Lesen Sie die Pressemitteilung« zulegen. Und die Leute wussten nicht recht, wie sie mit meiner Geschichte umgehen sollten, weil sie so fernab ihrer eigenen Erfahrungen lag. Meine Geschichte glich eher dem, was man in einem Patricia-Highsmith-Roman zu lesen bekam, aber nicht dem, was einem deiner Kumpel widerfuhr.

Ich wurde von Freunden besucht, die ich eine Ewigkeit nicht mehr gesehen hatte. Sie kamen von nah und fern, blieben eine Stunde und verabschiedeten sich. Ich glaube, sie wollten nur sehen, ob mit mir alles in Ordnung war. Von vielen habe ich nie wieder etwas gehört. Tolle Freunde.

Ich wurde von Fremden besucht. Eine Nachbarin klopfte an einem Sonntag einfach an die Tür.

»Ich wollte Ihnen nur sagen, dass Sie meiner Meinung nach das Richtige getan haben, als Sie Ihre Töchter zur Beerdigung mitgenommen haben.«

»Danke.«

»Ich war nämlich sechs, als meine Mutter starb, und ich durfte nicht mit auf die Beerdigung. Ich kam mir so ausgeschlossen vor. Es nagt noch immer an mir, wissen Sie.«

»Das tut mir leid.«

»Viel Glück. Wirklich. Aber es sieht ja so aus, als kämen Sie zurecht.«

Ein anderer war ein Mann in vergleichbarer Lage. Wir fragten uns, ob sich nicht eine gemeinsame Grundlage finden ließe. Er hatte mir geschrieben, und da er keine Autostunde entfernt wohnte, rief ich ihn an, und wir verabredeten uns.

Seine Frau war mit dem dritten Kind schwanger gewesen, als sie sich eine Blutvergiftung zuzog, an der innerhalb von wenigen Tagen sie und das ungeborene Baby starben. So stand er mit seinen beiden Kindern, die jünger waren als Jessica und Lucy, allein da. Er gab daraufhin alles auf, zog in ein Dorf, in dem er fast Tür an Tür mit seinen Schwiegereltern lebte und dank der Kinderbetreuung weiterhin seinen Beruf als Arzt ausüben konnte. Mittlerweile, ein Jahr später, hatte er sich von seinen Schwiegereltern, die die Erziehung der beiden Kinder übernahmen, entfremdet, er kam mit den Kindern nicht mehr klar und hatte eine Affäre mit dem Kindermädchen. Die Schwiegereltern machten ihn zum Ausgestoßenen im Dorf.

Natürlich tat er mir leid. Dennoch konnte ich es kaum erwarten, ihn wieder aus dem Haus zu komplimentieren, damit er mich nicht ansteckte.

Im Großen und Ganzen war ich dankbar für die Gesellschaft der Besucher, war dankbar, nicht allein zu sein, und hatte gleichzeitig das Gefühl, mein Leben wäre öffentliches Allgemeingut geworden. Einerseits wollte ich vom richtigen Leben abgelenkt werden, andererseits musste ich mit diesem richtigen Leben, mochte es noch so kompliziert sein, zurechtkommen.

Jeden Morgen nach dem Aufwachen hatte ich Angstzustände und fühlte mich depressiv. Liebend gern wäre ich wieder in das Vergessen des Schlafs zurückgesunken. Dann hörte ich die Mädchen rufen. »Papa! Können wir jetzt bitte unseren Saft haben?« Und ich spurte. Wären nicht die Bedürfnisse der Mädchen gewesen, ich wäre wahrscheinlich nie aus dem Bett gekommen. Ich stapfte nach unten, fütterte die Katze, brachte den Mädchen ihren Saft und hörte mir an, wie sie die Nacht verbracht hatten (»Milly Molly Mandy hat bei Lucy geschlafen und nicht bei mir. Sie mag mich nicht mehr.« – »Sie mag dich nicht mehr, weil du die ganze Nacht wie blöd herumhüpfst«, erwiderte Lucy triumphierend und streichelte das schnurrende Kätzchen), dann setzte ich mich in unsere neue Küche und öffnete die Post. Es war wie sonst vor Weihnachten, ich bekam Hunderte – und damit meine ich wirklich Hunderte – von Kondolenzkarten, von allen, die ich kannte, und von einigen mehr. Was mir das Gefühl vermittelte, dass ich gefragt war. Wahrscheinlich hätte ich Entzugserscheinungen bekommen, wenn ich nach unten gegangen wäre und keine Karten auf der Fußmatte vorgefunden hätte.

Danach, nachdem ich die Kinder aus dem Bett gescheucht und ihnen das Frühstück verabreicht hatte, zerfaserte die Struktur meiner Tage ganz schrecklich. Ich hatte nicht die geringste Ahnung, was ich den ganzen Tag mit mir anstellen sollte, außer drei Stunden am Stück *Frustration* zu spielen. Manchmal spielte ich es sogar mit mir allein.

Eines Nachmittags, kurz nach einem aus Knäckebrot mit Erdnussbutter und Karottenstiften bestehenden Mittagessen, lag ich auf dem Wohnzimmerboden, las meinen *Guardian*, während Lucy, in mein angewinkeltes Bein gekuschelt, eifrig vor sich hinmalte.

»Papa, wenn Jesus von den Toten auferstanden ist, warum kann Mama das nicht?«, fragte sie und malte Fabius, den sie vorher gezeichnet hatte, bunt aus.

»Na ja, Lucy, Jesus war der Sohn Gottes. Das ist ein bisschen was anderes als Mama.«

»Aha.«

Sie kritzelte weiter.

»Papa, Schneewittchen ist auch tot gewesen und zurückgekommen … warum nicht Mama?«

»Na ja, Liebes, in der Geschichte verschluckt sie einen vergifteten Apfel, der ihr im Hals stecken bleibt, und als ihr Sarg zum Grab getragen wird, lassen ihn die sieben Zwerge fast fallen, und damit löst sich der Apfel. Sie war nie so richtig tot wie Mama.«

»Hmmm.«

Weiteres Gekritzel.

»Papa … was ist mit Dornröschen?«

Ich richtete mich auf, setzte mir Lucy auf den Schoß, knuddelte sie und sagte ihr unter Tränen, dass Mama nie mehr zurückkommen werde, sie aber noch in ihrer und meiner und unser aller Erinnerung und in unserem Herzen lebendig sei, und dass sie, Lucy, zur Hälfte aus Mama bestehe und das nie, nie verlieren werde.

Ich weiß nicht, ob sie es verstand, aber das Knuddeln tat ihr gut.

Einige Abende darauf, als ich sie ins Bett brachte, stimmte Jessica eine Frage an, die ich inzwischen zur Genüge kannte.

»Papa, kennst du den bösen Mann, der Mama umgebracht hat?«

»Ja, Liebes.«

»Wo hat er sie geschlagen?«

Ich hatte ihnen die halbe Wahrheit erzählt: Ein böser Mann habe Mama geschlagen, und sie sei gestorben. Das reichte Jessica offensichtlich nicht.

»Wie ist sie gestorben?« Unermüdlich bombardierte sie mich seit Tagen mit dieser Frage. Als sie sah, dass ich innehielt, bohrte sie weiter: »Papa?«

»Ja, Liebes?«

»Wie ist Mama genau gestorben?«, fragte sie und kletterte aufs obere Bett.

»In Ordnung …«

Ich beschloss, die bittere Pille zu schlucken. Irgendwo hatte ich gelesen, dass im Ersten Weltkrieg mehr Soldaten an den Infektionen gestorben waren, die sie sich in den verdreckten Schützengräben zugezogen hatten, als durch die Schrapnellsplitter und Gewehrkugeln, die ihnen die Wunden ursprünglich zugefügt hatten.

Ich betrachtete die Wahrheit als eine Art Desinfektionsmittel, das Jessicas und Lucys Wunden, die ihnen durch den Verlust der Mutter beigebracht worden waren, sauber halten würde.

Aber es war nicht einfach, ihnen die Wahrheit zu erzählen. Ich war noch klein, als mein Onkel bei einem Autounfall starb – man erzählte uns, was geschehen war. Ich war damals erst fünf, aber ich würde es nie vergessen: Er befand sich spät nachts auf der Heimfahrt vom Büro, er hatte ein paar Drinks intus, litt unter Jetlag, fuhr zu schnell, einer der Reifen hatte nicht genügend Luftdruck, kurz passte er nicht auf und wickelte sich keine zwei Kilometer von zu Hause um eine Straßenlaterne. Er war auf der Stelle tot. Aus irgendeinem Grund war meiner Cousine Liz von ihrer Mutter eine andere Geschichte aufgetischt worden. Er habe einen Autounfall gehabt, sei aber nach Hause gekommen und habe in der Küche einen Herzinfarkt erlitten, an dem er in den frühen Morgenstunden gestorben sei. Man schärfte uns ein, mit Liz nie über den Tod ihres Vaters zu reden – weil die beiden Geschichten nicht zusammenpassten, wie wir annahmen. Natürlich taten wir nichts lieber, als über den Tod des Onkels Vermutungen anzustellen. Es fällt ins Auge, dass unsere Version der Geschichte zu kompliziert war, um erfunden zu sein, während jene, die man Liz erzählte – und die noch nicht einmal für eine Fünfjährige plausibel klang –, wenig glaubwürdig erschien. Wenn das alles wirklich zu Hause geschehen war, warum war Liz dann nicht durch die Ankunft des Krankenwagens geweckt worden? Warum war ihre Mutter mitten in der Nacht auf, sodass sie den Herzinfarkt miterleben konnte? Zwanzig Jahre später starb Liz' Mutter an einem Herzinfarkt. Weil sie Alkoholikerin war und vierzig Zigaretten am Tag rauchte. Liz war völlig aufgelöst. Ihr Vater war mit gut dreißig Jahren an einem Herzinfarkt gestorben, ihre Mutter mit Ende vierzig. Was blieb ihr da noch an Hoffnung? Meine Mutter musste sie zur Seite nehmen und ihr die Wahrheit über ihren Vater erzählen.

Welchem Zweck dient die Lüge? Die Lüge ist schmutzig, die Wahrheit sauber und klar. Saubere Wunden heilen, verschmutzte Wunden nicht.

»Wenn man jemanden schlägt, stirbt man doch nicht, oder? Ich hab gestern Lucy geschlagen, und sie ist nicht tot.«

»Na, der böse Mann hat Mama sehr fest geschlagen.«

»Wie fest? Hat er einen Stock gehabt?«

»Nun …«

»Hat er ein Messer gehabt?«

»Na ja …« Ich setzte mich an ihren niedrigen Tisch und sagte Jessica und Lucy, ich wolle ihnen jetzt ganz genau erzählen, wie Mama gestorben sei, sie müssten keine Angst haben, ihnen würde so etwas niemals zustoßen, es sei ein schrecklicher, fürchterlicher Zufall gewesen, aber soweit ich wisse, sei Folgendes geschehen:

»Mama war in ihrem Zimmer an der Universität, es war mitten am Nachmittag. Ich wette, sie hat an ihrem Schreibtisch gearbeitet …«

»Mit einer Tasse Kaffee?«

»Wahrscheinlich.«

»Und getrockneten Feigen?«

»Wahrscheinlich. Jedenfalls …«

Die Geschichte kam mir wie ein Gruselmärchen vor, allerdings eines, das nicht gut endete.

»Jedenfalls klopft ein Mann an die Tür. Weil sie eine nette, höfliche Frau ist, geht sie an die Tür, und ich denke, er drängt sich ins Zimmer und sticht mit einem großen Messer auf sie ein, weil er verrückt geworden ist. Er war krank und hat nicht mehr gewusst, was er tut, und jetzt ist er eingesperrt und kann niemandem mehr was antun, nie mehr. Mama war gleich tot. Ich glaube nicht, dass sie noch Schmerzen gehabt hat, nachdem er auf sie eingestochen hat.«

Auf dem Totenschein war als eine der Todesursachen Herzversagen durch Schock eingetragen. Diese letzten Sekunden in ihrem Leben mussten … mit Worten lässt sich das nicht mehr beschreiben. In A. S. Byatts *Stillleben*, einem Roman, der Lizzie immer beeindruckt hatte, erleidet die Heldin durch ein fehlerhaftes Kabel im Kühlschrank einen tödlichen Stromstoß. In dem Bruchteil einer Sekunde, der zwischen dem Schock und ihrem Tod liegt, geht ihr nur ein Gedanke durch den Kopf, ein glasklarer Gedanke: »Wer kümmert sich jetzt um die Kinder?« So, stelle ich mir vor, ist Lizzie gestorben, und darum war mir die Pflicht, mich um Jessica und Lucy zu kümmern, immer so wichtig gewesen, wichtiger noch als die Tatsache, dass ich die beiden bedingungslos liebte.

Aber ich glaube nicht, dass ihr Tod schmerzlos war.

»Hat es da Blut gegeben, Papa?«

»Ja, Liebes.«

In der Polizeidienststelle in York hatte ich kurz ihr blutbespritztes Kleid und die Blutflecken auf meiner Aktentasche zu Gesicht bekommen.

»Wie viel Blut, Papa?«

»Viel, nehme ich an.«

»Wenn das der Boden in dem Zimmer ist, in dem sie gestorben ist«, sagte sie und hielt ihre Hand an die Wand neben ihrem Bett, »ist es dann so hoch gewesen« (zehn Zentimeter) »oder so hoch« (zwanzig Zentimeter) »oder so hoch?« (weit über ihrem Kopf).

»Das weiß ich nicht, Liebes. Ich habe das Zimmer nicht gesehen, in dem Mama umgebracht wurde. Aber so viel Blut ist nicht in dir oder in mir oder in Mama. Es war wie ein ganz ganz übler Schnitt, der nicht aufhören will zu bluten. Und wenn das passiert, läuft das Blut aus dem Herz, und man stirbt. So wie Mama. Aber es geschieht ganz schnell.«

»Oh.«

Pause.

»Verstehe.«

Stille. Ihrem Blick war anzusehen, dass ihre Sorgen – und wahrscheinlich auch ihre Ängste, wie schrecklich der Tod ihrer Mutter gewesen war – damit gelindert waren. Sie fragte nie mehr nach, nicht weil es ihr verwehrt worden wäre, sondern weil es nicht mehr nötig war. Sie wusste es jetzt. Sie war zufrieden.

Ich drückte sie beide und weinte, sie weinten, und wir lagen eine gefühlte Ewigkeit auf Lucys Bett. Ich hatte Schuldgefühle, weil es weit nach ihrer Schlafenszeit war, aber wir kuschelten uns zusammen, bis wir eindösten. Ich hob Jessica in ihr Bett hinauf, und verschlafen sagte sie: »Gute Nacht, Papa. Ich liebe dich. Danke, dass du ein so guter Papa bist.« Ich breitete die Decke über sie, und dann packte ich die kleine Lucy, die erst vier war und ohne Mutter, die kleine Lucy, die während dieser gesamten Szene kein Wort geäußert hatte, in ihre Decke und schmiegte mich an sie. Wie ist es, wenn man vier ist und keine Mutter mehr hat? Ich konnte mich darauf nicht einlassen, mein Verstand kam zum Stillstand, weil der Gedanke so unerträglich war. Sie schlug kurz die Augen auf, lächelte mich an, umarmte mich und schlief wieder ein.

Ich kroch nach unten und heulte mir die Seele aus dem Leib. Es gab niemanden, dem ich davon erzählen, dem ich mich hätte mitteilen können. Und am meisten hätte ich es mit Lizzie teilen wollen. Aber ich hatte den Mädchen die Wahrheit gesagt. Ihre Wunden waren sauber und hatten damit die besten Voraussetzungen zu verheilen. Was meiner Ansicht nach auch geschehen ist. Aber die Anstrengung hatte mich völlig ausgelaugt.

Im Laufe der nächsten Wochen gewöhnte ich mich daran, Jessica und Lucy zu ihren Freundinnen zu begleiten und mit deren Müttern zu plauschen, während die Kinder spielten. So wurde ich zu einer Ersatz-Mutter und als solche auch von allen akzeptiert.

»Polly, ich glaube, ich hab einen Schlaganfall oder so. Genau wie meine Mutter. Ich bekomme keinen klaren Gedanken mehr auf die Reihe.«

»O mein Gott.«

»Als hätte ich Watte zwischen den Ohren. Ich hab seit Monaten kein Buch mehr gelesen, überfliege nur noch die Zeitung, und alles, was mir durch den Kopf geht, ist, was ich den Kindern als Nächstes kochen soll.«

»Das ist kein Schlaganfall, Jeremy. Das nennt man Muttersein.«

»Was soll das heißen?«

»Muttersein kommt gleich nach einer Lobotomie. Jede Mutter kann ein Lied davon singen.«

Dann, eines Morgens im August, als ich (vergeblich) versuchte, die Wohnung aufzuräumen, klingelte das Telefon.

»Hier ist die BBC. Wir haben Sie heute Morgen für ein Bewerbungsgespräch erwartet. Die Personalabteilung ist stinksauer auf Sie.«

Monate zuvor, lange vor Lizzies Tod, hatte ich mich für eine Stelle in der Fernsehspiel-Abteilung beworben.

»Tut mir leid, aber wenn mich jemand über das Bewerbungsgespräch informiert hätte, wäre ich vielleicht aufgetaucht.«

»Ach. Wir haben Ihnen eine E-Mail geschickt.«

»Ich war seit über einem Monat nicht mehr im Büro.«

»Oh.«

»Was soll ich jetzt tun?«

»Gut, hören Sie, können Sie nach dem Mittagessen zum Bewerbungsgespräch vorbeikommen?«

»Ich bin in Oxford und muss am Nachmittag auf meine beiden Töchter aufpassen.«

»Oh.«

»Ist Ihnen irgendetwas über mich oder meine Situation bekannt?«

»Nein.«

»Na, dann halten Sie sich fest, es ist keine schöne Geschichte. Meine Frau ist Anfang des Sommers umgebracht worden, ich habe aus familiären Gründen Sonderurlaub und bin momentan eigentlich nicht in der Verfassung für ein Bewerbungsgespräch.«

Das wirkliche Leben war in die abstruse Blase eingedrungen, in der ich lebte. Die Arbeitswelt, die mein Leben früher so sehr beherrscht hatte, kam mir inzwischen so fern vor wie der Mond.

»Verstehe. Aber wenn ich das Bewerbungsgespräch auf den Nachmittag verlegen könnte ...«

»Gut, wenn ich jemanden finde, der sich um die Kinder kümmert, komme ich gern. Aber ich muss Sie warnen, ich bin völlig unvorbereitet.«

»Spielt keine Rolle. Sie wollen Sie sehen.«

»Wer ist ›sie‹?«

»Der Leiter des Programmbereichs Fernsehspiel und der Leiter der Fernsehserien.«

Ach so, niemand Wichtiges also. Sie verwalteten nur einen Programmetat von einer halben Milliarde Pfund. »Dann sollten Sie ihnen mal lieber meine Situation klarmachen. Ach, noch was, ich habe seit zwei Monaten nicht mehr ferngesehen.«

»Gar nichts?«

»Nichts.«

»Noch nicht mal *EastEnders*?«

»Noch nicht mal *EastEnders*. Und ich weiß auch gar nicht, ob ich für die Stelle noch geeignet bin, selbst wenn Sie sie mir anbieten sollten.«

»Hmmm. Gut.« Er klang pikiert. »Ich werde mit ihnen reden und melde mich noch mal bei Ihnen.«

»Ich denke, Sie sollten vorher auch mit meiner Personalreferentin sprechen.«

»Okay.«

Und das, dachte ich, wäre es dann wohl.

Nach dem Mittag klingelte es erneut.

»Jeremy, es geht um Ihr Bewerbungsgespräch.« Er klang

sehr viel freundlicher, sanfter, als wäre ich ein Schwerbehinderter.

»Ja.«

»Ich habe mit beiden Direktoren gesprochen, sie wollen Sie trotzdem sehen. Ich habe auch mit Ihrer Personalreferentin gesprochen. Mir ist einiges klar geworden. Es tut mir leid, was Ihnen widerfahren ist. Wäre drei Uhr für Sie okay?«

»Ich bin in Oxford. Das schaffe ich wahrscheinlich nicht.«

»Ähm ... was wäre Ihnen angenehm?«

»Ich könnte wohl kaum vor fünf bei Ihnen sein ... außer ich komme mit dem Auto.«

»Sagen wir vier? Ich besorge Ihnen einen Parkplatz am TVC.«

Ein Parkplatz am BBC Television Centre – das war, als hätte man einen Sack voll Gold über mir ausgeschüttet. Es musste ihnen wirklich ernst sein, dachte ich. Ich konnte den Parkplatz des Generaldirektors benutzen (»Er ist diesen Nachmittag im Edinburgh. Sie müssen ihn bis sieben Uhr abends wieder räumen.«).

»Falls ich die Kinderbetreuung organisieren kann. Aber sorgen Sie dafür, dass sie über meine persönliche Situation Bescheid wissen, und ich möchte wiederholen, ich glaube nicht, dass ich die Stelle übernehmen kann, selbst wenn Sie sie mir anbieten sollten.«

»Natürlich. Ich werde mich in der nächsten Viertelstunde wegen des Parkplatzes noch mal melden. Und ich werde Ihre Bedenken weitergeben.«

Gut, ich hatte eine halbe Stunde, um mich auf die Stelle des Leitenden Redakteurs für Fernsehserien vorzubereiten und jemanden zu finden, der in der Zeit des Bewerbungsgesprächs auf die Kinder aufpasste. Die Nachbarin von gegenüber war schwer beeindruckt. »Die müssen ja ganz erpicht auf Sie sein. Natürlich passe ich auf die Mädchen auf, liebend gern. Was ziehen Sie an?«

»Vielleicht wechsle ich das Hemd. Wenn ich ein sauberes finde.«

Die Vorbereitungen auf das Bewerbungsgespräch bestanden also darin, dass ich ein Hemd bügelte. Irgendjemand musste mir eine Menge Wertschätzung entgegenbringen, was meinem Selbstwertgefühl guttat; ich war nicht nur das Wrack, als das ich mich fühlte.

Wenn ich an das Bewerbungsgespräch denke, erinnere ich mich vor allem an die sehr bequemen Sessel und die köstlichen Schokoladenkekse, die man mir zu meinem Earl Grey in einer richtigen Porzellantasse reichte. Meine Gesprächspartner zeigten sich von ihrer besten Seite und hätten nicht freundlicher sein können. Wahrscheinlich lag es daran, dass ich sie gleich zu Anfang gebeten hatte, nett zu mir zu sein, ansonsten könnte es passieren, dass ich lauthals losheulte.

»Danke, dass Sie gekommen sind. Uns ist bewusst, wie schwierig das alles für Sie sein muss. Aber wir wollten Sie kennenlernen.«

Wir sprachen ebenso viel über Kindererziehung wie über das Fernsehen, sie wünschten mir alles Gute, und bevor ich ging, sagte ich: »Hören Sie, für den unwahrscheinlichen Fall, dass Sie mir die Stelle geben sollten, halte ich es für so gut wie ausgeschlossen, dass ich sie annehmen kann.«

»Das verstehen wir, natürlich. Trotzdem, danke, dass Sie gekommen sind. Und alles Gute.«

Am nächsten Tag meldete sich meine Personalreferentin. »Ich weiß, Sie wollen es nicht hören, aber die beiden waren gestern sehr beeindruckt von Ihnen.«

»Wieso? Ich habe zu verstehen gegeben, dass ich so gut wie nichts übers Fernsehen weiß, und die meiste Zeit haben wir uns darüber unterhalten, was für eine beschissene Mutter ich bin.«

»Sie mögen sie. Sie halten Sie vielleicht für eine beschissene Mutter, aber für eine, die was auf der Pfanne hat«, lachte sie.

Die Geschichte nahm ein glückliches Ende: Man gab mir die Stelle zwar nicht, aber etwa sechs Wochen lang konnten sie sich nicht zwischen zwei Bewerbern entscheiden – zwischen mir und dem Typen, der den Job schließlich bekam und der zufällig mein bester Freund in meiner damaligen Abteilung war. Das übrige Bewerberfeld muss aus ziemlichen Nulpen bestanden haben, meinem Selbstwertgefühl aber tat die Sache unglaublich gut.

Zurück zum Einsammeln der Trümmer. Die Bürokratie des Todes ist ein Horror. Um einigermaßen zu verstehen, was ich durchzumachen hatte – und das war eine Menge –, müssen Sie nur Kafka lesen.

Bevor wir Lizzie beerdigen konnten, musste der Coroner die eindeutige Todesursache ermitteln. Der Totenschein, der daraufhin ausgestellt wurde, fiel in Lizzies Fall schrecklich plastisch aus. Mir wurde ganz anders, als ich mehrere Kopien davon anforderte, damit die Bankkonten, der Grundbucheintrag des Hauses, die Hypothek geändert werden konnten. Jedes Mal, wenn ich dieses Dokument wegschickte, erfüllte es mich mit Grauen, und wenn es wieder zurückkam, wurde ich nur wieder darauf hingewiesen, was Lizzie in ihren letzten Augenblicken durchgemacht hatte.

Dann musste der Kinderfreibetrag umgeschrieben werden (stirbt der Mann, erhält die Witwe eine einmalige lächerliche Summe und erhöhten Kindesunterhalt, stirbt aber die Frau, bekommt der Witwer nichts). Nach Aussage des Arbeits- und Rentenministers, der auf meinen empörten Brief zu diesem Thema antwortete, gibt es statistisch gesehen so wenige alleinerziehende Väter, dass es sich einfach nicht lohnen würde, die kostspielige Verwaltungsmaschinerie dafür anzuwerfen, um das entsprechende Gesetz zu ändern. So war es jedenfalls 1992.

Als ich das Scheckheft für mein neues Konto statt unseres Gemeinschaftskontos erhielt, markierte das kaum den Beginn eines neuen fröhlichen Lebens.

Und so weiter. Es gab kein Handbuch, das einem sagte, was man zu tun hatte, keine Checkliste, nur einen Wust von Anschreiben, die einen mit Fragen überschütteten, die man nicht beantworten konnte oder von denen man sich wünschte, sie nicht beantworten zu müssen. Ich versuchte, mir Hilfe zu holen – die Selbsthilfegruppe alleinerziehender Eltern schreckte mich derart ab, dass ich sofort wieder Reißaus nahm, kaum dass ich den Laden betreten hatte. Mir kam sie wie eine Partnervermittlung vor, in die ich hineingeplatzt war. Der Angestellte der Bürgerberatung – wo ich eine Ewigkeit warten musste, bis ich vorgelassen wurde, während die Kinderbetreuung zu Hause unweigerlich ihrem Ende entgegenging – hatte für mich überhaupt keinen Rat. Er gab mir zu verstehen, dass mein Problem außerhalb seines Zuständigkeitsbereichs lag und es für Bürger in meiner Situation keine Ratschläge gab.

Geld war ein großes Thema – mir rann es wie Wasser durch die Finger. Wir schränkten uns ein. Ich besorgte mir ein kleineres Bett, einen kleineren Wagen, entsprechend unserer kleineren Familie, nur die Rechnungen wurden nicht kleiner.

Meine Hypothekenbank trug das Ihre dazu bei. An einem

Augustmorgen landete ein Brief auf meiner Fußmatte, der an Mr. J. P. Howe und Dr. E. Howe (verstorben) adressiert war. Ich war verblüfft. Ich öffnete ihn: »Sehr geehrte Mr. J. P. Howe und Dr. E. Howe (verstorben) …« Erstaunlich. Jemand hatte sogar die Chuzpe besessen, den Brief zu unterzeichnen. Erschien es ihnen nicht etwas seltsam, einen Brief an eine Tote zu adressieren? Beim Inhalt des Briefes aber lief es mir kalt über den Rücken: Da ich meine Hypothekenraten nicht zahlte, würde man rechtliche Schritte zur Verfallserklärung der Hypothek auf unser Haus einleiten. *Was soll der Scheiß?* Ich rief bei meiner Bank an, um nachzufragen, ob der Dauerauftrag für die Abbuchung von unserem (jetzt meinem) Konto noch gültig sei. »Solange wir von Ihnen keine anderweitige Anweisung bekommen haben, sollten Ihre Daueraufträge und Lastschriften wie gewohnt ausgeführt werden. Wir prüfen es nach und rufen Sie zurück.«

Zehn Minuten darauf teilte man mir mit, dass der Dauerauftrag für die Hypothek gekündigt worden sei.

»Von wem? Sicherlich nicht von mir.«

»Die Hypothekenbank hat ihn gekündigt.«

Hol sie der Teufel!

Ich rief bei der Hypothekenbank an. Nach einer Ewigkeit wurde ich mit der zuständigen Abteilung verbunden: »Mr. Howe, es ist üblich, dass wir beim Ableben unserer Kunden sämtliche Hypothekenzahlungen kündigen, da die meisten Hypotheken versichert sind.«

Da unsere Hypothek so teuer war, hatten Lizzie und ich beschlossen, sie nur gegen meinen Tod zu versichern, da ich der Hauptverdiener war.

»Sie haben sie gekündigt, ohne mich darüber zu informieren?«

»Ja.«

»Und jetzt drohen Sie mir, sie verfallen zu lassen?«

»Nun, das war offensichtlich nur ein Warnschreiben. Wir gestatten noch zwei weitere Zahlungsausfälle, bevor wir weitere Schritte einleiten.«

»Ohne mir zu sagen, dass Sie sie gekündigt haben?«

»Das war ein Irrtum von unserer Seite. Dafür möchten wir uns entschuldigen.«

»Und um mich darüber zu informieren, schreiben Sie einen Brief an mich und Dr. E. Howe (verstorben)?«

»Da ist wohl jemandem ein Fehler unterlaufen. Auch dafür möchten wir uns entschuldigen.«

»Ich werde nur eine schriftliche Entschuldigung von Ihrem Generaldirektor akzeptieren.«

»Wenn Sie eine Beschwerde formulieren wollen …«

»Ja, das will ich.«

So lief dieses Gespräch. Irgendwann bekam ich meine Entschuldigung. Aber statt 125.000 Pfund erlassen zu bekommen, die im versicherten Todesfall von der Hypothekenbank übernommen worden wären, gingen die Raten dafür wieder von meinem Konto weg. Hätten wir doch bloß die etwas höhere Versicherungssumme bezahlt und die Hypothek auch gegen Lizzies Tod versichert.

Kapitel 11

Mit der Annullierung unserer Portugalreise, die wir kurz nach Lizzies Rückkehr aus York hatten antreten wollen, war das Thema Sommerurlaub erledigt. Ich fühlte mich nicht dazu in der Lage, etwas anderes zu organisieren. Bis mein Freund Clive darauf bestand, dass wir ihn auf einer Reise in den Westen Irlands begleiteten.

Clive und ich, beide Engländer, hatten uns im Flieger auf dem Rückflug vom BBC-Bewerbungsgespräch in Belfast kennengelernt. Wir kamen glänzend miteinander aus, uns wurde beiden eine Stelle dort angeboten, und wir wurden zu engen Freunden.

Clive hatte für eine Woche ein Cottage im abgelegensten Donegal gemietet, während seine Frau Elaine zu Filmaufnahmen in den USA war. Er musste sich um den zehn Monate alten Joe kümmern, und seine haushälterischen und erzieherischen Fertigkeiten standen auf der gleichen Stufe wie die meinen. Er brauchte einen Gefährten, also hatte er an mich gedacht.

War er verrückt geworden? Mit mir? Hatte er irgendeine Ahnung, welche Gesellschaft ich ihm sein würde?

Ich stimmte zu.

Und machte mich ans Packen. Da ich nicht die geringste Ahnung hatte, was ich alles mitnehmen sollte, packte ich alle Sachen der Kinder ein. Bis auf die Unterwäsche, die ich in unserem neuen Wäschetrockner ließ.

Während ich ihre Schubladen leerte, um uns auf die Expedition vorzubereiten, klopfte es an der Tür. Ich raste nach unten, und in der Tür stand eine vertraute Gestalt …

»Jessica, Lucy, Mr. Townsend ist hier.«

»Was, Papa? Wer?«, kam es von oben. Lautes Poltern und Kichern war zu hören.

»Mr. Townsend. Ihr wisst schon, euer Schuldirektor.«

Das Poltern und Kichern verstummte auf der Stelle.

Mr. Townsend war ein freundlicher Mann, klein, vollbärtig, immer lächelnd, immer musste er sich die Brille hochschieben, leicht chaotisch, aber auf seine erfrischend liberale Oxforder Art ein guter Schulleiter. Die Schule war in mehreren verschachtelten Gebäuden untergebracht, die von fern an Arbeitshäuser gemahnten und um einen Hof gruppiert waren, einen Steinwurf vom Park gegenüber unserer Straße entfernt. Sie war der Mittelpunkt unseres Viertels und unserer kleinen Gemeinde. Das Einzige, was Lizzie und mich immer vor ein Rätsel gestellt hatte, war die Frage, warum Mr. Townsend stets Anzüge trug, die ihm nicht passten.

»Hallo, Jessica, hallo, Lucy«, rief er erheblich weniger herrisch als ich. »Ich wollte nur mal sehen, wie es euch geht.«

Zwei ernste Mädchen kamen langsam die Treppe herunter. Sie wirkten besorgt – ich meine, den Direktor bekam man normalerweise nur dann zu sprechen, wenn man etwas Übles angestellt hatte, was um alles auf der Welt hatten sie also ausgefressen, dass sie mitten in den Sommerferien mit seinem Besuch beehrt wurden?

Nachdem ihnen klar wurde, dass er ihnen nur sagen wollte, wie leid es ihm wegen Mama tat, tauten sie aber schnell auf, und wir ließen uns nieder, um das *National Trust Animal Game* zu spielen, das uns jemand geschenkt hatte. Es war ein ödes Spiel, das selbst einen Zweijährigen kaum vom Hocker gehauen hätte, und obwohl Lucy ihm geduldig und freundlich die Regeln erklärte, schien er die Feinheiten des Spiels nicht recht zu begreifen. Aber er freundete sich augenblicklich mit den Kindern an, sie entspannten sich, wiesen ihn freimütig auf die Fehler hin, die er schon wieder gemacht hatte, und erzählten, was sie sonst so erlebt hatten, zum Beispiel, dass sie in den Urlaub wegfahren würden und dass ihre Mama gestorben war.

Eigentlich war er gekommen, um mit mir zu reden: In welcher Form sollte man am ersten Schultag Lizzies Tod in der Schule bekannt geben? Es wurde beschlossen, dass die Mädchen mit Mrs. Naumann, Jessicas alter Klassenlehrerin, zu einem »wichtigen Auftrag« aufbrachen, während vor der versammelten Schülerschaft die Nachricht verkündet wurde. Erst danach würden sie mit ihrer Lehrerin die Aula betreten. Warum wir das beschlossen, weiß ich nicht mehr, aber es zeugte von der Aufmerksamkeit der Schule.

Er erzählte ihnen – als besondere Vorpremiere –, dass Jessica einen neuen Klassenlehrer bekäme, Mr. Standish, der neu an der Schule war, und Lucy in Michelles Kindergartenklasse bleiben würde, in der Elizabeth, ihre Lieblingserzieherin, als Assistentin eingeteilt war. Ich war vor allem an Mr. Standish interessiert (Wer war er? Taugte er was? Wie würde er mit der unbeständigen Jessica umgehen?), für die Mädchen aber war es ein bedeutendes Privileg, diese Informationen zu bekommen; sie konnten es kaum erwarten, sie ihren Freundinnen mitzuteilen.

»Ob Mr. Standish streng ist?«, überlegte Jessica, nachdem ihr Schuldirektor aus der Tür war.

»Er ist ein Mann, Jessica, er muss streng sein«, gurrte Lucy und schlürfte selbstgefällig an dem Saft, den ich ihr hingestellt hatte, beruhigt in dem Wissen, dass Elizabeth die beste Erzieherin auf der ganzen weiten Welt war.

Ich machte mich wieder ans Packen und geriet wegen so ziemlich allem in Panik. Sie wissen schon, wenn man in den Urlaub aufbricht, möchte man alles sauber und ordentlich hinterlassen. Meine Hauptpanik bestand darin: Was geschieht mit den Kindern, wenn das Flugzeug abstürzt und ich umkomme? (Nun, wenn das Flugzeug abstürzte, würden sie wahrscheinlich auch sterben – aber so weit reichte mein Verstand nicht mehr.) Dazu müssen Sie meinen fragilen Geisteszustand kennen. Nach Lizzies gänzlich unerwartetem Tod fühlte ich mich verwundbar. Was einmal geschieht, reimte ich mir zusammen, kann wieder geschehen, es gibt keine Garantie dagegen. Ich musste ein Testament aufsetzen. Eine befreundete Anwältin in London, die ich anrief, sagte mir, sie mache keine Testamentssachen, ich solle mir jemanden in Oxford suchen. Da ich um fünf Uhr nachmittags an einem Freitag, der noch dazu ein Feiertag war, nicht mehr viel ausrichten konnte, setzte ich mit der Schreibmaschine auf einem DIN-A4-Blatt auf, dass im Falle meines Todes alles an die Kinder fiel und Philippa das Sorgerecht für die Kinder übernehmen solle. Dann bat ich unsere Nachbarin, es als Zeugin zu unterschreiben.

»Viele in der Straße haben nach dem Tod Ihrer Frau ihr Testament aufgesetzt.«

Und ich rief bei der Open University an: Ich hegte einen Groll gegen sie, weil die Universitätsleitung nichts von sich hatte hören lassen – dabei hatte der Vizekanzler der Presse gegenüber mitgeteilt, er habe Kontakt zur Familie aufgenommen und sein Beileid zum Ausdruck gebracht. Nun, jedenfalls nicht mir gegenüber. Lizzie hatte einen Vertrag über eine Woche Lehrtätigkeit, die sie ohne eigenes Verschulden nicht hatte ausüben können. Außerdem hatte die Universität sich bereit erklärt, ihre Reisekosten zu übernehmen. Bislang aber war nichts eingetroffen. Mir ging allmählich das Geld aus. Irgendwann hatte ich den Direktor der Summer School in der Leitung, der bizarrerweise behauptete, man habe versucht, mich zu erreichen: »Vielleicht hätten Sie es einfach mit der Telefonnummer auf Lizzies Arbeitsvertrag probieren sollen, der mir in Kopie vorliegt«, erwiderte ich ätzend. Demütig sprach er mir im Namen der Open University sein Beileid aus und sagte, er würde den Bemerkungen des Vizekanzlers nachgehen, aber er könne Lizzies ausstehendes Honorar nicht zahlen, solange das Testament nicht eröffnet sei.

»Aber es gibt kein Testament und daher auch keine Testamentseröffnung.«

»Dann brauchen wir eine Todesbescheinigung und eine Bescheinigung des Erbberechtigten.«

»Entschuldigung«, blaffte ich. »Wenn Sie eine Todesbescheinigung brauchen, dann lesen Sie einfach die Zeitung. Es ist, falls Ihnen das nicht bewusst sein sollte, passiert, als sie für Sie gearbeitet hat. Und als ihr Ehemann bin ich der Erbberechtigte.«

»Es gibt keinen Grund, die Beherrschung zu verlieren, Mr. Howe; wir brauchen die Bescheinigungen.«

Ich verlor die Beherrschung, und wir verabschiedeten uns, indem ich den Hörer aufknallte und der Katze, über die ich stolperte, einen Tritt verpasste. Er wollte sogar eine Quittung für Lizzies Zugfahrkarte. »Die ist bei der Polizei in York«, sagte ich ihm.

Ich setzte ein sorgfältiges Fax an den Vizekanzler auf, in dem ich meine Beschwerdepunkte auflistete. Bei unserer Rückkehr aus Irland waren sechs Nachrichten auf dem Anrufbeantworter, dazu waren ein Scheck und ein Brief eingetroffen, in dem er zu Kreuze kroch und die Gründung einer Stiftung der Open University auf Lizzies Namen ankündigte.

Am folgenden Morgen fuhr uns dann Lucys Pate Eoin nach Heathrow, wir flogen mit ihm nach Belfast und verbrachten eine Nacht bei unserer Freundin Aine und ihrer Familie. Es fühlte sich eigenartig an, zu dritt in den Urlaub zu fahren und ohne Lizzie nach Belfast zurückzukehren.

Am nächsten Tag führte uns Katy, Aines älteste Tochter und alt genug, um von Jessica regelrecht angebetet zu werden, zum Spielplatz um die Ecke. Als wir noch hier gewohnt hatten, war Lizzie mit den Mädchen oft zum Schaukeln hierher gegangen.

Jessica, furchtlos wie immer, kletterte auf die höchste Rutsche, Lucy folgte ihr und bekam es auf halber Höhe mit der Angst zu tun.

»Papa, ich steck fest«, rief sie. Eigentlich war vorgesehen, dass ich sie unten am Ende der Rutsche mit ausgestreckten Armen empfangen sollte, jetzt aber war klar, dass ich mit Lucy runterrutschen musste. Während Jessica in die Arme von Katy sauste, rief ich:

»In Oxford würde sogar bei einer nur halb so hohen Rutsche unten eine Gummimatte liegen, kein Beton. Was ist, wenn Jessica runterfällt?«

»Belfast ist eine harte Stadt«, erwiderte darauf die Zehnjährige.

Nach dem Mittagessen wollten wir uns auf den Weg zu

Clive machen. Ich überlegte mir die Strecke und bat Lucy, zur Haustür zu gehen und auf den Wagen aufzupassen, weil ich ihn nicht abgesperrt hatte. Sie öffnete die Tür, da rief sie auch schon:

»Papa, Hilfe!«

Ich stürzte zur ihr. Am Ende des Gartenwegs stand ein britischer Soldat, der sein Gewehr auf die Haustür und damit auf die arme Lucy gerichtet hatte.

»Nur eine Patrouille! Einen schönen Tag noch!«

»Ebenso!« Ich brachte Lucy, die sich in meine Arme geflüchtet hatte, sogar dazu, ihm hinterzuwinken.

Als Aine unseren voll bepackten Wagen musterte, meinte sie: »Wäre es euch nicht lieber, die Woche über hierzubleiben? Ich koche, wir können miteinander plaudern, ihr könnt Tagesausflüge unternehmen, und wir verwöhnen euch nach Strich und Faden.«

»Und was ist mit Clive?«

»Der wird sauer sein. Aber er kann auf sich selbst aufpassen. Vergiss Clive.«

Fast hätte ich die Kinder wieder aus dem Wagen gejagt, aber dann brachen wir doch nach Westen auf. Und es wurde ein richtiges Abenteuer.

Der Wagen, den wir uns von Freunden ausgeliehen hatten, besaß ein Schiebedach. Da wir noch nie einen Wagen mit Schiebedach gehabt hatten, bettelten die Mädchen, es zu öffnen. Gut. Dann begann es zu regnen (schließlich befanden wir uns in Nordirland), und ich brachte es nicht mehr zu.

Ich hielt an, konnte trotzdem nicht herausfinden, wie es sich schließen ließ, worauf wir uns Regenumhänge überwarfen und weiterfuhren, als würden wir in einem oben offenen Doppeldeckerbus sitzen.

Einige Kilometer weiter eine Stimme von hinten: »Papa, ich muss Pipi.«

»Okay, Liebes, wir halten an, wenn ich was finde.«

Kilometerweit keine Toilette.

»Papa, ich muss wirklich Pipi.«

»Ich auch, Papa. Und ich hab Durst«, fiel Jessica mit ein.

Das war eine neue Erfahrung – nicht, dass sie Pipi mussten, sondern dass wir zu dritt im Wagen saßen und es keine Lizzie gab, die sich nach hinten beugen und sich um ihre Bedürfnisse kümmern konnte. Schließlich gewöhnte ich mich daran, dass der Beifahrersitz zur Ablage von Saftkartons und Müsliriegeln und Taschentüchern und Straßenkarten und weiß der Himmel noch allem wurde …

»Papa, ich muss ganz dringend Pipi.«

Endlich fanden wir einen Rastplatz mit Toilette, wo sich ein neues Problem auftat: Lucy brauchte Hilfe – sie war erst vier, war noch nicht so lange den Windeln entwachsen und noch nie allein auf einer öffentlichen Toilette gewesen. Nie und nimmer würde ich sie auf eine Herrentoilette mitnehmen, und nie und nimmer würde ich zu den Damen gehen. Was also tun?

Nun, in diesem Fall scheuchte ich sie einfach in die Damentoilette und wartete davor wie ein aufgeregter Vater bei der Geburt seines ersten Kindes. Natürlich nahm sich Jessica der Sache an, und mehrere Ewigkeiten später tauchten sie putzmunter wieder auf. Lucy trug nur einen Schuh.

»Lucy hat in der Toilette eine Socke verloren, wir haben sie aus der Schüssel fischen müssen, aber eine nette Dame hat uns geholfen, sie unter dem Händetrockner zu trocknen. Sie ist immer noch etwas feucht.«

»Ich Dummerchen.« Lucy grinste mich nur an.

Ich fragte nicht, warum sie Schuhe und Socken ausziehen musste, wenn sie auf die Toilette wollte. Manche Dinge will man lieber nicht wissen.

Gegen Mittag am darauf folgenden Tag trafen wir in Donegal bei Clive und dem kleinen Joe ein. Vom Cottage aus konnte man das Meer überblicken, grau wie der Himmel, aus dem, typisch für Westirland, feiner atlantischer Nieselregen niederging. Joe hatte Clive die ganze Nacht wachgehalten, aber hallo, als Erstes ging's zum Strand. Wenn zwei Männer, ein Kleinkind und zwei kleine Mädchen zusammen sind, kann man nicht erwarten, dass man irgendetwas Vernünftiges tut, wie zum Beispiel die Sachen auspacken. Das Mittagessen fand spät statt und bestand vor allem aus Keksen, dazu ein paar M&M-Packungen, damit Leben in die Bude kam, dann gingen wir einkaufen. Drachen und Puzzles. Ach ja, und eingeschweißten Schinken, eine Dose Bohnen, Knäckebrot und Nutella (strikt verboten bei ihrer Mama – aber von jetzt an in den Ferien das Erste, was seinen Weg in den Einkaufswagen fand) und natürlich eine Flasche Paddy's.

Trotz des Wetters war unser Aufenthalt ein voller Erfolg – hauptsächlich wegen Jessica und Lucy, die sich kaum einkriegten, wenn sie Joe bemuttern durften. Sie fütterten ihn (»Clive, können wir Joe heute Abend füttern?« – »Aber gern.«), wechselten ihm die Windeln (»Clive, ich glaube, Joe hat Kacka gemacht. Sollen wir ihm die Windeln wechseln?« – »Aber gern.«), sie bespaßten ihn und sangen ihm Schlaflieder, während Clive und ich über unserem Riesenpuzzle der Welt saßen. Eine brillante Aufgabenverteilung.

Hin und wieder unternahmen wir Ausflüge.

Wir suchten bei Ebbe die Tümpel zwischen den Felsen ab, ließen die Drachen steigen, sprangen über kalte atlantische Brecher, die unsere Sandburg überfluteten, begaben uns auf Eis-Exkursionen, solche Sachen eben. Meine Mädchen, stellte ich fest, waren gute Reisegefährten, auch wenn sie nicht unbedingt von Neugier getrieben wurden.

Als ich klein war, mussten wir drei Kinder uns bei Autofahrten immer abwechseln, wer am Fenster sitzen durfte, und wenn ich an der Reihe war, konnte ich nie genug kriegen von der am Fenster vorbeiziehenden Landschaft. Meine beiden hörten nur ihre Musik, jede mit ihrem eigenen Kopfhörer, oder sie lasen – was ich nie gekonnt hätte, mir wäre dabei schlecht geworden. Einige Jahre darauf fuhren wir durch Frankreich, es war der Tag nach dem Erscheinen des jüngsten Harry-Potter-Bandes (vor Harry Potter hatte Lucy nichts als *Beano-Kindercomics* und Versandhauskataloge gelesen. Dank J. K. Rowling wurde aus Lucy eine Leserin!), und während wir durch die öde Landschaft der Champagne gondelten, rief ich irgendwann nach hinten: »Alles in Ordnung?« – »Schhh, Papa«, flüsterte Jessica. »Lucy heult. Ich glaube, Dumbledore ist gerade gestorben.«

Meine beiden haben nie einen Blick aus dem Fenster geworfen, sie interessierten sich nicht für die Welt, die vorbeihuschte, und manchmal noch nicht einmal für den Ort, an dem wir ankamen.

»Schaut, meine Lieben«, sagte ich, nachdem ich den Wagen oben auf einem Pass in Donegal angehalten hatte, von dem man über eine geschwungene Sandbucht zu den Inseln am Horizont blicken konnte. »Was für eine Aussicht, ist das nicht schön?«

»Ich kann es nicht sehen, Papa.«

»Warum nicht, Lucy?«

»Ich hab meine Augen zu«, sagte sie.

An einem Spätnachmittag machte ich mich mit den Mädchen allein auf den Weg, und ich manövrierte uns mit dem Wagen in einem Hafen auf eine schmale Pier. Ich musste den Wagen wenden, was knifflig war, da es zu beiden Seiten senkrecht ins Wasser runterging.

»Wenn ich nicht aufpasse, landen wir im Meer, und wir müssen nach Hause schwimmen«, lachte ich nervös.

»Gut«, sagte Lucy. »Dann ertrinken wir alle, und wir kommen zu Mama in den Himmel.«

Sie meinte es ernst.

Der Höhe-/Tiefpunkt unserer Ferien war wahrscheinlich, als wir für die Abreise packten. Wir Howes hatten alle Zeit der Welt, nur Clive musste seinen Flieger erwischen und war in Eile. Wir räumten das Chaos auf, das wir im Haus angerichtet hatten (putzten zum ersten Mal seit einer Woche, Sie kennen das), als Clive, der ein wenig zu schwungvoll mit dem Kaltwasserhahn hantierte, ihn abdrehte. Das Wasser sprudelte in einem beeindruckenden Bogen auf den Küchenfußboden.

Wie es eben so ist, gerieten wir in Panik. Clive versuchte den Boden aufzuwischen (der ein wenig sandig war und sowieso hätte geputzt werden müssen), während ich überall und erfolglos nach dem Absperrhahn suchte. Dann wechselten wir uns ab. Auch Clive hatte kein Glück mit dem Wasserhahn. Wir kratzten uns am Kopf.

»Ahhh, schau, Lucy, wir haben einen Springbrunnen in der Küche!«, kreischte Jessica.

»Papa, warum drehst du das Wasser nicht ab?«

»Nicht jetzt, Lucy. Geh spielen. Sei ein braves Mädchen.«

»Wir wollten nur wissen, wo wir unsere Schmutzwäsche hinpacken sollen.«

»Stopft sie in die grüne Tasche.«

»Die ist voll.«

»Dann macht sie noch voller.«

»Papa, das Wasser fließt in den Wohnzimmerteppich.«

»Verfluchte Scheiße!«

»Sollen wir beim Aufwischen helfen?«

»Gute Idee.«

Und während die Mädchen aufwischten, beschlossen Clive und ich, dass wir einen Klempner brauchten. Aber woher nehmen? Wir waren mitten im Nirgendwo, um uns herum ein halbes Dutzend leer stehende Ferien-Cottages, dann kilometerweit wieder nichts. Der nächste Klempner fand sich wahrscheinlich in Boston, Massachusetts.

»Ich ruf einen an.« Clive, der alte Angeber, hatte natürlich ein Handy. Das einzige Problem war – es gab keinen Empfang. Irland hatte es damals noch nicht so mit den Handys.

»Hör zu, ich fahr so lange, bis ich eine Telefonzelle finde, mal sehen, vielleicht kann ich einen Klempner auftreiben.«

»Ich glaube, ich hab eine an der Kreuzung gesehen.«

»Wo?«

»Äh ... so acht Kilometer von hier.«

Ich öffnete gerade die Wagentür, als ein älterer Mann mit einer Tweed-Mütze, aus dem Nichts kommend, unterwegs ins Nichts, vorbeiradelte.

»Was für ein schöner Tag!«, rief er. Es regnete.

»Hallo! Sie können uns nicht zufällig helfen? Aus dem Wasserhahn in der Küche spritzt Wasser, wir brauchen einen Klempner. Sie wissen nicht, wo wir einen finden?«

»In welchem Haus?«

»Dort drüben.« Ich deutete auf das Haus, das drinnen mittlerweile wohl eher einem Aquarium als einem Cottage glich.

»Ach, das Haus hab ich selbst gebaut. Ich mach das schon, kein Problem. Überhaupt kein Problem.«

Es gab also einen Gott.

Wir betraten das Haus, in dem Jessica und Lucy wie wild aufwischten und Clive mit einem schreienden Kleinkind beschäftigt war.

»Na, da haben Sie aber eine schöne Sauerei. Mal sehen, ob sich was machen lässt.«

Es ließ sich etwas machen. Er brauchte keine zwei Minuten dafür. Wir boten ihm Geld an.

»Fällt mir ja im Traum nicht ein.«

Wir boten ihm die Whiskeyflasche an, die wir nur zur Hälfte geschafft hatten.

»Ah, herzlichen Dank auch.« Er steckte sie in seine Jackentasche, klemmte die Fahrrad-Clips an und radelte davon.

Als wir nach Belfast zurückkamen, sagte Aine, sie habe jeden Abend für uns ein Essen vorbereitet, weil sie uns früher zurückerwartet habe. So viel zu ihrem Vertrauen in unsere Hausmann-Fähigkeiten.

Ich hatte meinen ersten Urlaub überlebt! Ich war mit allem zurechtgekommen und hatte meinen Spaß gehabt. Clive sagte sogar, es wäre nicht so übel geworden, wie er befürchtet hatte. Erst da wurde mir bewusst, welch unglaublich heroische Tat er vollbracht hatte – er hatte sich bereit erklärt, eine Woche mit dem unglücklichsten Menschen im Universum zu verbringen. In den folgenden zehn Jahren luden Clive und seine Frau Elaine uns jedes Jahr zum Urlaub ein – Dingle an Neujahr (wir hatten bei unserer Ankunft einen

Stromausfall, die Mädchen und Joe nahmen gemeinsam ein lauwarmes Bad bei Kerzenschein), Frankreich, Italien, Spanien, Blackpool. Sie arrangierten alles, wir mussten nur auftauchen. Es war das beste Geschenk, das uns jemand machen konnte.

Kapitel 12

Als ich bei der Rückkehr aus Donegal den Schlüssel in der Haustür umdrehte, erfasste mich ein schweres Gefühl. Wir traten wieder in die Wirklichkeit ein, in ein leeres, stilles Haus, zu unbezahlten Rechnungen, ungeöffneter Post, dem alltäglichen Kampf ums Weitermachen, der Katze und der Kinderbetreuung. Es war der Anfang unseres neuen Lebens, und es würde nicht einfach werden. Ich hatte Angst, wir würden untergehen und versinken – falls ich nichts dagegen unternahm.

Nachdem wir wieder da und die Schulferien fast vorbei waren, änderte sich alles dramatisch. Wir waren der Vorhölle entronnen, der Weg aber, der vor uns lag, war unsicher, und nur Gott allein wusste, wohin er uns führen würde.

Am letzten Ferientag fing Linda bei uns an. Zum Abendessen gingen wir alle in ein American Diner. Ein Familienausflug ohne Lizzie fühlte sich seltsam an, aber für die Bedienung müssen wir den Eindruck einer ganz normalen Familie gemacht haben, was mich eher freute.

Dann begann das neue Schuljahr.

Hand in Hand durchquerten wir den Park, andere Mütter mit ihren Kindern im Schlepp winkten uns zu. In der Luft lag diese Schulanfangsatmosphäre. Wir winkten zurück, aber ich war angespannt. Gelegentlich hatte ich auch früher die Mädchen zur Schule gebracht, aber das war immer eine Ausnahme gewesen, ein schneller Kuss auf die Wange am Schultor, und schon war ich wieder verschwunden. Jetzt musste ich selbst durch das Tor. Ich kam mir vor, als wäre es wieder *mein* erster Schultag nach den Ferien. Ich wusste nicht, was zu tun war, wo ich die Mädchen abliefern, wo ich Lucys nagelneue Jacke aufhängen sollte. Ich war nur eine ehrenamtliche Mutter, ich kannte die anderen richtigen Mütter kaum. Wann konnte ich wieder fort und nach Hause? Ich hatte nicht die geringste Ahnung, was von mir erwartet wurde. Es war alles neu für mich.

Ich stand am Schultor, an jeder Hand ein Mädchen. Es herrschte geschäftiges Treiben, aber niemand kam auf uns zu, um mit uns zu reden, weder Mütter noch Kinder. Als wäre ein unsichtbarer Kreidekreis um uns gezogen, eine geheime Barriere, die uns vom Rest der Welt trennte. Wir sahen aus wie alle anderen, atmeten die gleiche Luft, gingen die gleichen Wege, aber der äußere Schein trog: Wir waren wie Besucher von einem fernen Planeten, einem Planeten des Schmerzes, und tief in seinem Inneren wusste es jeder auf dem Schulhof. Es hätte übermenschliche Kraft gekostet, uns die Hand hinzustrecken – niemand wollte zu diesem schrecklichen, verwüsteten Ort, von dem wir kamen, weil wir möglicherweise ansteckend waren. Nur die ganz Heldenhaften – oder Mitbetroffenen – näherten sich vielleicht.

Aber Jessica wusste, was zu tun war. Sie übernahm die Führung, zeigte mir, wo die Jacken aufzuhängen waren, und wies mich auf dem Weg zur ihrer Klasse auf Lucys Klassenzimmer hin. Wir gingen an Mr. Standish vorbei, der jung, groß, frisch und unverbraucht war und von flirtenden Sechsjährigen und ihren ebenso flirtenden Müttern belagert wurde. Jessica, geschäftig ihre Tasche auspackend, sagte:

»Du kannst jetzt gehen, Papa«, womit sie mir zu verstehen gab: Okay, du hast getan, was alle Mütter tun, wunderbar. Zum anderen sagte sie mir damit aber auch: Jetzt ist es aber genug, Papa, verzieh dich. Als ich mich mit Lucy vom Acker machte, ergab sich ein Blickkontakt mit Mr. Standish. Er lächelte mir zu, und plötzlich kam ich mir nicht mehr wie ein Eindringling vor. Dieser fremde Ort, an dem es von unbekannten Kindern nur so wimmelte, fühlte sich sofort ein wenig menschlicher an.

Zwischen herumtollenden Jungen brachte ich Lucy in den Kindergarten. Ich wusste, sie kannte Michelle, und Elizabeth war für sie sowieso die beste Erzieherin der Welt, aber weder kannte ich die beiden Frauen, noch war ich mir sicher, ob ich sie überhaupt erkennen würde. Aber natürlich kannten die Erzieherinnen mich, denn wir waren leider Berühmtheiten. Sobald wir den Raum betreten hatten, kamen sie angerauscht und umringten Lucy. Ich war beruhigt, dass sie sich in guten Händen befand.

Einerseits wollte ich am liebsten wieder verschwinden und nach Hause, andererseits hätte ich auch nichts dagegen gehabt, noch ein wenig herumzutrödeln, mich vielleicht mit jemandem freundlich zu unterhalten, aber alle Mütter schienen überaus beschäftigt und gewisse zweckvolle Dinge zu verfolgen, von denen ich keine Ahnung hatte. Durch den Park ging ich nach Hause und überlegte, womit um alles in der Welt ich meinen Tag bis drei Uhr nachmittags füllen sollte. Was machten Mütter den ganzen Tag? Ohne die Mädchen war ich nichts. Im zarten Alter von vier und sechs Jahren weckten die beiden in mir das Leere-Nest-Syndrom.

Es stellte sich heraus, dass Jessica Mr. Standish liebte. Sie fand ihn zum Schießen und war ganz aus dem Häuschen, als er eines Tages nicht erschien und »Mr. Standishs Bruder uns unterrichtet hat, der war wirklich witzig« (die beiden waren sich so ähnlich, dass ich vermutete, es gab überhaupt keinen Bruder, das alles war nur ein Scherz). Sie fand sich also schnell wieder in der Schule ein. Zu Hilfe kam ihr, dass ihr jemand erzählte, ihre Mutter habe am letzten Schultag vor den Ferien Mr. Standish kennengelernt und ihn sehr nett gefunden. Mit dem Segen ihrer Mutter – ich habe keine Ahnung, ob diese Geschichte stimmte oder nicht – war Jessica restlos überzeugt von allem, was Mr. Standish tat. Am Elternabend zum Ende des Trimesters erzählte er mir, dass Jessica zu den normalsten, ausgeglichensten Schülern in der Klasse gehöre, ein helles Köpfchen und lernbegierig. Mit beschwingtem Schritt verließ ich sein Zimmer.

Dann suchte ich Michelle auf. Sie erzählte eine andere Geschichte.

»Mr. Howe, ich kann Ihnen nur sagen, dass Lucy eben so durchgerutscht ist. Sagen wir mal so, sie tritt auf der Stelle.«

»Aha. Was soll das heißen, sie tritt auf der Stelle?«

»Na ja, Mr. Howe, die meiste Zeit sitzt sie nur auf Elizabeths Schoß. Sie spielt nicht mit den anderen Kindern, sie beteiligt sich nirgends. Sie will nur geknuddelt werden. Ich würde sagen, sie macht einen depressiven Eindruck.«

Ich war todunglücklich und wütend. Meine arme Lucy. Wie konnte ich ihr helfen?

Es fiel mir immer leicht, Jessica zu verstehen. Trotz aller Launenhaftigkeit und ihrer Wutanfälle äußerte sie sich immer klar zu allem und war in ihrem Verhalten sehr gut durchschaubar. Eines Tages ging ich mit ihnen am Treidelpfad spazieren, Jessica hielt sich an meiner Hand fest und quasselte unaufhörlich, während Lucy still auf meiner Schulter saß und sich mit den Händen an meinem Kopf festhielt. Wir sprachen über Mama.

»Stört es euch, wenn wir über Mama reden?«

»Nein, Papa«, sagte Lucy.

»Nein. Ich rede gern über Mama. Sie war was Besonderes«, kam es von Jessica, die weiter über Sesamplätzchen und Scones plapperte, Mamas Lieblingsgebäck.

Wir sprachen viel über Mama, fast immer so, als wäre sie noch unter uns. Wir sprachen darüber, wie nett, was für eine gute Mutter sie war, wie ärgerlich sie wurde, wenn die Mädchen sich nicht gut benahmen. »Mama ist manchmal sehr laut geworden, oder, Papa?« (Untertreibung!) »Mama hat es nicht gemocht, wenn man unordentlich war, oder, Papa? Dir ist das nicht so wichtig wie ihr, nicht wahr, Papa?« (Mein Gott, sogar den Mädchen fiel auf, zu welcher Müllhalde unser Haus verkommen war.) »Mama war keine so gute Autofahrerin, oder, Papa?« – »Nein, sie hasste das Autofahren.« – »Aber sie hat ihren Führerschein beim ersten Mal bekommen, nicht so wie du, oder, Papa?« Ich wollte nie, dass sie zu einer vergötterten Mutterfigur wurde. Ich wollte, dass sie in ihr immer eine reale Person sahen.

»Ich rede gern über Mama, aber wenn wir über sie reden, wirst du immer so traurig und weinst, und das mag ich nicht so gern. So wie jetzt auch wieder.«

Jessica hatte recht. Ich spürte, wie mir die Tränen in den Augen standen, sie waren so was wie eine Schmerzbarriere, die ich durchstoßen musste, also kämpfte ich mich weiter, weinte und redete. Ich spürte, wie Lucy mir die Haare streichelte. Jessica hielt sich fester an meine Hand. Sie hatte sich daran gewöhnt, dass ihr Papa weinte, aber ich glaube, es spielte keine Rolle – wenn ihr Papa das Recht hatte zu weinen, hatten sie beide es auch.

Es war ersichtlich, dass Jessica auf ihre praktische Art mit dem Leben weitermachte. Manchmal versuchte sie die Mama im Haus zu sein: »Ich hab hinter dir die Lichter ausgemacht, weil wir doch nicht so viel Strom verschwenden sollen, Papa. Wenn die Stromrechnung kommt, wirst du immer so wütend.« – »Papa, ich glaube, Lucy hat bald keine sauberen Unterhosen mehr.« – »Papa, hast du die Zahnbürsten eingepackt? Die hast du das letzte Mal vergessen.« Trotz allem war ich wirklich bemüht, ihr die Kindheit zu bewahren – alles andere wäre einfach nicht gerecht gewesen. Ich wollte nicht, dass sie zu schnell erwachsen wurde, aber sie war immer auf der Hut. Vor gar nicht so langer Zeit erst fragte sie mich, warum ich glaube, dass Lucy im Auto immer hinter mir gesessen hatte und sie auf der anderen Seite – und sie in den Ferien im Ausland, wenn wir einen linksgesteuerten Wagen mieteten, die Plätze tauschten.

»Ähm …«

»Ich hab mir immer Sorgen gemacht, dass du zu schnell fährst und von der Polizei verhaftet wirst, deswegen wollte ich immer den Tacho im Auge behalten. Und wenn du zu schnell gefahren bist, hab ich so was gesagt wie ›Papa, ich glaube, mir ist schlecht, könntest du vielleicht ein bisschen langsamer fahren?‹ Aber ich habe immer ganz lange gewartet, bis ich dich das gefragt habe.«

»Warum?«

»Weil ich nicht wollte, dass du wütend wirst.«

Und sie hatte schreckliche Stimmungsschwankungen.

»Papa, ich weiß nicht, was ich machen soll.« So lautete stets das Vorspiel zu einem Wutanfall. Einmal stand ich mit

Maddie, zu der wir danach zum Essen wollten, am Spielplatz und sah meinen und ihren beiden Mädchen beim Spielen zu, als Jessica sich plötzlich schrecklich aufführte, mich anschrie und mir abscheuliche Ausdrücke an den Kopf warf. Ich versuchte sie zu beruhigen, vergebens. Ich schnauzte sie an, was ebenso wenig nützte, bis ich sie einfach mit der Warnung fortjagte, wenn sie sich nicht zusammenriss, würden wir auf der Stelle nach Hause fahren. »Das ist nicht fair!«, schrie sie, stürmte trotzig davon und stand dann völlig belämmert auf dem Spielplatz herum.

»Was ist bloß mit Jessica los?«

»Weiß der Himmel.«

»Sie ist ja richtig unbeherrscht.«

»Ja, und ich habe keine Ahnung, warum. Ich weiß nicht, ob es nur ein normaler Wutanfall ist oder ob es mit ihrer Mutter zu tun hat. So oder so, ich bin völlig ratlos, ich weiß nicht, wie ich damit umgehen soll – soll ich sie anschreien oder in den Arm nehmen oder beides?«

Auf der Heimfahrt auf dem Motorway (d.h. ich war nicht unbedingt in der Lage, ihr Widerstand zu bieten), während Lucy wie ein Stein schlief, beruhigte sich Jessica etwas, war aber immer noch reizbar, und als ich mich weigerte, ihr etwas Süßes zu geben, sagte sie sehr, sehr leise: »Mir wäre es lieber, wenn du gestorben wärst und nicht Mama.«

Es folgte eine sehr lange Pause, in der ich überlegte, wie ich reagieren sollte. Dann sagte ich ganz ruhig und freundlich: »Es ist nicht sehr nett, so etwas zu sagen, Liebes.« Damit ließ ich sie schmoren.

Zu Hause angekommen, umarmte sie mich heftig und sagte: »Tut mir leid, Papa, dass ich so eklig war. Ich weiß nicht, warum ich so schrecklich bin. Ich liebe dich, Papa.« Sie verstand es hervorragend, sich mit einem zu versöhnen, aber, Junge, Junge, wurde sie manchmal vom Teufel geritten.

Genauso gut hatte sie es verstanden, Lizzie auf die Palme zu bringen, sie beherrschte die Klaviatur perfekt. Sie besaß das feurige serbische Temperament ihrer Mutter und wusste, wie sie ihre kleine Schwester zur Weißglut treiben konnte. Die übliche Strafe dafür bestand darin, sie aus dem Haus zu sperren, bis sie sich beruhigt hatte. Einmal waren einige Freundinnen zum Spielen da, und als sie wieder damit anfing, packte Lizzie sie nach einigen Ermahnungen kurzerhand an Kragen und Hosenboden, expedierte sie in den Garten und sperrte die Tür hinter sich zu. »Dieses verfluchte Kind.«

Sekunden darauf erschien die damals vierjährige Jessica am Wohnzimmerfenster, musste sich dazu auf die Zehenspitzen stellen und brüllte: »Mama, das ist lächerlich.«

An einem Sonntagabend, kurz vor der Schlafenszeit, hatte sie erneut einen ihrer Anfälle und benahm sich Lucy gegenüber ganz fürchterlich. Ich brüllte sie an und brachte sie ohne die übliche Gutenachtgeschichte ins Bett, was ihr klarmachen sollte, wie sauer ich auf sie war. Wie vorherzusehen, konnte sie nicht einschlafen. Schließlich holte ich sie aus dem Schlafzimmer und führte mit ihr im Flur ein »Erwachsenengespräch«.

»Jessica, was ist los?«

Sie dachte kurz darüber nach.

»Papa, weißt du noch, als Maka letzte Woche da war?«

»Ja.«

»Sie hat uns eine Smartiesrolle geschenkt.«

»Ja.«

»Die hast du zwischen Lucy und mir aufgeteilt.«

»Ja.«

»Und Lucy hat das übrige Smartie bekommen. Da hast du versprochen, dass bei den nächsten Smarties ich das übrige bekomme. Aber gestern hast du das übrige gegessen.«

Soll man darüber lachen oder weinen? Nun, ich lachte. Jessica hatte – und hat – diese wunderbare Klarheit, und insgeheim glaube ich, dass ich damit umgehen konnte, wahrscheinlich sogar besser als Lizzie.

Aber Lucy?

Es bekümmert mich bis heute, dass ich es niemals schaffte, mit ihr auf einer Wellenlänge zu sein. Selbst jetzt noch stoße ich sehr schnell gegen eine leere Wand, wenn ich mir vorzustellen versuche, wie es sein muss, wenn man im Alter von vier Jahren seine Mutter verliert.

Wenn ich an Lucy denke, wie sie vor Lizzies Tod war, dann sehe ich immer ein kleines Mädchen vor mir, das auf dem Schoß seiner Mutter saß und damit sehr zufrieden war. Manchmal kletterte sie herunter und ging auf kleine Expeditionen, aber sie wusste immer, dass sie zurückkehren konnte. Und zurückgekehrt war sie immer. Auf den Schoß ihrer Mutter. Sie sprach nicht viel, verlor selten die Fassung, war leicht zum Lachen zu bringen und ließ sich noch lieber knuddeln. Jessica war störrisch und fordernd, Lucy war niedlich und ruhte in sich selbst.

Jessica hatte unzählige Kuscheltiere, die meisten davon waren nach Lebensmitteln benannt (zu Berühmtheit in der Familie hatten es ihr allgegenwärtiger Gibbon namens Bananenpudding gebracht sowie Erdbeere, eine riesige Kuschelerdbeere) oder nach Farben (Roter Teddy, Blaue Ente). Lucy hatte nur zwei, die sie wirklich mochte, und beide hießen Dennis.

»Wenn du Kinder hättest, wie würdest du sie dann nennen, Lucy?«

»Dennis, ist doch klar. Ich mag Dennis.«

»Und wenn es ein Mädchen ist … Denise?«

»Das ist ja blöd. Das ist doch ein ganz schrecklicher Name.«

Unterhielten wir uns darüber, wo Mama jetzt war, sagte Jessica, Mama sei im Himmel und sonne sich auf einem Liegestuhl, esse Feigen und trinke brühheißen Kaffee und lese einen Krimi. Lucy erzählte mir nie, was sie sich vorstellte. Die einzige Möglichkeit, sich zu artikulieren, schien für sie im Schweigen zu bestehen.

Jahre später machte ich eine Dokumentation für Radio 4, bei der ich eine ganze Reihe von Kindern, unter ihnen Jessica und Lucy, darüber befragte, wie es für sie war, einen Elternteil zu verlieren. Die Interviews waren außergewöhnlich ehrlich. Lucy erzählte mir, sie sei damals gern auf den Dachboden in Makas und Dedas Haus gestiegen und habe sich Mamas Hochzeitskleid angesehen und gedacht, sie würde es vielleicht bei ihrer eigenen Hochzeit tragen. Die Produktion allerdings warf für mich kein neues, erhellendes Licht auf die Frage, wie Lucy oder andere Vierjährige mit einem solchen traumatischen Verlust umgehen. Auch danach fiel mir zu diesem Thema nicht mehr ein, als dass man sich daran gewöhnt und zulässt, dass es zu etwas Normalem wird. Man nimmt einfach jeden Tag so, wie er kommt – so wie wir das alle machen; man versucht eben, irgendwie damit zurechtzukommen. Aber Tag für Tag bekam ich mit, wie schwer ihr das fiel. Das Ausmaß ihres Verlustes war so unvorstellbar für sie.

Einige Jahre später freundete sie sich mit Bea an, deren Mutter kurz zuvor an Krebs gestorben war.

»Papa, ich weiß nicht, was besser ist, wenn die eigene Mama langsam stirbt wie Beas Mama oder schnell wie unsere Mama.«

»Das weiß ich auch nicht, Liebes.«

»Ich glaube, es ist besser, wie unsere Mama gestorben ist.«

Ich bin mir nicht sicher, ob ich zustimmen kann, aber natürlich bleiben im zweiten Fall die glücklichen Erinnerungen einer voll funktionierenden Mutter, nicht einer kranken, langsam vor sich hinsiechenden. Lucy kannte nichts anderes, sie konnte es verstehen und damit auch mit ihrem Verlust umgehen.

Wenn ich ihr wirklich helfen wollte, blieb mir nur, ihr der beste Vater zu sein, den ich ihr bieten konnte – indem ich ihr das Leben so normal wie möglich gestaltete und sie knuddelte, immer wieder, unaufhörlich. Indem ich sie wissen ließ, dass ich immer für sie da war.

Zwei Ereignisse in der Schule sind bei mir hängengeblieben.

Das erste: Jeden Morgen, an dem ich Lucy zur Schule brachte, suchte sie sich im Unterrichtsraum des Kindergartens ein Buch heraus, das ich ihr vorlesen sollte. Meistens das gleiche – entweder *Topsy und Tim* oder Janet und Allan Ahlbergs *Baby sucht Mama*. Ich las vor, während sie die Bilder betrachtete, aber abgesehen davon interessierte sie sich weder für Bücher noch fürs Lesen. Im darauffolgenden Jahr kam sie dann in die »große« Schule (der Übergang war einfach – sie ging von einem Schulhof zum nächsten), hatte ein neues Klassenzimmer und neue Bücher, aus denen sie auswählen konnte.

»Soll ich für dich ein Buch aussuchen, Lucy?«

»Nein, das mache ich selbst.«

Ich ließ mich nieder und wollte ihr vorlesen.

»Nein, ich lese dir vor.«

»Ähm, aber, Lucy, du kannst doch gar nicht lesen.«

»Kann ich schon, ich bin jetzt in der großen Schule.«

Und Wort für Wort las sie mir das Buch vor. Das war typisch für Lucy – so lange den Eindruck erwecken, als könnte sie gar nichts, bis sie es sich selbst angeeignet hatte. Und erst dann ließ sie alle Welt davon erfahren. Mich haute es fast aus den Socken.

Jessica erzählte mir Jahre später vom zweiten Ereignis.

In der Pause lief Lucy mit ihrem verkehrt herum angezogenen Anorak über den Schulhof, sodass die Kapuze wie ein Beutel vor ihrem Kinn hing, und ihre Freundinnen legten Chips und Süßigkeiten für sie hinein.

»Du gibst uns ja nie Geld für Chips, Papa, und die anderen haben eben Mitleid mit mir.«

Vielleicht machte sie den Eindruck, als würde sie auf der Stelle treten, dabei hatte sie uns die ganze Zeit nur an der Nase herumgeführt. Trotzdem, Michelles Bild von meiner kleinen Lucy, die, an Elizabeth geklammert, nur herumsaß, alles beobachtete und vor sich hin brütete, während um sie herum alle am Spielen waren, brach mir das Herz.

Kapitel 13

Mit dem Beginn des neuen Schuljahrs tastete ich mich nach zweimonatiger Auszeit langsam wieder in meine Arbeit hinein. Trotz des Mitgefühls, das mir alle entgegenbrachten, war es für mich eine fremde Welt, in die ich nicht mehr recht passen wollte. Es dauerte fast ein Jahr, bis ich das Gefühl loswurde, ich würde die Arbeit eines anderen machen. Es fehlte mir an Motivation, was mich beunruhigte, weil die Arbeit zu den Dingen in meinem Leben gehörte, die ich ziemlich gut konnte. Im Grunde führte ich jetzt zwei Leben. Der Jeremy zu Hause war ein ganz anderer als der Jeremy in der Arbeit.

Zu den ersten Dingen, die ich nach meiner Rückkehr zur BBC tat, gehörte, dass ich Lizzie einen Gefallen erwies. Ich hatte ihr halbherzig versprochen, dass ich versuchen würde, sie in der *Woman's Hour* unterzubringen, damit sie über ihr Buch sprechen konnte. Ich hasste es, meine Beziehungen spielen zu lassen, weshalb ich von Anfang an die Sache sehr lustlos anging. Außerdem glaubte ich, dass kein Interesse an dem Buch vorhanden sei und Lizzie mit ihrem Stottern eine schreckliche Interviewpartnerin abgeben würde. Aber ich schrieb eine E-Mail an Jenni Murray, die Moderatorin der Sendung, ohne eine Antwort zu erwarten. Sie erwiderte prompt, das Buch stehe sowieso auf der Liste der Titel, die sie vorstellen wollte, allerdings habe sie die Autorin weder mit Lizzie noch Lizzie mit mir in Verbindung gebracht. Jedenfalls sei sie sehr daran interessiert, mich in der Sendung zu haben. Sie fragte mich, ob das Interview aufgezeichnet oder live gesendet werden sollte. Sie würde eine Aufzeichnung vorziehen. Gott sei Dank. Ich war so nervös, dass ich auf ihre Frage, »Jeremy Howe, wie heißen Sie?«, eine falsche Antwort gegeben hätte. Letztlich lief aber alles ganz gut.

Die Arbeit konnte ich nur wieder aufnehmen, weil wir ein Kindermädchen hatten. Meinen hohen Erwartungen wurde Linda natürlich nie gerecht. Laut ihren Zeugnissen war sie ganz gut, in Wirklichkeit aber nutzlos. Sie war einfach die falsche Wahl. Meine Erwartungen an eine Zwanzigjährige, die mit unserer Situation konfrontiert wurde, waren wahrscheinlich gänzlich unrealistisch. Oft konnte sie nicht kommen, weil sie andere Verpflichtungen hatte, sie litt unter Depressionen, es fehlte ihr an Energie, sie trug falsche Fingernägel (was Jessica maßlos beeindruckte), und manchmal tauchte sie einfach nicht auf, sodass Catherine oder andere Freunde für sie einspringen mussten. Aber sie war nett und sehr freundlich zu den Mädchen, die, wenn sie da war, gar nicht von ihr lassen wollten. Leider war sie meistens nicht da. Wenigstens kam sie mich daher billig – was sie auch war.

Wir hatten eine Süßigkeitendose. Ständig schenkte man uns – wahrscheinlich aus Mitleid – Süßigkeiten, sodass ich mich gezwungen sah, sie in einem großen leeren Eiscremebecher zu verstauen, den Jessica und Lucy nur öffnen durften, wenn Heulen und Zähneklappern oder Schlimmeres angesagt war. Eines Abends kam ich nach Hause, hatte Hunger, öffnete ihn und stellte fest, dass er leer war. Am nächsten Morgen wurden die beiden beim Frühstück dazu befragt:

»O ja. Linda hat sie uns alle nach dem Abendessen essen lassen«, sagte Jessica gehorsam.

»Warum?«

»Weil Lucy traurig war.«

»Aber dann ist mir schlecht geworden, und ich hab gar nicht alles essen können«, fiel Lucy ein.

»Also haben Linda und ich sie uns geteilt.«

Es begann ein unheimlich anstrengendes Jonglieren, das allen berufstätigen Müttern bekannt ist. An den drei Tagen, an denen sich Linda um die Mädchen kümmerte, holte sie sie von der Schule ab, entweder kamen dann Freundinnen zum Spielen oder sie brachte sie zu ihren Freundinnen. Sie kochte ihnen ein Abendessen (Jessica und Lucy mochten, was sie ihnen zubereitete), badete sie, machte sie bettfertig und las ihnen eine Geschichte vor. Da Lucy und Jessica sich meistens rundheraus weigerten, von jemand anderem als von mir vorgelesen zu bekommen, war das ein wenig heikel. Ich hatte das Gefühl, dass sie sehr oft vor dem Fernseher geparkt wurden und sich zum tausendsten Mal *Das Dschungelbuch* ansahen, während Linda aufräumte oder sich an unserem Telefon die Probleme ihres Freundes anhörte.

Ich nahm meistens den 18.15-Uhr-Zug von Paddington, sodass ich kurz vor 19.30 Uhr zu Hause war. Egal, ob ich mitten in einem Meeting saß, zwanzig vor sechs verließ ich das Büro, durchquerte den Gang, drückte auf den Aufzugknopf, verließ die Arbeit, und mit einem Schlag überkamen mich die Sorgen und Ängste beim Gedanken an zu Hause.

Ich kam heim, rief Hallo und ging sofort nach oben. Lucy lag unten, Jessica als die Ältere oben im Stockbett. Ich gab ihnen einen Kuss, sie umarmten mich, ich regelte die Übergabe mit Linda, während die beiden mir sturzbachartig von den Ereignissen des Tages berichteten.

»Wirklich … gut … volle Punktzahl, hervorragend … das

hat sie … das hat er getan? … wie unanständig … äh, Spinat.« Und so weiter.

Linda rief von unten: »Tschüs! Bis morgen.«

»Auf Wiedersehen, Linda«, riefen wir im Chor. Die Haustür knallte, und die Mädchen winkten ihr vom Fenster aus hinterher.

Ich packte sie dann ins Bett und las ihnen eine Geschichte vor. Ich plünderte sämtliche Kinderbücher von Lizzie, Zeugs, das ein Mann, wenn er recht bei Trost ist, nicht in tausend Jahren lesen würde; zerfledderte, zerlesene, marmeladenverschmierte Puffin-Ausgaben. Lizzie liebte ihre Bücher, und ich liebte es, sie vorzulesen: *Unsere kleine Farm, Die Eisenbahnkinder, Ballettschuhe* und natürlich *Milly-Molly-Mandy*. Jessica verschlang sie. Lucy, in ihre Decke gemümmelt, starrte nur vor sich hin. Was um alles in der Welt ging ihr bloß durch den Kopf?

Dann bat mich Jessica: »Papa, erzähl mir eine Geschichte von damals, als du ein kleiner Junge warst.« Gehorsam kam ich ihrem Wunsch nach.

Da gab es die Geschichte, als wir nach Swanage fuhren. Ich war vier Jahre alt, hatte meine besten Sachen an, die neue Schuluniform und meine allerersten schwarzen Schnürschuhe. Wir fuhren erster Klasse in einem Zug mit einer Dampflokomotive (Wie aufregend! Und wie alt war ich um Gottes willen schon?). Wir trafen gerade noch rechtzeitig zu einem späten Mittagessen im Hotel ein, wo eine Tomatensuppe als Vorspeise serviert wurde. Ich hatte noch nie Tomatensuppe gegessen, sie war köstlich (eine Entdeckung, die ans Wunderbare grenzte, weil ich fast nichts mochte außer Bananenbrei und Johannisbeer- oder Himbeermarmelade auf Weißbrot, aber *auf keinen Fall* Erdbeermarmelade). Leider hatte sich mein Schuhband gelöst, ich bat also meinen Großvater, es zu binden, weil ich das noch nicht richtig konnte. Und während ich von meinem Großvater abgelenkt wurde, der es auf eine besonders feste Schleife abgesehen hatte, räumte die Bedienung meine erst halb verzehrte Suppe ab. Ich war zutiefst gekränkt. Die gesamte Woche über wurden die unterschiedlichsten Suppen serviert – Ochsenschwanz, Gemüse, Hühnercreme, alle gleich grässlich. Meine Mutter sagte mir, ich solle mich nicht grämen, am letzten Tag, am Samstag, würden wir wieder Tomatensuppe bekommen. Aber wir bekamen sie nicht. Danach besorgte meine Mutter jede erdenkliche Tomatensuppe, die es zu kaufen gab, aber keine davon war so köstlich wie jene erste Tomatensuppe, noch nicht einmal die von Heinz. Seit jenem Tag habe ich keine so köstliche Suppe mehr gegessen wie diese – und die war mir weggenommen worden.

»Noch eine Geschichte, als du ein kleiner Junge warst.«

»Ich weiß keine mehr.«

»Erzähl uns die mit der Schaukel, Papa.«

»Ach, die Schaukel. Gut, als ich klein war, hatten wir eine Schaukel im Garten, auf der ich und Onkel Jonathan immer gespielt haben. Weil er größer war als ich – er war fast sieben und ich gerade mal vier –, sagte er mir immer, ich soll höher schaukeln. Ich hatte zwar ein bisschen Angst, aber ich habe es getan. Und eines Tages sagte er, wäre es nicht toll, von der Schaukel zu springen, wenn sie am höchsten war. ›Aber tu ich mir dann nicht weh?‹ – ›Quatsch, das macht doch Spaß.‹ Weil er mein älterer Bruder war und immer recht hatte, wollte ich es also ausprobieren. Ich sprang also von der Schaukel und krachte voll auf den Rasen. Ich war ziemlich benommen, und als ich aufstand, kam die Schaukel zurück und knallte mir gegen den Kopf, und ich fiel wieder hin. Dann lag ich nur noch da, und Onkel Jonathan rannte ins Haus und rief: ›Mama, Mama, ich hab Jeremy umgebracht!‹«

»Warst du wirklich tot, Papa?«

»Nein, natürlich nicht, sonst wäre ich doch jetzt nicht mehr hier. Aber ich hab mich wahrscheinlich selbst k.o. geschlagen. Großmutter eilte nach draußen, setzte mich in Tante Philippas Kinderwagen – die war damals noch ein Baby – und fuhr mich zum Arzt. Das war ganz schrecklich, weil doch nur Babys im Kinderwagen herumgefahren wurden.«

»Was ist mit der Geschichte, als du die Ente gekauft hast, erzähl schon, Papa.«

»Als ich zehn war und unser Vater nicht bei uns wohnte, ging es uns wirklich schlecht, also hat meine Mutter beschlossen, dass wir uns mal was Besonderes gönnen wollen, nämlich eine Ente mit Orangensauce. Wir fuhren in die Stadt – es hat geregnet – und kauften alles für das Essen ein, und dann warteten wir mit unseren Einkaufstüten an der Bushaltestelle. Als der Bus kam, wollte meine Mutter die Einkaufstüten nehmen, aber weil sie aus Papier waren – als ich klein war, waren solche Tüten noch aus Papier – und weil es geregnet hat, war der Boden der Tüte durchweicht, und alle Orangen und die Ente fielen heraus und kullerten über den Bürgersteig auf die Straße. Die Orangen wurden vom Bus plattgefahren. Zum Glück stürzte mein Bruder Jonathan zum Rinnstein und konnte noch die Ente retten. Aber wir hatten kein Geld mehr, um neue Orangen zu kaufen, und deshalb bekamen wir nie unsere Ente à l'orange.«

Mir gingen bald die Geschichten aus. Was ich niemals ganz kapierte, war, dass Jessica dieselben Geschichten immer wieder aufs Neue hören wollte. Oder Geschichten von Mama als kleines Mädchen – was sich natürlich schwieriger gestaltete, weil ich nicht mit ihr aufgewachsen war.

Nach den Geschichten zog ich die kärglichen Vorhänge zu und hängte den geöffneten alten blauen Schlafsack davor, um das Fenster ganz abzudunkeln (ich frage mich, warum wir nie längere Vorhänge besorgten), und sie schalteten ihre Nachttischlampen an.

Es war Zeit für das Gebet. Ich weiß nicht mehr, woher Jessica das mit dem Gebet hatte, es fing jedenfalls nach dem Tod ihrer Mama an. Jahrelang vollzogen wir Abend für Abend das gleiche quälende Ritual. Ich stand neben ihr, sie kniete sich auf das Bett, schloss die Augen, faltete die Hände und hatte sich dabei Bananenpudding (den Kuschelgibbon) oder Bobba (den Teddybär) unter den Arm geklemmt.

»Lieber Gott, danke für den schönen Tag, den ich heute gehabt habe, und danke, dass du auf Lucy und mich und Papa und Maka und Deda und Großmutter und Tante Louise und Tante Philippa und die Cousinen aufgepasst hast, und pass bitte auch morgen und überhaupt immer auf sie auf. Kann ich jetzt mit Mama reden? Hallo, Mama. Ich hab einen schönen Tag gehabt, du hoffentlich auch. Papa ist beim Frühstück sauer auf Lucy geworden, weil sie ihre Frühstücksflocken nicht essen wollte. Catherine Unia hat mich und Lucy zur Schule gebracht, und sie hat mit Joe geschimpft, weil er im Park einen zerquetschten Frosch gefunden hat und ihn mitnehmen wollte, um ihn Mr. Standish zu zeigen, aber das wollte sie nicht. Wir haben heute einen Buchstabiertest gemacht, und ich habe volle Punktzahl bekommen. Nur ich und Charlotte haben volle Punktzahl bekommen. Zum Mittagessen hat es Cottage Pie und Kohl gegeben, und ich habe neben Becca gesessen, die mich aufgeregt hat, weil sie so blöd war und ihren Kohl nicht essen wollte. Linda hat uns von der Schule abgeholt, und wir sind zu Suzy, wo wir Tiere aus Ton gemacht haben. Lucy hat einen Elefanten gemacht, aber der hat immer seinen Rüssel verloren. Ich hab eine Hummel gemacht, aber die hat nicht so ausgesehen wie eine richtige, da bin ich wütend geworden. Zum Abendessen hat es Würstchen gegeben, ich hab drei davon gegessen, Lucy nur eine, und dann hab ich mit Maka telefoniert, und dann haben Lucy und ich ein bisschen *Die Schöne und das Biest* geschaut. Morgen hat Katies kleiner Bruder seine Geburtstagsparty. Ich werde jetzt bald meinen Wunschzettel für Weihnachten schreiben. Ich möchte den Hasen Klopfer wie Lucy. Pass auf dich auf, bis morgen dann. Ich hab dich ganz arg lieb, Mama. Amen.«

Jahrelang hielten wir uns an dieses schmerzliche Ritual. Es tat mir in der Seele weh.

Lucy beteiligte sich nie daran. Sie lag nur da und sagte so was Ähnliches wie: »Ich muss nicht mit Mama reden – sie sieht mich durch ein Fenster im Himmel und weiß sowieso, was ich heute gemacht habe.«

Damit wusste Lizzie mehr als ich, denn Lucy erzählte nie etwas von sich. Ein Beispiel:

»Hast du einen schönen Tag in der Schule gehabt?«

»Ja.«

»Was hast du gemacht?«

»Weiß ich nicht mehr.«

»Neben wem sitzt du in der Klasse?«

»Neben Esther.«

»Ist sie deine beste Freundin?«

»Manchmal. Kann ich jetzt fernsehen?« So verlief eine typische Unterhaltung mit Lucy.

Nach dem Gutenachtritual war ich nur noch zu einem Drink zu gebrauchen. Aber dann musste Lucy noch mal Pipi, und Jessica fiel ein, dass sie sich noch nicht die Zähne geputzt hatte. Stolz zeigte sie mir eines Abends ihren wackligen Zahn.

»Bald kommt die Zahnfee.« Sie grinste und sah mich besorgt an. »Papa, ich hab vergessen, Mama von meinem Zahn zu erzählen. Was soll ich jetzt machen?«

»Erzähl es ihr morgen.«

»Oh. Gut.«

Dann brachte ich sie ins Bett. Jessica wollte nur einschlafen, wenn sie wusste, dass ich unten war, also hatten wir vereinbart, dass ich Bananenpudding mit nach unten nahm und ihn später, wenn sie eingeschlafen war, zu ihr und Bobba unter die Decke steckte. Eine höchst riskante Strategie, denn sie erforderte, dass ich alle zehn Minuten nach oben schlich, um zu sehen, ob sie schon schlief, aber natürlich störte ich sie, wenn ich den kleinen schlottrigen Gibbon zu ihr legte, und oft genug riss sie wieder die Augen auf, und das Spiel begann von Neuem (Parallelen zum Entschärfen eines Sprengsatzes sind hier durchaus angebracht). Manchmal musste ich drei bis vier Versuche unternehmen, bis alles in Ordnung war. Am Schlimmsten aber war, wenn ich es *vergaß*, dann nämlich erschien gegen zehn Uhr eine weinende Jessica bei mir unten und beschuldigte mich, weggelaufen zu sein, und das Ganze begann von vorn.

Dann zog ich die Kinderzimmertür zu, ließ sie einen Spaltbreit offen; die Größe des Spalts wurde ganz diktatorisch von Jessica bestimmt, die sich im Dunkeln fürchtete.

Irgendwann gegen 20.30 Uhr fing ich an, mir was zum Abendessen zu kochen.

Irgendwann gegen 20.35 Uhr setzte ich mich mit einem

Glas Wein zum Abendessen hin (ja, ich war ein begnadeter Koch). Ich ließ immer das Radio dabei laufen. Radio 4 wurde zu meinem beständigen Begleiter, einem zuverlässigen Freund. Ich habe keine Ahnung, was ich gehört habe, aber es vertrieb die Stille im Haus.

Allein zu essen dauerte etwa fünf Minuten, wobei der *Guardian* als lesbares Tischset diente. Meine Ernährung bestand aus den aufgewärmten Überresten der Mahlzeiten für die Kinder, mikrowellentauglichen Nudel-Hühnchenaufläufen von Sainsbury's oder Steak Pie, Pasta mit Pesto, manchmal ging ich auch in die Vollen und briet mir ein Kotelett. Ich ernährte mich von den unglaublich teuren Tüten mit vorgewaschenem Salat, von denen am Ende der Woche immer mehrere im untersten Kühlschrankfach vor sich hinwelkten, weil ich fürs Gemüsekochen nichts übrighatte. Und zum Nachtisch einen Joghurt mit der Schlemmerecke Kirsch (jahrelang gab es drei zum Preis von zweien). Der Geschmack dieser Dinge weckt sofort wieder die Erinnerung an die Stille in dem Haus in Oxford: überall brennendes Licht, damit ich mich weniger einsam fühlte (wie Jessica hatte ich jetzt Angst vor der Dunkelheit, fürchtete mich vor ihr noch mehr als vor der Stromrechnung), das Hallen in der vor Kurzem vergrößerten, jetzt leeren Küche, die Stille eines Einfamilienhauses, in der es kein Familienleben mehr gab, mein Herumgeschleiche, damit ich die Mädchen nicht störte, an deren Leben ich jeden Tag für eineinhalb Stunden teilhaben durfte. Ich campierte in dem Haus und kam mir wie ein Eindringling vor. Das einzige Zimmer, das ich mochte, war das Kinderzimmer. Es war der einzige Raum, der mit Leben erfüllt zu sein schien. Unser Haus war nicht mehr unser Zuhause. Das Leben war aus ihm herausgesogen worden. Das einzige Geräusch, das zu hören war, wenn das Radio verstummte, war ein tropfender Wasserhahn – weil ich nicht wusste, wie man den Dichtungsring austauschte.

Nach dem Essen wusch ich ab, gegen neun Uhr setzte ich mich hin, um noch etwas zu arbeiten – immer hörte ich ein Hörspiel, dem ich bereits auf der Heimfahrt im Zug gelauscht hatte und über dem ich eingenickt war. Oder ich spielte Schach gegen mich selbst oder legte Patiencen. Und schlug die Zeit tot.

Eines Abends klingelte das Telefon.

Es war Maka. Das war ungewöhnlich. Sie rief jeden Abend nach dem Essen die Mädchen an und ließ sich erzählen, was sie den Tag über getrieben hatten, und wenn ich zu Hause war, sprach ich mit ihr, aber gewöhnlich fragte sie mich nur, welche Größe die Sachen haben sollten, die sie ihnen kaufen wollte, oder ob sie neue Schuhe brauchten. Small-talk war nicht ihre Sache.

Jetzt kam sie sofort auf irgendwelches undurchschaubares Zeug um das Erbe und die Kinder als Begünstigte in ihrem und Dedas Testament zu sprechen, wobei ich ihr nur schwer folgen konnte. Sie drückte sich nicht besonders klar aus, was ebenso ungewöhnlich war.

»Aha … verstehe …«, sagte ich, war mir aber dessen nicht ganz sicher. Dann legte sie auf.

Ich saß da und grübelte über ihre Worte nach.

Scheiße.

Ich griff zum Hörer und wählte ihre Nummer.

»Maka?«

»Ja?«

»Ich habe gerade darüber nachgedacht, was du gesagt hast.«

»Ja.«

»Korrigier mich, wenn ich falschliege, aber du hast mir gerade zu erzählen versucht, dass ihr mich aus eurem Testament gestrichen habt?«

»Ja, das ist richtig. Tut mir leid, wenn ich mich unklar ausgedrückt habe.«

»Nicht, dass mich das irgendwas angehen würde, aber ich habe nicht nur meine Frau verloren, ihr nehmt mir damit auch jegliche finanzielle Sicherheit, die ich durch die Ehe gehabt habe.«

»Ja, da hast du wohl recht. Aber wir haben ja nur die Enkelkinder zu den Erben in unserem Testament bestimmt.«

»Ist das mir gegenüber fair? Heißt das, dass ihr mir nicht traut?«

Schweigen.

»Deda und ich haben das so beschlossen.«

»Wenn jemand am Boden liegt, kann man getrost auf ihn eintreten, oder?«

»Na ja …«

»Es kränkt mich. Es ist euer Geld, und ihr könnt damit tun und lassen, was ihr für richtig haltet, und ich weiß es auch zu schätzen, dass ihr es mir erzählt, aber ich möchte euch schon sagen, dass ich mich gekränkt fühle.«

»Wenn du es so sehen willst …«

»Ja, so sehe ich es. Tut mir leid, aber so ist es. Mehr gibt es dazu nicht zu sagen, oder?«

»Ähm.«

»Gute Nacht, Maka.«

»Gute Nacht.«

Es gab für beide Seiten wohl nichts Schmerzlicheres als solche Telefongespräche. Ich war verärgert. Aber wem sollte ich es erzählen? Der Katze?

In meiner Naivität hatte ich mich immer eher als ihr Sohn und nicht als ihr Schwiegersohn gesehen, sozusagen als Verlängerung ihrer geliebten Tochter. Offensichtlich war ich das nicht. Nicht nur das war ein Schlag in den Magen, sondern auch die Tatsache, dass Maka und Deda sehr wohlhabend waren und Lizzie und ich natürlich die Hälfte ihres Vermögens geerbt hätten. Angesichts unserer prekären beruflichen Verhältnisse hätte das für einige Sicherheit gesorgt, und dieses Sicherheitsnetz wurde mir in dem Moment unter den Füßen weggezogen, als ich Sicherheit am nötigsten gebraucht hätte. Rational betrachtet war ihre Handlungsweise verständlich – warum sollten sie die Hälfte ihres Vermögens einem Außenstehenden vererben? Aber wir lebten nicht in einer rationalen Welt. Und mussten sie mir das unbedingt auf die Nase binden? Sie hätten mich einfach aus ihrem Testament streichen können, und ich hätte es nie erfahren. Indem sie es mir sagten, gefährdeten sie unsere Beziehung. Vermutlich war es nur ehrlich von ihnen – Maka war in einem Maße anständig und ehrlich, dass sie immer ein wenig taktlos wirkte. Aber in dieser Sache waren sie wirklich unsensibel. Für Außenstehende mag es als Kleinigkeit erscheinen, ich aber hatte das Gefühl, als wäre jegliche Bindung zwischen uns nur eine Illusion. Ich hatte mich getäuscht, wenn ich mich als ihren Sohn sah; jetzt wusste ich es besser. Hätte Maka den Mund gehalten, wäre ich nicht klüger geworden, hätte mir aber auch das Gefühl der Verletzung erspart. So hatte sie unsere Beziehung irreparabel beschädigt.

Trotz allem erwiesen sich Maka und Deda uns gegenüber als sehr großzügig. Sie zahlten den Klavierunterricht, sie kauften den Kindern Kleidung, sie kauften mir neue Bettwäsche (Warum? Ich brauchte keine neue Bettwäsche!), vor allem aber zahlten sie das Kindermädchen. Außerdem musste man Maka nie lange bitten, damit sie kam und sich um die Kinder kümmerte, gleichgültig, wie schmerzhaft für sie der Aufenthalt im Haus ihrer toten Tochter war. Aber nichts war mehr so wie vor Lizzies Tod.

Lizzie und ihre Mutter hatten sich sehr nahegestanden. Sie hatten fast jeden Tag telefoniert, und nach der Geburt der Kinder war Maka jeweils für ein, zwei Wochen zu uns nach Belfast gekommen. Ich mochte sie, und wir kamen gut miteinander aus. Sie war ungemein intelligent, geradlinig bis zur Unhöflichkeit und hatte wie viele Frauen ihrer Generation ihr Leben stellvertretend durch die Errungenschaften ihrer Tochter gelebt; schließlich hatten ihr nicht die Möglichkeiten offengestanden, in deren Genuss ihre Kinder gekommen waren.

Sie erholte sich nie mehr vom Tod ihrer Tochter. Fast fünfzehn Jahre lang machte sie im Großen und Ganzen so weiter wie zuvor, beschwerte sich kaum, rief jeden Tag die Mädchen an, löste das Kreuzworträtsel der *Times*, spielte mit sich selbst Schach, las ein Buch pro Tag, trank zu viel Sherry, zu viel Whisky, zu viel Rotwein und rauchte zu viel. Nach außen hin vermittelte sie einen ruhigen, zufriedenen Eindruck, mir aber kam es immer vor, als wäre alles nur Fassade. Nach Lizzies Tod habe ich sie nur einmal wirklich glücklich erlebt – das war Jahre später auf ihrem Sterbebett, nachdem sie einen schweren Herzinfarkt erlitten hatte. Sie wirkte ruhig und zufrieden. Seit Lizzies Tod hatte sie nichts anderes gewollt, als wieder bei ihrer geliebten Tochter zu sein, und jetzt war es bald so weit.

Es gibt drei Naturgesetze des Schmerzes:

Das erste Gesetz: Ich liebte Lizzie aus ganzem Herzen,

aber obwohl es mir damals unvorstellbar erschien, bestand die Möglichkeit, eine neue Partnerin zu finden. Im Alter von fünfundsechzig Jahren kann man aber keine neue Tochter mehr haben. Von diesem Verlust erholt man sich nicht.

Das zweite Gesetz, das Gesetz des Stoffwechsels: Lucy war vier und Jessica sechs Jahre alt, als ihre Mutter starb. Sechs Jahre später – d.h. Jessica war jetzt doppelt so alt wie zum Zeitpunkt von Lizzies Tod – hatten beide die Hälfte oder zwei Drittel ihres Lebens ohne sie verbracht. In diesen sechs Jahren wurden sie, wachstumsbedingt, zu ganz anderen Menschen. Sie wuchsen heran und entwickelten sich weiter. Für Maka und Deda stellten dieselben sechs Jahre nur ein Zehntel ihres Lebens dar, und da sie sich nur noch langsam weiterentwickelten, waren sie im Grund die gleichen Menschen geblieben wie bei Lizzies Tod. Sie waren in ihrem Schmerz gefangen. Damit befanden sie sich in einer schrecklichen Lage. Ich hätte ihnen Mitgefühl entgegenbringen können, aber um ehrlich zu sein, ich war so sehr mit meinem Leben beschäftigt, dass ich ihnen keine große Aufmerksamkeit schenken konnte.

Und das dritte Gesetz: Schmerz kann Menschen auseinanderreißen. Allzu häufig zerbrechen Familien unter extremen Belastungen. Zeigen Sie mir eine Familie, die einen öffentlich beachteten Trauerfall zu beklagen hatte (die Lawrences, die Paynes ...), und die Wahrscheinlichkeit ist hoch, dass sich fünf Jahre danach die Eltern getrennt haben. Will man eine Tragödie überstehen, die einen bis an die Grenze der eigenen Belastbarkeit fordert, dann braucht man ein starkes Fundament.

Nicht alle meine Abende wurden durch aufwühlende Telefonate gestört. Meistens sah ich mir *News at 10* oder *Newsnight* an, und gegen elf verzog ich mich ins Bett. Da ich in unserem Schlafzimmer nicht mehr schlafen konnte, war ich nach unten in den dort noch übrigen Raum gezogen. Es passten genau ein kleines Doppelbett und ich hinein. Die Wände waren nackt bis auf einen Druck von Blakes Illustrationen zum Buch Hiob (ein Mann, dem ich mich sehr verbunden fühlte). Das war meine Zelle. Ohne jeden Komfort. Zum Einschlafen hatte ich unter dem Bett, neben dem Stapel teilweise gelesener Bücher, eine Flasche Whisky deponiert.

Wieder ein Tag rum. Wieder einen Tag überlebt. Gott sei Dank. Ich sprach ebenfalls meine Gebete – die Erwachsenenversion von Jessicas Gebet, die ich wie ein Mantra vor mich hin murmelte: »Lieber Gott, danke für den guten Tag, danke, dass du auf uns achtgegeben hast, und lass es bitte morgen auch wieder einen guten Tag werden. Sag Lizzie, dass ich sie liebe, und pass auf sie auf. Um Jesu Christi willen, Amen.« So schnell wie möglich zählte ich immer jene auf, deren Wohlergehen mir am Herzen lag, erst wenn ich zu Lizzie kam, sprach ich langsamer, formulierte jedes Wort klar und deutlich, damit ich sie so lange wie möglich in meinem Herzen spürte, als hätte ich ein brennendes Verlangen in der Brust, einen Kloß im Hals, als würde mir das Blut in den Kopf schießen. Mehr an Gefühlen gestand ich mir nicht zu. Es war so schmerzhaft, dass ich es so früh wie möglich hinter mich bringen wollte – während ich mir die Zähne putzte, während ich pinkelte, manchmal, bevor ich mich zum Schlafen hinlegte. Nach allem, was uns widerfahren war, war ich mir nicht mehr sicher, ob ich an Gott glaubte, aber er war für mich so eine Art Versicherungspolice. Noch einen Schluck Whisky, dann machte ich die Lichter aus.

Verdammt! Bananenpudding war noch immer unten im Erdgeschoss.

Kapitel 14

Das Leben war ein einziger Kampf, aber ich schaffte es, dass wir den Kopf über Wasser hielten. Was wir brauchten, war ein Wunder, und zu unserer Erleichterung stellte es sich in Gestalt von Dr. Forrest ein. Sie war eine tolle Ärztin, durch die mir der staatliche Gesundheitsdienst zum dritten Mal seit Lizzies Tod aus der Patsche half.

Die Leiterin der Kinderpsychiatrie in Norwich, die ich wegen der Kinder und der Beerdigung konsultiert hatte, hielt ihr Wort und verwies uns an ihre Kollegin in Oxford, sodass wir gegen Ende der seltsamen Sommerferien alle drei zu Dr. Forrest marschierten.

Sie war die Leiterin der kinderpsychiatrischen Abteilung im Park Children's Hospital in Oxford, eine kleine Person, immer lächelnd, mit eindringlichem, warmem Blick, eloquent, clever (in jeder Beziehung) und ein paar Jahre älter als ich. In einem Film würde Helen Mirren sie spielen.

Ich weiß nicht, was sie mit uns anstellte, aber die Kinder liebten die Besuche bei ihr, und sie gab mir immer das Gefühl, meine Sache als Vater gut zu machen.

Genau das war es natürlich, was sie mit uns anstellte.

Über ein Jahr lang parkten wir den Wagen frühmorgens am Freitag vor dem riesigen, weitläufigen viktorianischen NHS-Gebäude, halb Herrenhaus, halb Klinik, gingen durch den hallenden Eingangsbereich zur Rezeption, wo man uns sagte, wir sollten nach oben gehen und warten, bis Dr. Forrest uns abholte. Wir stiegen die Treppe hinauf, immer weiter, vorbei an Kindern, die nach Alter aufgeteilt waren – warum waren sie hier, welches grausame Schicksal hatte sie ereilt? –, bis wir ganz oben im Dachboden vor eine große Tür gelangten. Wir ließen uns auf der Polsterbank neben der Tür nieder und warteten. Immer setzte ich Jessica auf ein Knie und Lucy auf das andere und spielte »So reitet die Dame trott trott trott«, wobei ich sie sanft auf und nieder hopsen ließ, was ich allmählich verstärkte, bis ich sie – »So springt das Känguruh boing boing boing boing« – von den Knien warf.

Dann erschien Dr. Forrest, begrüßte uns, und wir defilierten in ihr großes Sprechzimmer. Die Mädchen saßen wieder auf meinem Schoß, sodass ich hinter ihnen fast verschwand, und Dr. Forrest fragte sie, wie es ihnen ging.

»Gut, danke, Dr. Forrest«, kam es im Chor.

»Na ja, aber, Jessica, du hast doch nicht besonders gut geschlafen, oder?«, fügte ich hinzu.

»Nein. Lucy schnarcht und hält mich wach.«

»Ich schnarche nicht, Jessica.«

»Gut, aber sie spricht im Schlaf.«

»Tu ich nicht. Papa, tu ich das?«

»Nein, Liebling, Jessica redet Unsinn.« Und Jessica kicherte. Sie war die erbärmlichste Schwindlerin, die die Welt je gesehen hatte.

»Tu ich nicht. Aber du schnarchst, Papa.« Und Dr. Forrest lenkte die Kabbelei auf die Frage, warum Jessica Probleme mit dem Einschlafen hatte – weil sie Angst hatte, ich könnte nicht im Haus sein, ich könnte genauso verschwinden wie Mama. Dr. Forrest hatte das nächtliche Ritual mit Bananenpudding aufgebracht, um Jessica zu beruhigen, und mit

Dr. Forrest besprach ich, ob wir das Ritual mit dem Gebet aufrechterhalten sollten.

»Und jetzt, Mädchen, wollt ihr mir ein Bild malen? Ihr wisst ja, wo die Stifte sind.« Sie huschten davon, holten die Zeichenstifte, und Dr. Forrest griff sich wichtig aussehende Formulare, deren Rückseite sie bekritzeln durften.

Vor Lizzies Tod hatte Jessica gern Geschichten geschrieben; das tat sie nicht mehr. Das Zeichnen war der Versuch, sie wieder zum Schreiben zu bewegen. Die einzige Geschichte, die sie für Dr. Forrest schrieb, trug den Titel »Der Regenbogen«. Nach drei Wörtern – »An einem Tag …« – hörte die Geschichte auf. Jetzt lag Jessica auf dem Boden und füllte ihr Blatt mit unendlichen Zahlenreihen. Sie wollte noch nicht mal mehr Bilder malen.

Lucy dagegen zeichnete die ganze Zeit: Mama auf der Wiese im Sonnenschein, im Gesicht ein breites Lächeln, neben ihr ein Riesenhase, ein an Donnie Darko erinnerndes Ungeheuer, aus dem Pfeile herauskamen, die mit Lucy bezeichnet waren; oder eine spindlige Mama, die in einem schönen Garten Blumen pflückt. Dann veränderte sie das ganze Bild, indem sie um Mama einen breiten, gekritzelten Rahmen legte, der einen Großteil des Gartens einschwärzte – als befände sich Mama in einem Mark-Rothko-Rechteck.

Ich war darüber ziemlich verstört.

»Dafür gibt es keinen Grund, Mr. Howe. Der schwarze Kasten stellt für Lucy ganz offensichtlich Mamas Tod dar – du malst das Schwarz deshalb in dein schönes Bild, weil du traurig bist, dass deine Mama tot ist, oder, Lucy?«

Ein kaum wahrnehmbares Nicken von Lucy, die noch einige Sekunden weiterzeichnete, dann alles stehen und liegen ließ und auf meinen Schoß flüchtete.

»Aber sie hat Mama in einen wunderschönen Garten gezeichnet – sind das nicht hübsche Blumen, Lucy? Hat deine Mama gern Blumen gepflückt?«

Lucy nickte. Lizzie war eine große Blumenpflückerin gewesen.

»Und du bist traurig, dass deine Mama tot ist? Hast du deswegen diese dicken schwarze Striche um sie gemalt?«

»Ja«, sagte sie ganz leise und legte ihre Ärmchen um mich.

»Das ist das Traurigste auf der Welt, nicht wahr, Lucy? Alle sind sehr traurig, dass deine Mama tot ist.«

»Und auf Mamas Beerdigung haben *alle* geweint«, warf Jessica ein, die auf dem Boden an ihren Zahlenkolonnen weiterkritzelte.

»Nun, da waren alle traurig, als sie gesehen haben, dass deine Mama tot ist. Sie war eine ganz besondere und liebe Mama. Du hast allen Grund, darüber so traurig zu sein, Lucy.« Pause. »Willst du mit dem Playmobil spielen, Lucy? Hol es doch für dich und Jessica.«

Und Lucy glitt von meinem Knie und holte mit Jessicas Hilfe die größte, wunderbarste Playmobilsammlung, die die Welt jemals gesehen hatte, mit Schulen und Bauernhöfen und Familien mit Kindern und Feuerwehrleuten, Astronauten, Playmobil-Politikern und Playmobil-Terroristen ... Dr. Forrests Playmobil war einfach vollkommen. Wenn Sie kein Playmobil-Fan sind, werden Sie keine Ahnung haben, wovon ich rede, aber meine beiden liebten die Plastikfiguren mit ihren großen Köpfen, die exakt in Möbel, Fahrzeuge und jede Art von Behausung passten. Dr. Forrest hatte das ultimative Playmobil-Set, wusste es auch und spielte es als ihre Trumpfkarte aus. Lucy war sofort Feuer und Flamme, und Jessica gurrte und schnurrte und krabbelte am Boden herum, wo sie ein Playmobil-Krankenhaus aufbaute, mit Ärzten und Schwestern und einem OP-Tisch; wahrscheinlich gab es sogar Playmobil-Ersatzorgane. Dr. Forrest und ich sprachen unterdessen über die Bilder und die Offenheit der Mädchen, in der sie mit mir über ihre Gefühle redeten.

»Viele Kinder, die zu mir kommen, können es nicht ertragen, ein Bild ihrer toten Eltern zu zeichnen. Sie kritzeln nur wild herum. Dass Lucy das Bild ihrer Mutter in eine so schöne Umgebung zeichnet, ist ein unglaublich gutes Zeichen. Sie hat gute Erinnerungen und kann sie offen ausdrücken. Ganz im Ernst, Mr. Howe, es ist ein sehr gutes Zeichen.«

Viel zu schnell war die kostbare Stunde für die Mädchen und mich immer rum. Die Mädchen packten ihre Sachen weg, Dr. Forrest fragte sie, ob sie die Bilder behalten könne, und wir machten den nächsten Termin aus. Einmal, als ich mich wieder einmal in meiner Elternrolle hoffnungslos überfordert fühlte, nahm sie mich, als wir den Raum verließen, zur Seite und flüsterte mir zu: »Mr. Howe, Sie machen das einfach wunderbar.« Niemand hatte mir je ein größeres Lob zuteilwerden lassen. Sieben Wörter – aber sieben Wörter, die mein Selbstwertgefühl als Vater von Grund auf veränderten.

»In der Kinderpsychiatrie sagen wir immer, wenn die ersten vier Jahre in der Erziehung gut laufen, ist das eine Menge wert. Ihre beiden Mädchen, Mr. Howe, sind Gold wert.«

Dafür liebte ich Lizzie mehr als jemals zuvor. Diese Abschiedsworte hätte sie mehr als alles andere geschätzt. Als Mutter hatte sie ihren Kindern einen Goldschatz mitgegeben.

Nach der Sitzung eilten wir nach unten in die Lobby, wo zu jeder Seite des geschäftigen Gangs die größten, schönsten Schaukelpferde standen, die man sich nur vorstellen konnte.

Sie waren der Inbegriff des Schaukelpferds, das platonische Vorbild aller Schaukelpferde. Jessica kletterte auf ihres (an der linken Seite), ich hob die kleine Lucy auf das andere an der rechten Seite, und zehn Minuten lang galoppierten sie alle Sorgen der Welt weg. »Zeit« – immer der Feind in meinem Leben – »zur Schule zu gehen, Mädchen.«

»Nur noch eine Minute, Papa, bitte.«

»Eine Minute, keine mehr«, und ich zog drohend die Autoschlüssel heraus, solange sie die letzte Achtelmeile auf ihrer imaginären Rennstrecke zurücklegten. Dann fuhr ich sie zur Schule, brachte sie zu spät zum Unterricht und machte mich selbst viel zu spät auf den Weg zur Arbeit.

Einmal wollte ich, dass Jessica allein die Sitzung mit Dr. Forrest bestritt. Ihre Ängste, von mir getrennt zu werden, nahmen überhand, und ich hatte das Gefühl, sie würde nie mit Dr. Forrest reden, wenn ich mit im Zimmer war. Dr. Forrest sprach liebevoll und begütigend auf sie ein und versuchte es immer wieder aufs Neue.

»Weißt du was, Jessica, ich glaube nicht, dass du mich allein sehen willst. Aber wie wäre es denn, wenn beim nächsten Mal dein Papa draußen wartet, während wir beide miteinander plaudern?«

Jessica hielt das ganz offensichtlich für eine blöde Idee, aber sie hatte solche Ehrfurcht vor Dr. Forrest, dass sie sich grummelnd auf den Vorschlag einließ.

Am Freitag darauf brachten wir Lucy zur Schule, dann fuhren Jessica und ich zur Klinik. Es fühlte sich ein wenig seltsam an. Während wir auf Dr. Forrest warteten, saß sie schweigend auf meinem Schoß. Sie wollte nicht So-reitet-die-Dame spielen. Als uns Dr. Forrest begrüßte, hielt sie sich mit aller Kraft an meiner Hand fest und schleifte mich mehr oder weniger ins Behandlungszimmer. Dr. Forrest und mir war klar, dass sie sich unter keinen Umständen von mir trennen würde. Daher einigten wir uns darauf, dass sie auf meinem Schoß sitzen sollte, ich wollte schweigen, während sie mit Dr. Forrest plauderte.

Wer dann plauderte, das waren Dr. Forrest und ich, während Jessica schwieg. Abgesehen von einem gelegentlichen Grummeln beteiligte sie sich nicht am Gespräch, so sehr sich Dr. Forrest auch bemühte. Als sich diese zehrende Sitzung dann dem Ende näherte, fragte Dr. Forrest:

»Weißt du, was ich mir denke, Jessica?«

Pause. Jessica sah sie mit großen Augen und offenem Mund an und brachte ein stilles »Nein« heraus.

»Ich denke mir, es ist am besten, wenn du und Lucy und Papa alle zusammen hier seid. Wollt ihr also das nächste Mal wieder alle drei gemeinsam kommen?«

Spiel, Satz und Sieg für Jessica Howe. Auf dem Weg zur Schule war sie ununterbrochen am Quasseln.

Kapitel 15

Was das Waschen, Bügeln und Kochen angeht, gibt es Raum für Verbesserungen«, sagte mir Dr. John Hall bei unserer ersten Sitzung – das nächste Wunder, das in unser Leben trat. Ich brauchte therapeutischen Beistand, nicht nur was Haushalt und Familie anbelangte, sondern auch für mich. Wir hielten zwar den Kopf über Wasser, aber ich fand mich nicht zurecht.

Dies einzugestehen war ein großer Schritt, ähnlich dem, wenn jemand von sich sagt, er sei suchtkrank. Mein Hausarzt, der mir viel Mitgefühl entgegenbrachte, schlug vor, es mit einem Trauertherapeuten am Cruse zu probieren. »Ich kann Ihnen eines sagen, Mr. Howe«, bemerkte der Therapeut äußerst scharfsinnig, nachdem ich mich durch meine erste und einzige Sitzung bei ihm geplappert hatte. »Sie sind traurig, sehr traurig.«

»Hab ich mir gedacht, dass Sie für die dort eine Herausforderung sind«, sagte mein Hausarzt. »Fragen Sie doch Dr. Forrest, vielleicht kennt sie jemanden. Ich überweise Sie gern.«

Ich fragte sie. Sie zögerte. »Ich werde darüber nachdenken.« Da es noch während der Schulferien war, fuhr ich mit den Kindern danach zum Schuhekaufen (Schuhe konnte ich kaufen, auch Unterwäsche, nur bei Kleidung war ich mir immer unsicher. Im Grunde kaufte ich ihnen fast nie Sachen zum Anziehen, außer im Schlussverkauf, und auch da traute ich mich nie an Mädchenhaftes heran. Ansonsten trugen sie alte Sachen von Freunden auf oder wurden von Maka eingekleidet). Meine Schwester Philippa, die gerade bei uns war, sagte mir bei unserer Rückkehr, dass ein John Hall angerufen habe. Er könne mir vielleicht helfen.

»Ich habe ihm gesagt, du seist ein besonderer Fall, dir sind schreckliche Sachen zugestoßen. Und ich habe ihn gefragt, ob er Erfahrung mit Leuten in deiner Situation hat.«

»Und?«

»Hat er. Er sagt, er ist Leiter der klinischen Psychologie im Warneford Hospital.«

»Ich werd verrückt. Dann ruf ich lieber gleich mal an.«

In unserer ersten Sitzung ließ er mich »vorsingen«, sagte mir, ich solle ihn nicht als »Krücke« ansehen, und erweckte eine halbe Stunde lang den Eindruck, als wollte er noch nicht einmal das Ende dieser einen Stunde abwarten. Schließlich erklärte er sich bereit, mich regelmäßig zu empfangen. Ich war sehr zufrieden mit mir, für klinisch verrückt genug gehalten zu werden, um dieses Vorstellungsgespräch mit Bravour gemeistert zu haben.

»Ich denke, ich kann Ihnen behilflich sein«, sagte er, bevor er seine geringe Meinung über meine haushälterischen Fertigkeiten zum Besten gab. Ich hatte Visionen, wie er mir beibrachte, Hemdkragen zu bügeln. Tatsächlich half er mir ganz fabelhaft.

Wenn ich an John denke, steht mir immer Margaret Thatchers stille Nemesis Geoffrey Howe vor Augen: grau, leicht korpulent, ruhig und wohlüberlegt. Der große Unterschied lag darin, dass Johns anfängliche Strenge wirkliches Mitgefühl und Sanftmut kaschierte. Sir Geoff konnte man wohl kaum dieser beiden Eigenschaften bezichtigen.

John sagte mir, dass ich meine Landkarte verloren habe, und seine Aufgabe sei es, mir dabei zu helfen, die Orientierung und den Weg wiederzufinden. Sein Urteil war von einer Klarheit, die hilfreich und tröstend war: Er hatte ja so recht – ich lebte in den Tag hinein und konnte nicht mehr für die Zukunft planen, konnte sie mir noch nicht einmal mehr vorstellen. Nach einem halben Jahr bei ihm wachte ich eines Morgens auf und stellte fest, wie sehr ich mich auf Ostern freute, weil Eoin, der Pate der Kinder, uns nach Spanien eingeladen hatte. Dabei war Ostern noch drei Wochen entfernt. Ein unglaublicher Fortschritt, denn zuvor war ich lediglich in der Lage gewesen, die Kinderbetreuung für eine Woche im Voraus zu planen. John brachte mir wieder bei, eine Zukunft für mich zu erkennen.

Als wir mit unseren Sitzungen begannen, hatte ich Schlafprobleme. Er streckte sich und dachte kurz darüber nach. »Wie alt ist Ihre Bettdecke?«

»Keine Ahnung. Lizzie und ich müssen sie gekauft haben, als wir in eine Wohnung mit Doppelbett gezogen sind. Das muss so an die zehn Jahre her sein.«

»Am Samstag sollten Sie zu Debenhams gehen und eine neue kaufen, eine dickere.«

»Warum?«

»Zwei Menschen unter einer Decke geben mehr Körperwärme ab als einer. Jetzt schlafen Sie allein, also brauchen Sie eine anständige Decke.«

Als der Rebell, der ich immer war, kaufte ich sie natürlich bei Marks and Spencer, aber er hatte recht. Sobald mir warm war, konnte ich wieder durchschlafen.

Er schlug vor, ein kleineres Bett zu kaufen.

Ich erzählte ihm, wie schlecht ich von der Polizei, wie

nachlässig ich von der Open University behandelt worden war und wie sehr mir ihre Gedankenlosigkeit zugesetzt hatte.

»Das sind Unterlassungssünden. Da haben Menschen nicht das Verhalten an den Tag gelegt, auf das Sie ein Anrecht gehabt hätten. Aber verglichen mit der Todsünde – dem Mord an Lizzie – kann man das alles völlig vernachlässigen. Jeremy, behandeln Sie es entsprechend. Kommen Sie darüber weg, schieben Sie es zur Seite.

Oder, um es anders zu formulieren: Haken Sie den Kleinkram ab, sparen Sie sich Ihre Wut für den auf, der sie am meisten verdient hat: den Mörder von Lizzie.«

Er hatte recht. Ich wurde daraufhin etwas ruhiger.

Und er war es auch, der mir – indirekt – sagte, warum Robin Pask Lizzie umgebracht hatte. Er litt unter Schizophrenie und galt als nicht therapiefähig.

Er riet mir, nicht mehr an Pasks Familie zu denken. »Ihr Vorrat an Mitgefühl ist beschränkt, konzentrieren Sie sich auf die Menschen, die auf Sie angewiesen sind, nicht auf jene, bei denen Sie nichts ändern können.«

Ich erzählte ihm, mein Schmerz fühle sich an wie ein unendliches schwarzes Loch, das mein ganzes Leben verschluckt. »Dieses Loch mag groß oder klein sein«, sagte er mir, »aber lassen Sie es uns doch mal ausmessen, stellen wir fest, wie groß es für Sie ist. Und dann werfen Sie vielleicht mal einen Blick in dieses Loch oder ziehen einen Zaun darum und ignorieren es.« Er hatte recht – wenn man versucht, die Ausmaße zu bestimmen, wird es leichter, damit zurechtzukommen. Er lehrte mich, damit umzugehen.

»Ich spüre, dass Sie Angst haben, nach York zurückzukehren«, sagte er.

»Ich werde nie mehr dorthin fahren, wenn es nicht unbedingt sein muss.«

»Dann müssen Sie die Rückkehr nach York auf Ihre Tagesordnung setzen. Es spielt keine Rolle, ob es nächste Woche, nächstes Jahr oder im nächsten Jahrhundert passiert, aber irgendwann müssen Sie aus eigenem Entschluss nach York fahren. Im Moment, denke ich, sind Sie dazu nicht in der Lage, aber eines Tages verlangt man es vielleicht von Ihnen, sei es aus beruflichen oder anderen Gründen. Lassen Sie sich davon nicht überrumpeln. Und außerdem: In diesem Jahr können Sie nicht nach York fahren, im nächsten dann nicht nach Yorkshire, dann nicht mehr in den Norden Englands, bis Sie irgendwann Ihr Haus nicht mehr verlassen können.«

Er entwickelte mit mir Strategien, um mit Geburtstagen, mit Weihnachten, dem anstehenden Prozess, dem Jahrestag von Lizzies Tod, dem Valentinstag, Muttertag und all den anderen Fallen zurechtzukommen, die der Kalender für den Trauernden bereithält.

Schritt für Schritt führte er mich in die Wirklichkeit zurück und half mir, den Kreidekreis, der mich abschottete, auszulöschen.

Am Anfang hatte ich zwei, manchmal sogar drei Sitzungen in der Woche, später wurde – wie bei Heroinabhängigen in der Resozialisation – der Zeitraum zwischen unseren Treffen immer größer. Nach zwei Jahren war es an der Zeit, Abschied zu nehmen.

»Jeremy, was Sie durchgemacht haben, war akuter posttraumatischer Stress.«

Ich kam mir ein wenig betrogen vor. Warum hatte er mir das nicht gleich am Anfang gesagt? Es war alles so offensichtlich, so klar. Als ich durch meinen Schmerz watete, unfähig zu erkennen, warum ich mich so unzureichend, so orientierungs- und richtungslos fühlte, hätte es mir vielleicht geholfen, den inneren Kompass wiederzufinden, wenn er es mir gesagt hätte. Erst da wurde mir bewusst, dass ich zu Beginn unserer Sitzungen so weit vom Gipfel entfernt gewesen war, dass er mir hätte sagen können, was er wollte – es hätte nie gereicht, um überhaupt zu erkennen, wo ich mich befand und was ich durchmachte. Man sagt, die Zeit heilt alle Wunden – das stimmt sicherlich, falls die Mediziner das Ihre dazu beitragen.

Kapitel 16

Hier die Geschichte eines typischen Wochenendes der Howes.

November 1992, ein Samstag.

Ich wachte auf. Da es ein Tag war, an dem man ausschlafen könnte, war ich etwa um Viertel vor acht auf, gewaschen, angezogen, mürrisch und nervös.

Ich war vielleicht noch nett zu den Kindern. Ich brachte ihnen Saft, fragte sie, wie sie geschlafen, was sie geträumt hatten (Lucy: »Nichts – ich hab geschlafen«), machte sogar Vorschläge, was sie anziehen sollten, aber um Viertel vor acht drängte ich sie, sich anzukleiden und fertig zu machen, denn …

Samstag ist der Tag, an dem wir …

… zu Sainsbury's fahren, und wenn wir nicht um neun dort sind, gibt es nur Gedrängel, denn so sehr ich Supermärkte hasse, gegen Supermärkte voller Leute habe ich eine regelrechte Phobie.

Jessica war recht zugänglich, Lucy missmutig und wenig kooperativ. Ich verstand nicht, warum – wenn sie mir nämlich beim Einkaufen halfen, durfte sich jede von ihnen doch einen Kuchen aussuchen. Und wenn sie sich ganz toll benahmen, ließ ich sie vielleicht sogar den Einkaufswagen schieben (obwohl ich ganz gern selbst den Wagen schiebe, wie ich zugeben muss).

Der Supermarkt war leer.

Ich hatte keinen Einkaufszettel. Das wäre zu zwanghaft gewesen. Ich bin ein Mann. Bei der Ankunft war ich recht beschwingt, aber kaum hatten wir uns durch die unerträgliche Obst- und Gemüsebarriere geschlagen, hatte ich jeden Lebenswillen verloren und merkte, dass die Kinder ausgeschwärmt waren, um sich Frühstücksflocken zu besorgen.

Jede Woche versuchte mich Lucy zum Erwerb von Choco Krispies zu verlocken. Jede Woche, außer an ihren Geburtstagen, kaufte ich ihnen Weetabix, weil ich in meiner Naivität meinte, es enthielte keine Zuckerzusätze. Lucy hasste Weetabix. Wir stritten uns mehr über Weetabix als über alles andere.

»Was willst du denn haben?«

»Choco Krispies.«

»Aber die bekommst du nicht. Was willst du außer Choco Krispies?«

Pause.

»Choco Krispies.«

»Lucy, warum nimmst du nicht die Cheerios. Papa kauft dir doch keine Choco Krispies.«

»Aber ich mag Choco Krispies.«

»Aber du magst auch Cheerios, Lucy«, vermittelte Jessica.

Ich machte mich auf die Suche nach Teebeuteln (entkoffeiniert) und ließ die beiden weiterdiskutieren.

Als ich zurückkehrte, lagen Choco Krispies im Einkaufswagen, und die Mädchen sprangen von einem Fuß auf den anderen in der Hoffnung, ich würde es nicht bemerken.

»Du bekommst keine Choco Krispies, Lucy«, sagte ich und stellte die Schachtel ins Regal zurück.

»Aber ich mag Choco Krispies.«

Nach einer weiteren Stunde des Ringens überredete Jessica Lucy, Rice Krispies zu nehmen. Ich meine, die waren doch fast so wie Choco Krispies – fast; nur nicht mit Schokolade überzogen. »Die sind genauso gut. Wirklich.« Ich warf eine Packung Rice Krispies hinein und vertagte damit den Streit auf Montagmorgen.

Wir waren erschöpft, der Einkaufswagen war voll mit im Grunde ungenießbarem Müll, den keiner mochte, außer zwei Lebkuchenmännchen, die wir immer kauften und für die wir immer eine Viertelstunde brauchten, um sie auszusuchen ...

»Nein, den bitte nicht, den nicht«, sagte Lucy, während ich sie vor die Glasvitrine hielt.

»Den hier?«, fragte der Mann, der uns bediente.

»Nein ...«

»Den hier?«

»Nein, den da. Den da drüber.« Sie fuchtelte wie wild mit dem Finger.

»Ich glaube, Sie meint den mit den roten, gelben und blauen Smarties-Knöpfen, nicht den mit den drei orangenen.« Gab es jemals ein Kind, das nur eine Farbe will, wenn es auch ganz viele bunte haben kann? Der Mann hinter der Theke hatte offensichtlich noch nie mit Kindern zu tun gehabt. Pah.

»Danke, Papa.« Sie klammerte sich an meine Hand und wurde rot. Der Weg ins Herz eines Kindes geht über bunte Smarties.

Nach hundert Jahren, die wir zwischen den Supermarktregalen verloren hatten, erreichten wir die Kasse. Der Gedanke, das viele Zeugs auf das Band zu packen, nur um es dann wieder in den Einkaufswagen zu laden, um es zum Auto zu bringen, wo es aus den Tüten herausfiel, um es erneut ein- und zu Hause wieder auszupacken, war deprimierend, vor allem dann, wenn man nun sah, was ich gekauft und was ich vergessen hatte – ich rannte los, ließ Jessica und Lucy an der Kasse stehen und besorgte Instant-Kaffee (entkoffeiniert), ohne mich um mögliche Kindesentführer wie in Ian McEwans *Ein Kind zur Zeit* zu scheren. Für solche Ängste hatte ich keine Zeit.

Ich war zu einem hoffnungslosen Shopper geworden. Was ich nicht verstand, weil ich zu Lizzies Lebzeiten immer den Samstagseinkauf übernommen hatte. Es hatte mir sogar Spaß gemacht – »Qualitätszeit« mit den Kindern. Jetzt schien ich nur Geld für Lebensmittel auszugeben, die keiner wollte. Nach mehreren Jahren des Supermarkt-Shoppens ohne Plan zwang mich eines unserer Kindermädchen dazu, auf dem Computer einen Einkaufszettel zu erstellen. Das nahm dem Einkaufen seinen Spaß, aber endlich bekamen wir alles, was wir brauchten.

Nachdem das nun alles erledigt war, ließ ich mich zu Hause mit einer Tasse Kaffee (entkoffeiniert) und einem klebrigen Hefeteilchen nieder. Es war noch nicht zehn, der ganze Tag lag noch vor mir, und ich war ermattet. Ich wünschte, es wäre bereits Schlafenszeit. Warum?

Meine regelmäßige Samstagsmigräne war im Anmarsch. Vor Lizzies Tod hatte ich nicht gewusst, was Migräne war. Jetzt litt ich unter Schmerzen, als würden die Schläfen zwischen einen Schraubstock gespannt, meine Gehirntätigkeit verlangsamte sich so weit, dass ich die Worte verschliff, ich war erschöpft, reizbar, mir war übel, ich litt unter erhöhter Geruchssensibilität (Mrs. Singh zehn Häuser weiter bereitete ein Curry zu) und hatte selbstmörderische Lust auf Schokolade. Mein Körper zwang mich, mich hinzulegen.

Ich hatte Gewissensbisse – ich hätte jetzt mit den Mädchen zusammen sein können, stattdessen hing ich am Telefon, um bei Julia von gegenüber anzufragen, ob sie auf die Kinder aufpassen könnte, solange ich mich ins Bett legte. Niemand ging ran. Ich probierte es bei Suzy. Niemand ging ran. Bei Christiana. Niemand ging ran. Catherine war auf der Arbeit.

Es klingelte an der Tür.

Es war Julia. Gott sei Dank. Sie war auf dem Heimweg vom Einkaufen und wolle nur mal nachfragen, ob die Mädchen zu ihr zum Kochen kommen wollten. Vielleicht hätte ich ja später, sagen wir in zwei Stunden, Lust, zum Mittagessen vorbeizuschauen. Jessica und Lucy hielten es für eine hervorragende Idee. Ich begleitete sie hinüber, plauderte müßig mit Julia an der Tür, eilte zurück, warf mir eine halbe Schlaftablette ein, stellte den Wecker auf zwei Stunden später und versuchte, meine Kopfschmerzen wegzuschlafen.

Der Wecker rasselte los. Wie betäubt wachte ich auf, die Schmerzen in meinem Schädel waren auf dem Rückzug. Ich versuchte, etwas Ordnung in unser häusliches Chaos zu bekommen, schlenderte zu Julia hinüber, wo das Familienleben volle Fahrt aufgenommen hatte und wo gebacken wurde. Jessica und Lucy waren dort ebenso daheim wie in unserem Haus. Jessica scheuchte Harry und Edie herum, Lucy kam zu mir, kuschelte sich auf meinen Schoß und malte, während Julia das Mittagessen kochte und ihr Mann Ollie irgendwo herumwerkelte.

»Was hast du gezeichnet, Liebes?«

»Ein Bild.«

»Das ist sehr schön. Was ist es?« Ein riesiger Kopf mit einem breiten lächelnden Mund und winzigen Gliedmaßen füllte das Blatt.

»Ein Bild von dir.«

»Oh, wie schön! Warum habe ich einen so großen Kopf und zwei so kleine Körper?«

»Weil du mein MamaPapa bist.« Sie lachte und wurde rot.

Ich habe diese Zeichnung noch immer, tatsächlich gab sie fast den Anstoß zu diesem Buch. Lucy hatte die Herausforderungen, denen ich mich gegenübersah, schlüssig und brillant zusammengefasst. Ich war nicht Mama (wie auch?), ich war aber auch nicht mehr nur der Papa. Ich war MamaPapa.

Wir aßen wie eine Familie, die Mädchen spielten dann mit Harry und Edie, während Julia, Ollie und ich beim Kaffee plauderten. Immer hatte ich die Uhr im Blick. Immer kam ich mir als Zumutung für andere vor, wollte die Gastfreundschaft nicht überstrapazieren, blieb aber immer gern länger, nicht um die Zeit totzuschlagen, sondern wegen des Gefühls, einer ganz normalen Familie anzugehören. Ich fand in diesem Jahr viele solcher Ersatzfamilien, die für mich zu einem Rettungsanker wurden. Sie gaben mir das Gefühl, dass ich noch zur Menschheit gehörte. Und ich strengte mich an – ich wollte meine Gastgeber nie langweilen, erzählte deshalb witzige Geschichten, machte Kaffee, unterhielt sie, so gut ich konnte, und versuchte nie, meine mannigfaltigen Sorgen bei ihnen abzuladen. Ich hoffe bloß, all diese großzügigen Menschen fühlten sich von mir nicht ausgenutzt.

Rundum versorgt gingen wir nach Hause, und die Kinder machten sich an ein schönes, langes Spiel.

»Wir sind oben und spielen das Anna-Spiel, Papa.« Oder: »Müssen wir jetzt wirklich weg, wir sind doch mitten im

Anna-Spiel.« Oder: »Nicht stören, Papa, wir kommen gerade zum besten Teil vom Anna-Spiel.«

Die Anfänge des Anna-Spiels verlieren sich im Nebel der Vergangenheit. Das Spiel schien auch keinen Anfang, keine Mitte und keine Ende zu besitzen, ich habe nicht die geringste Ahnung, wer Anna war oder ist, aber die Kinder gingen ganz darin auf. Meine anthropologischen Studien ergaben, dass es nur in ihrem Zimmer hinter geschlossener Tür gespielt werden konnte und hauptsächlich daraus bestand, so viele Requisiten wie möglich heranzuschaffen und dann eines von unzähligen Szenarien durchzuspielen (kamen wir zum Beispiel von einem Auslandsurlaub zurück, bestand der Hauptteil darin, dass die Mädchen Stewardessen spielten; nachdem eine Freundin uns zum Ballett mitgenommen hatte, bestand das Anna-Spiel aus einem Ballettunterricht). Unabdingbar war immer, dass sie die Sachen ihrer Mutter anzogen, die noch immer im Schrank gegenüber ihrem Zimmer hingen. Wann immer ich lauschte, hörte ich vor allem Jessica, die ihre Schwester herumkommandierte: »Und jetzt, Lucy, musst du das so machen …«

Betrat ich ihr Zimmer, unterbrachen sie ihr Spiel, und Jessica sagte mit einem breiten Grinsen: »Wir spielen das Anna-Spiel, Papa. Du kannst uns jetzt nicht stören, wir haben gar keine Zeit, wir stempeln nämlich die Bücher in der Bibliothek ab. Außer du willst eins ausleihen.«

»Gute Idee. Ich brauch ein paar neue Bücher zum Lesen.«

Dann entdeckte ich, dass die Ausleihregeln so strikt und kompliziert waren, dass Lucy die Bücher für mich aussuchen musste und Jessica, die diktatorische Bibliothekarin, mich deswegen rüffelte.

Mitten im Spiel brachen sie ab und kamen auf ein Glas Saft

und einen Keks nach unten und redeten aufgeregt darüber, dass sie in ihrem Anna-Spiel gerade eine Schulaufführung von *Dornröschen* probten, jetzt aber eine Pause einlegen mussten, aber ob ich denn die Tanzeinlage sehen wollte, wenn sie so weit seien.

Nach einigen weiteren Stunden kamen sie herunter und sahen sich erschöpft das Video von *Arielle, die Meerjungfrau* an, während ich mich am Abendessen versuchte. Gewöhnlich bestand es aus Gegrilltem oder einem Mikrowellengericht, und gewöhnlich wurde ich sehr gereizt, weil nie etwas zur gleichen Zeit fertig zu werden schien, und immer gab es dazu rohe aufgeschnittene Karotten und rote Paprika.

»Bohnen oder gefrorene Erbsen?«, rief ich.

»Muss das sein?«

Aus der Küchenhölle wurde ich schließlich durch meine Schwester errettet, die mir ein Kochbuch von Delia Smith schenkte. So durfte ich mich dann einen ganzen Nachmittag lang vergeblich daran versuchen, köstliche Spaghetti Bolognese oder einen Schmortopf zu zaubern. Aber wenigstens wusste ich dank Delia nun endlich, was ich tun sollte. Es muss noch ein oder zwei andere Gerichte gegeben haben, die ich neben Spaghetti Bolognese zuzubereiten lernte, aber der Teufel soll mich holen, wenn sie mir jetzt einfallen wollten.

Ich spülte das Geschirr, räumte es weg, dann setzten wir uns zu einem Spiel zusammen – *Frustration* oder *Sorry* oder *Uno*.

Bad, Bett, Gutenachtgeschichte, Gebet, alles folgte einem rigorosen Zeitplan: Abendessen um sechs, Spiel um halb sieben, Bad einlassen um sieben (es war Wochenende, also konnten sie, hmmm, mindestens eine Viertelstunde länger aufbleiben als sonst), Licht aus um Viertel vor acht. Ein unverrückbarer Zeitplan – eine Ordnung und Struktur, die mich am Laufen hielt, die dafür sorgte, dass ich nicht den Verstand verlor in meinem endlosen Kampf gegen die Uhr. Der restliche Abend gehörte dann mir, wobei ich mir wie ein Ersatzteil vorkam. Ohne die Mädchen oder meine Arbeit gab es mich nicht.

Die Sonntage waren ganz anders. Alles hatte geschlossen – oder die Läden machten später auf und schlossen früher –, es gab weniger Gelegenheiten zum Einkaufen oder für Cafébesuche, bei denen ich mich oder die Mädchen ablenken konnte. Sonntag ist der Tag der Familie, aber ich sah uns nicht als eine Familie, eher als eine leere Hülle. Familien verbringen den Sonntag gemeinsam, daher kamen seltener Freunde oder Nachbarn zu uns, um uns die Zeit zu vertreiben, und ich traute mich nicht recht, bei ihnen einzufallen. Ich war auf mich allein gestellt, außer ich brachte genug Energie und Verstand auf, um selbst etwas zu unternehmen (unwahrscheinlich), oder ein warmherziger Mensch hatte uns zu sich eingeladen (schon wahrscheinlicher).

Sonntage konnten ganz tolle Tage sein (falls wir unterwegs waren) oder die schlimmsten (falls nicht). Dann wurde mir erschreckend bewusst, was wir als Familie verloren hatten. Einer der Gründe, warum man heiratet oder sich einen Partner sucht, liegt wohl darin, dass dann die Sonntage leichter zu ertragen sind.

Der Sonntag war aber auch der Tag, an dem man ausschlafen konnte. Gegen halb acht kam daher Jessica in mein Schlafzimmer gepatscht und fragte, ob sie und Lucy Kinderfernsehen sehen dürften. Ich gab ihnen Saft und Erdnussbutter (aus Rücksicht auf ihre Mutter natürlich aus biologischem Anbau), platzierte sie vor die Kiste, ging wieder ins Bett und schlummerte noch ein halbes Stündchen. Das lange Ausschlafen am Sonntag hatte aufgehört, als die Kinder gekommen waren, und selbst jetzt noch, fünfundzwanzig Jahre nach Jessicas Geburt, ist es mir körperlich und moralisch nahezu unmöglich, sehr viel länger zu schlafen als bis acht Uhr.

Um dem Morgen einen Mittelpunkt zu geben, erfand ich ein neues Ritual: Aufstehen, frühstücken, dann ging es ins Wellenbad nach Didcot. Damit wir dort waren, bevor es voll wurde. Ihnen ist vielleicht aufgefallen, dass mir Menschenmengen nicht geheuer sind.

Als Kind, erinnere ich mich, gingen wir fast jeden Sonntagmorgen in Woolwich ins Schwimmbad. Das Schwimmen dort fand ich ziemlich anstrengend, aber ich liebte die Fahrt dorthin. Wir hatten damals keinen Wagen, weshalb wir bei einem Freund mitfuhren, was der Sache einen eigenen Reiz verlieh. Auf dem Rückweg ging es durch das Marschland von Abbey Woods, das bis vor zehn Jahren als Schießplatz und Munitionsdepot der nahegelegenen Kaserne gedient hatte, ein unheimliches und faszinierendes Ödland (es gehört jetzt zu Thamesmead und hat sich kaum verändert), vor allem für einen Jungen, der aus den langweiligen Suburbs stammte. Wenn wir Glück hatten, mussten wir an einem Bahnübergang warten, weil ein Zug vorbeigezockelt kam; für einen Siebenjährigen war damit der Tag gerettet. Nach dem Schwimmen, mit nassen Haaren und gut gegen die Kälte verpackt, besuchten wir den Süßigkeitenladen am Bahnhof von Abbey Woods (was einen noch größeren Reiz ausmachte), wo meine Mutter (nie mein Vater – er kam nicht mit, und bis heute frage ich mich, ob meine Mutter eine Affäre mit dem Typen hatte, der uns zum Schwimmen mitnahm) jedem erlaubte, für sechs Pence Süßigkeiten einzukaufen. Der Himmel auf Erden!

Das erzähle ich alles, weil ich diese Schwimmausflüge für uns drei wiederaufleben lassen wollte. Im Vergleich zu Oxford ist Didcot der Arsch der Welt, eine Art Pionierstadt an einer Eisenbahnkreuzung und einem Kraftwerk, das Dodge City von Oxfordshire, unsere Version von Abbey Woods. Und wie in meiner Kindheit schien sich die Schwimmbaderfahrung auf Kälte und Chlor zu reduzieren.

Das Bad selbst stellte uns vor ein Problem – wo sollten wir uns umziehen? Familienumkleiden gab es noch nicht. Ich nahm die beiden zunächst mit in die Männerumkleide, aber irgendwie hielt ich es nicht für vertretbar, dass sich die Mädchen vor Fremden mit haarigen Wänsten und Schwänzen entkleiden sollten. Sobald sich Lucy selbst anziehen konnte, steuerten die Mädchen die Damenumkleide und ich die der Männer an. Es war ihnen anzusehen, wie erwachsen sie sich fühlten, während ich mir nur jämmerlich und einsam vorkam. Ich wäre ihnen gern gefolgt, ich machte mir so große Sorgen um ihre Sicherheit. (Warum? Wie viele Übergriffe auf Kinder finden pro Jahr in den Damenumkleiden öffentlicher Bäder statt? Aber bedenken Sie, wie viele Frauen werden mitten am helllichten Tag an britischen Universitäten erstochen?) Mir war, als würde ich sie in eine verbotene Stadt marschieren lassen. Es erschien mir nicht rechtens. Obwohl ich mir Zeit ließ, war ich immer in dreißig Sekunden umgezogen, während Jessica (wie immer am Quasseln) und Lucy (die Trödlerin) gefühlte dreißig Minuten brauchten, bis sie am Beckenrand erschienen und auf mich zuhüpften, Lucy mit Schwimmflügeln, Jessica, die stolze Schwimmerin (mit einem Abzeichen, das ihr Maka auf den Badeanzug genäht hatte), ohne.

Ich versuchte zu lächeln, versuchte nett zu sein, innerlich aber war ich ein Nervenbündel voller Angst und Langeweile – und dann mussten wir natürlich schwimmen.

Zu sagen, Mr. Howe schwimme wie ein Fisch, wäre eine leichte Übertreibung – ich habe im Alter von zehn Jahren in der Schule bescheinigt bekommen, dass ich die zwanzig Meter schaffe, und das war es dann. Ich verfüge über den Auftrieb eines Betonklotzes, und obwohl ich es unwiderstehlich finde, bis zu fünf Minuten im Meer zu schwimmen (solange es seicht und warm ist), gehört Wasser nicht zu meinem natürlichen Lebensraum. Mit einem Nichtschwimmer (d. h. Lucy) ein Schwimmbad aufzusuchen hatte den Vorteil, dass ich im Seichten bleiben musste. Ich mochte es, wenn ich mit dem Fuß den Boden berühren konnte. Wir spielten Fangen, machten Wettrennen (ich bin ein schneller Schwimmer über kurze Distanzen – sagen wir ein bis zwei Meter), alberten herum und warteten auf die Wellenmaschine, die Spaß machte, und dann wurde mir ein wenig kalt, ich wurde ein wenig missmutig und drängelte zum Aufbruch, damit ich den nächsten Punkt auf meiner Liste der Dinge abhaken konnte, mit denen der Sonntag zu füllen war. Die Mädchen drängelten, noch etwas zu bleiben, aber schließlich setzte ich mich durch, und am Fußbecken gingen wir getrennte Wege. Wieder ließ ich mir Zeit, duschte und zog mich in dreißig Sekunden um und kam mir noch mehr wie ein Ersatzteil vor, wenn ich die Väter mit ihren Söhnen in der Umkleide sah. Wieder dauerte es (Jessica am Quasseln, Lucy die Trödlerin …), und nach mehreren Ewigkeiten des Wartens am ödesten Ort, den man sich jemals ausgedacht hat (dem Schwimmbadeingang), tauchten meine Töchter auf, das lange nasse Haar gebürstet, plaudernd wie zwei Teenager, die aller Sorgen der Welt enthoben waren.

In den Wagen, nasse Handtücher in den Kofferraum, dann zum Zwischenstopp für die sonntäglichen Süßigkeiten, was es unter der früheren Herrschaft ihrer Mutter, der E-Nummern- und Zuckerfaschistin, nie gegeben hätte; kühn gestattete ich jedem Mädchen einen Schokoriegel. Ich hielt den Wagen an, sagte ihnen, ich sei gleich wieder da, schloss die Türen ab, hastete in den Laden, behielt sie dabei immer im Auge, kaufte die *Sunday Times*, einen Schokoriegel für mich (Erwachsenengröße) und jeweils einen für sie (Kindergröße) und hastete zurück. Verblüffenderweise war ihnen nichts zugestoßen, wahrscheinlich hatten sie meine kurze Abwesenheit gar nicht bemerkt. Ich hatte einfach nicht die Geduld, sie aus ihren Sitzen zu schälen, in den Laden zu bugsieren und müßig den Nachrichten- und Sportteil sowie das Feuilleton zu lesen, während sie sich mit der Entscheidung abquälten, wofür sie ihre fünfzehn Pence ausgeben wollten, also nahm ich es ihnen ab. Vier Jahre lang habe ich alles im Schweinsgalopp erledigt.

Beim ersten Mal, erinnere ich mich, hatte ich Gewissensbisse, weil ich ihnen Süßigkeiten gekauft hatte.

Und ihr erstaunter Blick, als ich sie ihnen gab:

»Jessica, Lucy – schaut, was ich euch mitgebracht habe.« Durch das Wagenfenster winkte ich mit zwei mickrigen Animal Bars, für Lucy einen mit einem Elefanten auf der Verpackung (ihrem Lieblingstier), für Jessica mit einer Giraffe (Bienen gab es nicht – sie liebte Bienen – wahrscheinlich, weil es das einzige Tier war, das sie zeichnen konnte).

Erstaunt sahen sie mich an.

»Sind die für uns?«

»Ja.«

»Wirklich?«

»Ja, wirklich.«

»Danke, Papa, danke!«

Sie umklammerten die Schokoriegel, als wären es Goldbarren.

»Wenn ihr wollt, könnt ihr sie gleich essen«, sagte ich und biss von meinem Mars ab. Mir war es erlaubt, Süßigkeiten zu futtern, ihnen nicht – ist das nicht das Beste am Erwachsensein? Man kann immer Schokolade essen, wenn einem danach ist.

»Jetzt? Ooooh, *danke*, Papa.« Und behutsam packten sie ihre Schätze aus und mochten kaum glauben, was soeben geschehen war.

Ich habe nicht die geringste Ahnung, wie Kinder es schaffen, dass so ein kleiner Schokoriegel so lange hält, oder wie Lucy sich so viel davon um den Mund schmieren kann. Bald wurde mir klar, warum Mütter immer Unmengen an Papiertaschentüchern im Ärmel stecken, warum sie Handtaschen hatten, die mit Feuchtpflegetüchern und Kinderschmerzmitteln und Heftpflastern und Sicherheitsnadeln vollgestopft waren. Würde man die Taschen meiner alten Jacken durchsuchen, fände man garantiert noch zusammengeknüllte Taschentücher, klebrige Medizinlöffel aus Plastik oder gebrochene Haarclips.

Nach den Süßigkeiten ging es im halsbrecherischen Tempo auf der zweispurigen Straße nach Hause, als müsste ich ein Rennen fahren: ein Rennen gegen die Zeit. Ich hatte mir für alles Ziele gesetzt – unrealistische natürlich: Ankunft daheim um zehn Uhr dreißig, nachdem wir um zwanzig nach zehn erst das Bad verlassen hatten. So in der Art. Obwohl ich derjenige war, der am Steuer saß, hätte man den Eindruck gewinnen können, dass ich der Gejagte war.

Süßigkeiten, nach Hause … wenn möglich noch rechtzeitig, um die zweite Hälfte der *Archers* zu hören, nicht weil ich zu den Fans, sondern weil es zu meinem Job als leitender Redakteur gehörte; dann mit der Zeitung in einen Sessel, während die Kinder spielten.

Und dann fiel mir fast immer ein, dass wir noch etwas brauchten, diesmal ein Geburtstagsgeschenk für Jessicas Freundin Charlotte. Sollten wir gleich in die Stadt fahren oder bis nach dem Essen warten, wenn es voll sein würde?

»Jessica, Lucy, sollen wir in die Stadt und Charlotte ein Geburtstagsgeschenk kaufen?«

»Wir haben zu tun, Papa«, kam die Antwort. Ich kapitulierte und las weiter die Zeitung.

Ein frühes Mittagessen – Erdnussbutter, Knäckebrot, Karottenstifte und etwas Salami und Joghurt –, dann fuhr ich in die Stadt; wir hätten zu Fuß gehen können, aber ich hatte nicht die Zeit, um eine Stunde zu vertrödeln. Wir hatten genau eine Stunde auf der Parkuhr, um Charlotte ein Geschenk zu besorgen, also steuerten wir zielstrebig das Early Learning Centre an, suchten ein Buntstift-Set aus und waren nach etwa sieben Minuten wieder draußen. Wir gingen noch in einen Kartenladen (zwei Minuten) und dann in ein Nosebag-Café, wo ich einen Kaffee und die Mädchen Saft tranken und wir uns ein Stück Kuchen teilten.

Wir plauderten darüber, wie gern Mama in die Stadt und hierher gekommen war, wie sie dagesessen und so getan hatte, als würde sie ein Buch lesen, während sie nur die Menschen beobachtet hatte. Plötzlich beugte sich ein älterer Inder zu uns herab und sagte zu den Mädchen. »Ich kann mich noch gut an eure Mutter erinnern. Sie hat am Sonntagnachmittag immer hier gesessen und gelesen. Sie war eine sehr nette Frau.«

Wir redeten mit ihm, er sprach tatsächlich von Lizzie. Ein Mann, der von uns wusste, ein x-beliebiger Fremder mit einer Verbindung zu unserer Vergangenheit. Es waren magische zehn Minuten. Plötzlich war Lizzie wieder lebendig, und den Mädchen gingen die Augen über, als er von ihr sprach.

Unsere Parkzeit war fast abgelaufen, wir verabschiedeten uns und gingen. Die Mädchen kriegten sich kaum noch ein, als sie die Caféstufen hinunterstolperten. »Papa! Papa! Er hat Mama gekannt! War Mama berühmt, Papa?«

»Nein, meine Lieben, sie war nur Mama.«

Mama wollte nie berühmt sein.

»Aber die Leute wissen alles über unsere Mama! Sie war keine gewöhnliche Mama, oder, Papa?«

»Nein, meine Süßen, das war sie nicht.«

»Sie war eine besondere Mama!«

»Ich weiß. Ihr könnt von Glück reden, eine solche Mama gehabt zu haben.«

Als wir zum Wagen zurückgingen – oder wegen der Parkuhr liefen –, rief Lucy plötzlich: »Schaut! Da ist Mama!«

Wie angewurzelt blieb ich stehen. Als hätte ich einen Schlag abbekommen. »Wo, Schatz?« Ich suchte die Straße ab. Einen Augenblick lang glaubte ich ihr.

Harry von gegenüber hatte einmal zwanzig Pence im Rinnstein gefunden, seitdem hielt Lucy auf der Straße immer nach Schätzen Ausschau. Einen hatte sie hier gefunden, gewissermaßen. Am Boden lag die Freitagsausgabe der *Oxford Mail*, auf deren Titelseite ein Foto von Lizzie abgebildet war, gleich daneben eine unscharfe Aufnahme ihres Mörders, wie er in seiner leuchtend orangefarbenen Gefängniskleidung in den Gerichtssaal geführt wurde. Am Tag zuvor – neun Monate nach der Tat – war der Termin für den Prozess bekanntgegeben worden.

Das Bild fasste alles zusammen: Lizzie, die weggeworfen in der Gosse lag, teils verehrt, teils vergessen, und deren Schicksal mit einem anonymen, unscharf gezeichneten Fremden verknüpft war, mit dem ich nie etwas zu tun haben wollte. Seit ihrem Tod war ich bemüht, Lizzie und ihr Leben von der Art und Weise ihres Todes zu trennen. Eine Aufgabe, die die Kräfte eines Menschen überstieg. Und jetzt lagen sie hier im Rinnstein, Lizzie und ihr Mörder, zufällig Seite an Seite gestellt, was von einer schrecklichen Entblößung und von ebenso schrecklicher Gedankenlosigkeit zeugte.

Jahre später durchwühlte ich das Zeitungsarchiv und suchte nach dieser Ausgabe, konnte sie aber nicht finden. Manchmal frage ich mich, ob wir uns das alles nur eingebildet haben.

Wie die Wellen am Strand wird letztlich auch die Zeit alles mit sich fortspülen.

»Mama ist also berühmt, Papa.«

Mir ist schwindlig vor Gefühlen.

»Eigentlich nicht, Liebes. Eigentlich nicht.« Ich hatte einen Kloß im Hals und konnte nichts sagen. Jessica drückte mir die Hand, schweigend gingen wir weiter, nur Lucy hopste vor sich hin, weil sie ihre Mama gefunden hatte, die berühmt war.

Und dann fuhren wir wie an den meisten Sonntagen nach Hause, ich machte im Park einen Spaziergang mit ihnen auf ihren Rädern, Schaukeln auf der Schaukel, vielleicht ein Schwätzchen mit einer Mutter, die auf einer ähnlichen Tour unterwegs war, gefolgt von dem zwecklosen Versuch, etwas gegen das Unkrautdickicht zu unternehmen, das wir unseren Garten nannten.

Dann Hähnchenschenkel mit Kartoffeln in ihrer Schale, dann ab ins Bett – aber das galt nur für sie.

Der Teil des Wochenendes, auf den ich mich am meisten freute, begann am Sonntagabend um neun Uhr. Die Kinder lagen im Bett, schliefen, ich fläzte auf dem Sofa, bis ich Schritte vor der Tür hörte, das Klopfen, dann: »Ich bin's nur.« Catherine Unia, unsere Tagesmutter.

Sonntagabend zahlte ich ihr den Lohn, wir saßen ungefähr eine Stunde zusammen, gingen die zurückliegende Woche durch und planten die kommende.

Als wir nach Oxford zogen, waren Jessica und Lucy die ersten beiden Kinder, die Catherine als Tagesmutter aufnahm. Seitdem hatte sie sich um die beiden gekümmert und immer wieder die Lücken gefüllt, die entstanden, weil ich mir die Kindermädchen, die nötig gewesen wären, nicht leisten konnte oder sie schlichtweg nicht fand. Ich brachte die Mädchen nach dem Frühstück zu ihr, und sie oder Linda holten sie später von der Schule ab. Sie war immer da und hielt uns den Rücken frei. Sie war ein Gottesgeschenk – ein Wort, das mir nicht leichtfertig über die Lippen kommt. Ach, und habe ich bereits erwähnt, dass sie approbierte Ärztin war, sich aber eine Auszeit genommen hatte, um ihre sechs Kinder großzuziehen, von denen eines adoptiert war (nebenbei arbeitete sie samstags in einer Einrichtung für Familienplanung und Sexualberatung)? Sie war mit Pram verheiratet, dessen Familie von Indien über Kenia nach Großbritannien gekommen war. Kennengelernt hatten sie sich, als er als Busschaffner in Cambridge und sie in Birmingham als junge Ärztin gearbeitet hatten. Mittlerweile gehörte er zu den Führungskräften der

Auslandsabteilung von Oxfam und war fast das halbe Jahr in Ländern wie Afghanistan unterwegs. Ihre älteste Tochter Hannah ging in die fünfte Klasse, das jüngste Kind war noch ein Baby. Joe, in Jessicas Klasse, war ein Lausebengel, wie er im Buche stand, aber es gab wohl niemanden, der ihn nicht gemocht hätte.

Die Unias waren eine außergewöhnliche Familie. Jeder von ihnen warf uns auf seine Weise einen Rettungsring zu. Im Zentrum von allem aber stand Catherine. Sie war ein, zwei Jahre älter als ich, groß, trug bodenlange wallende Erdmutterkleider und hatte lange Haare, die ihr in die lächelnden Augen fielen. Sie suchte nur selten direkten Blickkontakt, war trotz ihres extravaganten Auftretens ziemlich schüchtern, dafür aber wahnsinnig prinzipientreu, redselig und fundamentale Atheistin. Nie bin ich einer Heiligen näher gekommen.

Die Geschichte der Adoption sagt alles, was man über die Unias wissen muss. Catherine war etwa im vierten Monat mit dem dritten Kind Emily schwanger und lebte als Europäerin mit ihrem für Oxfam tätigen Mann in Indien. Er kam nach Hause und sagte: »Die Nonnen haben mich gefragt, ob wir für ein kleines Mädchen nicht ein Zuhause finden könnten.« Sie konnten, und so wurde Martha in die Familie aufgenommen.

Catherine nahm mit dem Kalender in der Hand auf dem Sofa in unserem Wohnzimmer Platz.

»Ein Glas Wein?«, fragte ich und ging in die Küche, um das Geld zu holen, das ich ihr schuldig war, sowie meinen Kalender, auf dem Woche für Woche unser Schicksal verzeichnet war.

»Lieber ein Bier«, rief sie. Mit den Getränken in der Hand

machten wir uns daran, mein Leben für die kommenden sieben Tage zu organisieren.

»Und, wie war die Woche?«

»Ging so.«

»Die Mädchen hatten eine ganz gute Woche, meine ich. Jessica kommt gut mit Katie zurecht.«

»Aber nur, weil sie sie herumkommandieren kann. Warum muss sich Jessica bloß jeden Morgen so an mich klammern, und warum muss Lucy immer so griesgrämig sein?«

Ein typischer Morgen unter der Woche sah nämlich so aus: Ich weckte die Mädchen, Jessica war quicklebendig, Lucy muffelig. Sie suchten sich aus, was sie anziehen wollten, während ich duschte, mich rasierte und mich fertig machte. Dann runter zum Frühstück, Getreideflocken, Toast und Saft. Jessica mampfte sich durch die Weetabix (siehe Sainsbury's oben), quasselte unaufhörlich über nichts Bestimmtes, wahrscheinlich über Katie, ihre beste Freundin, die ich nicht leiden konnte, oder über Becca, die eine Nervensäge war. Lucy rührte nur in ihren Rice Krispies (siehe ebenfalls oben) und träumte vor sich hin.

»Lucy, iss auf, Liebes, wir müssen in einer Minute zu Catherine.«

»Ich mag keine Rice Krispies.«

»Aber du hast sie dir doch selbst ausgesucht.«

»Aber ich mag keine Rice Krispies.«

»Lucy, iss lieber auf, sonst wird Papa noch sauer auf dich«, sagte ihre Schwester in ihrer blasierten Art.

»Aber ich mag sie nicht.«

»Iss noch fünf große Löffel, dann lassen wir es gut sein, okay?«

»Ich hab keinen Hunger.«

Ich hatte in aller Eile für Jessica einen Apfel geschält und zurechtgeschnitten. »Möchtest du was von Jessicas Apfel?«

»Ich mag keine Äpfel«, greinte sie. Jessica kaute betont ihre Apfelschnitze. »Aber Lucy, du magst doch Äpfel.«

»Nein, mag ich nicht.« Trotzig knallte sie den Löffel in ihren Teller.

Ich nahm ihren Löffel und füllte ihn randvoll mit Rice Krispies. »Komm schon, Lucy. Fünf große Löffel. Ohne Frühstück lasse ich dich nicht gehen.« Frühstück war für mich das Allerheiligste. Schließlich konnte man nicht mit leerem Magen zur Arbeit, und außerdem war es die einzige Mahlzeit, über die ich die Kontrolle hatte – wie Sie gerade sehen.

Sie kniff die Lippen zusammen, als ich ihr den Löffel an den Mund führte. Das war nun etwas heikel, denn wenn ich nicht aufpasste, verschüttete ich die Milch. »Komm schon, Lucy.« Sie drehte den Kopf weg. Ich folgte ihr mit dem Löffel, worauf sie den Kopf zur anderen Seite drehte, gegen den Löffel stieß und sich das Sweatshirt über und über mit Milch bekleckerte. Ich wette, Sie haben es kommen sehen.

»Lucy«, brüllte ich. »Schau, was du gemacht hast!«

Jessica mampfte weiterhin ihren Apfel. »Oh, Luce.« Lucy fing zu weinen an.

»Geh und mach dir das Sweathshirt sauber und komm erst wieder runter, wenn du weniger schlecht drauf bist. Du kannst nicht zur Schule, wenn du nichts gefrühstückt hast. Wie wäre es, wenn ich dir ein Erdnussbutter-Sandwich mache?« Brian Redhead brachte im Radio die nächste Zeitansage. Ich hatte noch etwa sechs Minuten, bis ich das Haus verlassen musste.

Lucy wusste, dass sie um das Frühstück herumkam, wenn sie auf Zeit spielte, und natürlich gewann sie, weil wir aus dem Haus mussten, ob wir fertig waren oder nicht. Ich war gereizt und zu spät dran. Wie immer. Ich musste um 8.25 Uhr das Haus verlassen, mittlerweile war es fast halb neun. Ich schloss mein Rad auf und schob es auf die Straße. Jessica hielt meine Hand. Lucy ging neben mir, die Tränen schienen vergessen, dafür hatte sie jetzt einen großen nassen Fleck mitten auf ihrem Sweatshirt.

So weit, so gut.

Aber jetzt wurde es knifflig.

Wir gingen die Straße entlang, ich begrüßte den Nachbarn, der sich immer um mein Auto kümmerte und sich gerade die Tageszeitung holte. Jessica war mittlerweile verstummt.

Wir überquerten die Straße, ich spürte, wie sich Jessica immer stärker an meine Hand klammerte. Wir klopften an Catherines Tür, und Jessica murmelte: »Ich will nicht, dass du zur Arbeit gehst, Papa.« Sie drückte jetzt meine Hand. Joe öffnete die Tür und rauschte nach einem schnellen »Hallo« wieder nach oben. Er war sehr mit einer Erfindung beschäftigt. Ich musste Jessica jetzt in die Küche schleifen, wo Catherine die noch sehr kleine Leila, die wie ein junger Vogel den Schnabel aufsperrte, mit Joghurt fütterte. Ich wünschte mir, Lucy würde sich ein Beispiel an ihr nehmen.

»Setzt euch, Mädchen. Dauert nicht mehr lange. Joe!«, brüllte sie. »Zeit für die Schule. Er baut eine Falle für den Igel hinten im Garten. Er will ihn fangen und zum Haustier abrichten. Mitsamt seinen Flöhen und Parasiten. Er tickt nicht ganz sauber, was meint ihr, Mädchen?«

»Kann ich bitte Toast haben, Catherine?«, sagte Lucy,

als hätte es unsere Frühstücksauseinandersetzung nie gegeben.

»Nimm dir. Plastikbrot oder Vollkornbrot?«

»Plastikbrot, bitte.«

»Weißbrot ist noch im Toaster. Lass das nicht deinen Papa sehen!«

»Wir haben uns wegen der Rice Krispies gestritten«, fügte ich etwas lahm hinzu und versuchte, mich aus Jessicas klammerndem Griff zu lösen.

»Ich will nicht, dass du gehst, Papa!«, murmelte sie so verstohlen wie möglich.

»Komm schon, Jessica«, sagte Catherine, der das alles nicht entgangen war. »Papa muss zur Arbeit, und wir müssen in die Schule. Joe kann es kaum erwarten, in seine Naturkundestunde zu kommen. Mr. Standish macht anscheinend ein paar Experimente. Erinnert ihr euch noch, wie er das letzte Mal das Pult abgefackelt hat?« Als ich mich von Jessicas Hand befreit hatte, klammerte diese sich an mein Bein. »Papa, geh nicht zur Arbeit. Ich will nicht, dass du zur Arbeit gehst!«, schluchzte sie.

»Liebling, ich muss zur Arbeit. Wenn ich nicht arbeite, haben wir nichts zu essen. Du willst doch nicht verhungern, oder?«

»Ist mir egal. *Ich will nicht, dass du gehst!*«

Lucy strich dick Nutella auf ihren Toast. Bei uns gab es nur im Urlaub Nutella.

Catherine war aufgestanden, um uns zu entwirren.

»Also, Jessica, ich dachte mir, nach der Schule könnten wir Cupcakes backen, wie sie deine Mutter immer gemacht hat. Heute ist nämlich Backtag. Vielleicht wollt ihr mir ja beim Zuckerguss helfen.« Als Tagesmutter mit sechs eigenen Kindern stellte Catherine Kuchen in Industriemengen her. »Was für einen Zuckerguss sollen wir denn machen?«, fuhr sie fort und raunte mir zu: »Geh schon.« Und zu den Mädchen: »Ich bin ja für Schokolade, aber Emily will Zitrone.«

»Schokolade«, murmelte Jessica.

»Dann bis nach dem Abendessen, und seid brav.« Ich küsste Lucy – die sich glücklich durch ihren Toast arbeitete – auf die Stirn und Jessica auf die Wange. Flehend, unter Tränen sah sie mich an. »Ich will ... nicht ... dass Papa ... geht.«

Ich ignorierte sie, machte mich eiligst davon, schloss die Tür und warf mich aufs Rad. Gerade so erwischte ich noch den Zug. Meine Einstellung zur Zeit war so paranoid, dass ich in den letzten zwanzig Jahren meine Uhr immer um fünf Minuten vorstellte. Ich war immer in Eile.

Bis ich im Zug saß, war ich fix und fertig.

Vom Büro aus rief ich dann Catherine an. »Alles in Ordnung, Jeremy. Kaum warst du weg, hat sie sich zusammengerissen, hat aufgehört zu weinen und zusammen mit Lucy geholfen, Leila zu füttern. Und auf dem Weg zur Schule hat sie vor sich hin gequasselt, als wäre nichts gewesen. Sie hat mir von Tante Louise erzählt, dass sie heiraten will und sie und Lucy Brautjungfern sind. Sie ist ganz aufgeregt deswegen. Wirklich, alles in Ordnung.«

Mir wurde immer angst und bange, wenn wir die Straße zu Catherine überquerten, da sich Jessica unweigerlich an mich klettete. Als Antwort auf meine Frage sagte Catherine nur: »Ich habe keine Ahnung. Ansonsten macht sie einen ganz vernünftigen Eindruck. Wenn ich sie von der Schule abhole, ist sie munter und vergnügt, sie fragt nie nach dir. Ich weiß es nicht.«

Wir befassten uns mit der vorausliegenden Woche.

»Am Montag bringe ich sie zu dir, und Linda holt sie von der Schule ab. Jessica ist zum Abendessen bei Katie. Am Dienstag, Mittwoch und Donnerstag bringst du sie zur Schule, wenn das okay ist, und Linda holt sie ab, außer am Donnerstag.«

»An dem Tag ist Charlottes Geburtstagsparty.«

»Ich weiß. Wir haben ihr auch ein Geschenk gekauft *und* die Kinder haben es eingepackt«, erwiderte ich stolz.

»Du hast daran gedacht?«

»Suzy hat mich daran erinnert. Am Donnerstag wird es bei mir spät, aber nicht später als neun, Linda muss allerdings pünktlich um halb acht weg. Könnte Hannah babysitten?«

»Ich schau mal nach, aber ich glaube, sie hat bis sieben Bandprobe. Wenn sie nicht kann, wird das sicherlich Tom übernehmen.«

»Am Freitag bringe ich sie zur Schule, weil wir vorher bei Dr. Forrest sind, und Julia wird sie, glaube ich, von der Schule abholen und bis zum Abendessen mit zu sich nehmen, aber das muss ich noch nachprüfen. Außerdem werde ich an dem Tag sowieso zu Hause arbeiten.«

»Soll ich dir was bügeln?«

Schuldbewusstes Innehalten.

»Das wäre toll. Vielen Dank. Waschen kriege ich hin, aber das Bügeln …«

»Warum lässt du es nicht Linda machen?«

»Na ja, sie bügelt die Sachen der Mädchen … und es geht mir ja auch immer flotter von der Hand … aber du weißt ja, wie das so ist mit dem Putzen und Kochen …«

»Was das Putzen angeht, hätte ich einen Vorschlag.«

»Schieß los.« Verzweifelt ließ ich den Blick durch das Zimmer schweifen. Lizzie war weniger von Hausfrauenstolz beseelt gewesen als von ihrer Chaosphobie, während ich ... nun ja ... ein Mann war.

»Kennst du Ruth Lee?«

»Nein ...?«

»Sie gehört zu den Frauen, die sich in New Hinksey ums Schulessen kümmern.« Sie beschrieb jemanden, der wie ein Panzer gebaut war, um die fünfzig, eher maskulin, immer eine dicke Lippe riskierte und zu jedem und allem eine Meinung hatte, eine typische Oxforderin. »Ich bin mir sicher, dass sie nur allzu gern aushelfen würde.«

Also beauftragte sie Ruth, ein- bis zweimal in der Woche zu uns zum Putzen zu kommen. Irgendwann gaben sich auf Catherines Betreiben die Damen vom Schulessen turnusmäßig bei uns die Klinke in die Hand und wirbelten wie der Blitz durchs Haus. Danach war unser Zuhause zwar immer noch etwas leblos, aber zumindest sauber. Und die Mädchen bekamen in der Schule stets einen großen Nachschlag auf ihr Lieblingsdessert.

»Ich hoffe, du hast nichts dagegen, aber letztens, als ich für die Mädchen Kekse gesucht habe, ist mir aufgefallen, dass das obere Fach im Küchenschrank, na ja, voller Kuchen ist ...«

»Ach, Gott, ich weiß einfach nicht, wohin damit.«

»Die meisten habe ich weggeschmissen, die, die in ihren Dosen bereits Schimmel angesetzt hatten. Ich hoffe, das war in Ordnung.«

Catherine hatte mich durchschaut.

Mindestens ein- bis zweimal in der Woche, meistens am Freitagabend, klopfte eine Nachbarin an die Tür – gewöhnlich jemand, der mir nur entfernt bekannt war –, drückte mir eine Kuchenform in die Hand und sagte so etwas wie: »Ich hab gebacken und Ihnen einen Extra-Kuchen gleich mitgemacht. Ich hoffe, Sie mögen Karottenkuchen. Es ist das Rezept meiner Großmutter …« So in der Art, und ich brachte es nie übers Herz, ihnen zu sagen: »Ich hasse Karottenkuchen.« Also dankte ich ihnen überschwänglich, versprach, irgendwann die Kuchenform zurückzubringen, und verstaute sie in dem Fach, das inzwischen das Kuchenfach hieß und nur ein paar Mal in der Woche geöffnet wurde, um die nächste Lieferung entgegenzunehmen.

Catherine gab in der Schule bekannt, dass die Howes sich mit Kuchen mästen könnten und in nächster Zeit wohl keine mehr brauchten, worauf unser Kuchenberg allmählich verschwand.

Catherine brachte auf ihre taktvolle, subtile Weise Ordnung in mein Leben und in das der Mädchen, wies mir den Weg, unterstützte mich und war verlässlich wie ein Fels in der Brandung. Sie war immer da, wenn man sie brauchte …

»Catherine?«

»Hallo«, meldete sie sich am Telefon.

»Hallo. Wir haben ein kleines Problem. Lucy hat ein paar Kirschen gegessen – mitsamt den Steinen.«

»O Gott. Was für ein Dussel.«

»Soll ich zur Notaufnahme?«

»Wie viele hat sie gegessen?«

»Sechs, glaube ich.«

»Du hast mitgezählt, als sie reingegangen sind, also zähl mit, wenn sie rauskommen. Wenn sie alle wieder da sind, ist nichts passiert. Jessica wird sicherlich wissen, wie viele sie verdrückt hat. Frag sie. Aber kein Grund zur Sorge, wirklich. Ich muss jetzt weitermachen, Leila plärrt sich die Seele aus dem Leib.«

So war Catherine. Die Schutzheilige der Kindererziehung. Und natürlich wusste Jessica exakt, wie viele Kirschen ihre Schwester gegessen hatte – »… aber ich hab bloß fünf bekommen.«

Nachdem wir die nächste Woche durchgegangen waren, gab Catherine mir einen Kuss auf die Wange und sagte: »Dann bis morgen, in alter Frische. Ich finde allein raus. Du machst das schon, ehrlich. Die Mädchen sind wunderbar.«

Das Wochenende war vorüber.

Kapitel 17

Als ich an einem grauen Montag im November nach einer besonders schwierigen Phase mit den Mädchen aus der U-Bahn stieg und zu meinem Büro ging, stellte ich mir vor, ich stünde am Ruder einer Hochseejacht in stürmischem Wetter. Die Mädchen drängten sich zu beiden Seiten an mich, der Wind heulte, die Wellen türmten sich vor uns auf, während das Boot gegen sie ankämpfte. Ich wusste nicht, ob wir es heil überstehen würden. Ich hatte Angst. Mit aller Kraft hielt ich mich am Ruder fest.

Fast vier Monate klammerten wir uns mittlerweile an das Boot, das Überleben hing nicht mehr so sehr davon ab, dass wir uns den Krisen stellten, sondern wie wir mit unserer Situation zurechtkamen. Der große Vorteil der Arbeit lag darin, dass sie gleich geblieben war, so sehr ich mich auch verändert hatte. Sie war für mich ein Rettungsanker, der mich mit der Normalität verband.

Vor uns aber lag eine ganze Reihe von Ereignissen, die uns in unkartierte Gewässer führten. Wie Sie wissen, hatten die Howes – Jeremy, Jessica, Lucy und Lizzie – großen Wert auf den Festkalender gelegt. Dem mussten wir uns nun zu dritt stellen. Mir war, als läge vor uns ein Minenfeld. Weihnachten drohte, davor die Guy Fawkes Night, dicht gefolgt von meinem Geburtstag.

Jedes Jahr seit unserem Umzug nach Oxford hatten wir in

der Guy Fawkes Night eine Party gegeben. Es hatte immer Spaß gemacht, auch wenn sich Lucy jedes Mal ins Haus geflüchtet hatte, wenn das Feuerwerk losging – obwohl ich immer nur ziemlich schöne, aber langweilige Feuerwerkskörper ohne Böller gekauft hatte. Dieses Jahr konnte ich mich nicht dazu aufraffen. Die Nachbarn machten ein paar Folienkartoffeln und schossen ein paar Raketen ab, aber es war nur ein blasser Abglanz unserer früheren Feste. Alle wussten es. Ich kam mir schäbig vor.

Zwei Wochen darauf war mein Geburtstag, den ich mit aller Macht ignorieren wollte. Was gab es schon zu feiern? Ich habe jenen Tag damals aus meinem Gedächtnis gestrichen und kann mich nur noch daran erinnern, dass ich für Radio 3 in Westlondon ein Hörspiel aufgenommen habe (Hugh Grant sprach die Hauptrolle – schon mal von ihm gehört? Damals war er noch nicht berühmt). Aber weil ich vom Hörspiel für Radio 3 zur Abteilung für Hörspiel und Hörfunkserien bei Radio 4 gewechselt hatte, wurde ich in der Mittagspause zu einem Meeting mit dem Controller von Radio 4 in dessen Büro im Broadcasting House in der Regent Street zitiert, d.h. man kam nur recht mühsam hin, und ich verspätete mich. Alle anderen warteten bereits, ich entschuldigte mich, dann drehte sich einer der Kollegen, der in der Ecke an etwas herumgefummelt hatte, um und überreichte mir eine Geburtstagstorte mit Kerzen. Ich war gerührt. Später kaufte ich sogar noch Sekt für die Mitarbeiter, fühlte mich aber innerlich leer. Jetzt feierte ich also doch diesen Tag, um den ich eigentlich kein Aufhebens machen wollte.

Weihnachten war heikler – die Mädchen hätten es mir nie verziehen, wenn ich es wie meinen Geburtstag unter den Tisch hätte fallen lassen.

Mein Plan war ganz einfach: Nimm so wenig Urlaub wie möglich (ich hatte im Sommer schon acht Wochen freigenommen, jeder Tag Urlaub war daher mit Gewissensbissen befrachtet) und bleib nirgends länger als nötig, damit die Depression dich nicht überwältigen kann.

Es ließ sich folgendermaßen an:

Heiligabend: Ich hatte frei. Wir gingen in der Stadt einkaufen, sahen die Matineevorstellung eines Weihnachtsspiels im Oxford Playhouse Theatre und verteilten dann riesige Blechdosen mit *Cadbury-Roses*-Schokolade an verschiedene Familien in der Straße, die uns immer wieder ausgeholfen hatten. Am Nachmittag kam Inga-Stina Ewbank mit einem norwegischen Lebkuchenhaus vorbei, das sie für die Kinder gebacken hatte, die mittlerweile im Zustand höchster Erregung waren.

Abendessen bei Freunden, dann nach Hause. Ganz allein den Weihnachtsmann zu spielen, Socken zu füllen und Geschenke einzupacken, erfüllte mich mit Melancholie.

Weihnachten: Unmenschlich früh wurden die Socken geleert. Der Weihnachtsmann hatte dafür gesorgt, dass neben den Süßigkeiten, die Papa zu den vergangenen Weihnachtsfesten regelmäßig besorgt hatte, die Socken auch mit Dingen vollgestopft waren, die eher Mamas Spezialität waren – eine neue Zahnbürste, neue Waschlappen und neue Unterhosen und Unterhemden.

Im Eiltempo nach unten und den gewaltigen Geschenkeberg inspiziert.

Frühstück aus Choco Krispies und anderer Schokolade.

Jessica und Lucy, in schönster Weihnachtsgarderobe, öffneten die Geschenke von Papa: einen riesigen geflochtenen Wäschekorb voll.

Aufbruch zu Maka und Deda.

Der Wagen machte mitten im Nirgendwo schlapp. Anruf beim Automobilclub.

Kamen spät und übel gelaunt zum Mittagessen.

Mittagessen und Rede der Queen im Schnelldurchlauf, dann öffneten wir noch mehr Geschenke. Jessica und Lucy bekamen die zauberhaften Ballerina-Sachen, die sie sich so sehr gewünscht hatten.

Nächtliche Fahrt (dem Auto gut zugeredet) zu meinem alten Boss David und seiner Frau Karin nach Somerset. Weitere Geschenke.

Schließlich konnte ich die Mädchen breitschlagen, ihre zauberhaften Ballerina-Sachen gegen den Schlafanzug einzutauschen. Ab ins Bett, die Erwachsenen spielten *Risiko*. Überraschenderweise eroberte David, bis zu seiner Rente vor zwei Jahren einer der erfolgreichsten Filmproduzenten in Großbritannien, die ganze Welt.

Am zweiten Weihnachtstag ließen wir Drachen steigen und waren danach über und über mit Schlamm verschmiert. Am Spätnachmittag zu meinem Bruder. Wagen machte schlapp. Anruf beim Automobilclub.

Kamen übel gelaunt an. Weitere Geschenke. Dann weiter zu meiner Mutter: ein schwieriger Besuch für mich, da ich zum ersten Mal seit Lizzies Tod wieder nach Sudbury kam. Mir war, als würde ich über Glasscherben laufen. Ich fand mich nur schwer zurecht. Ging allein in der Flussniederung spazieren, erreichte aber nicht die emotionalen Höhen wie an jenem Morgen nach Lizzies Tod. Fühlte mich nur taub und elend.

Nach weiteren Geschenken und einem frühen Essen besuchten wir das Weihnachtsspiel im Theater von Colchester, wo ich als Regisseur gearbeitet hatte. Beim Vorlesen der

Geburtstage am Ende der Vorstellung sagte der Schauspieler, der die Frauenrolle des Stücks spielte, ein Bekannter von mir: »Und alles Gute zum Geburtstag für Mr. Jeremy Howe, der heute einhundertvier und ein halb wird.« Ich fühlte mich geehrt. Nach dem Schlussvorhang ging ich mit Jessica und Lucy hinter die Bühne, wo wir das Ensemble trafen. Sie fanden es zauberhaft. Ich kam mir schrecklich einsam vor, wie ich dort stand, sie an der Hand hielt und darauf wartete, durch die Bühnentür gelassen zu werden.

Und so weiter auf unserer England-Rundreise zu Freunden, Verwandten und allen, die uns aufnehmen wollten.

Als wir wieder zu Hause ankamen, hätten wir einen Anhänger für die Geschenke der Kinder gebraucht. Ich erinnere mich, in dem Jahr, in dem mein Onkel bei dem Autounfall starb, war meine Cousine Liz zu Weihnachten zu uns gekommen. Ihr Geschenkeberg war fast so hoch wie der Weihnachtsbaum und viermal so umfangreich gewesen wie der nicht unbeträchtliche Stapel von uns dreien zusammen. Wir hatten zehn Minuten gebraucht, um unsere Geschenke auszupacken, aber den ganzen Morgen für ihre. Auch Jessica und Lucy bekamen Geschenke von allen, denen sie jemals begegnet waren. Die letzten Geschenke öffneten wir an Dreikönig, die letzte Weihnachtsschokolade verdrückten wir am Karfreitag. Sie erhielten so viele Adventskalender, dass ich einen Laden hätte aufmachen können. Alle, die Schokolade enthielten, warf ich in den Müll. Sie waren außer sich, als sie davon erfuhren.

Ostern dagegen gestaltete sich ziemlich einfach – und war fantastisch. Lucys Patenonkel Eoin lud uns zu zwei Freunden in Südspanien ein: Willy und Alison. Die beiden hatten ein Haus über einem langen, leeren Strand am Atlantik. Verschiedene Freunde schauten vorbei und verwöhnten uns nach Strich und Faden, Alison bemutterte sie, und wahrscheinlich zum ersten Mal seit Lizzies Tod konnte ich mich richtig entspannen. Und wir verschlangen Unmengen an Schokolade.

Das wurde zum Vorbild für unsere zukünftigen Urlaube.

Ich war immer gern in Urlaub gefahren und wurde als Alleinerziehender ganz gut darin – wenn es nach meinen Bedingungen lief, d.h. keinen einzigen Augenblick der Langeweile, dreihundert Reiseführer pro interessante Stadt, viele Ausflüge und kein Herumfaulenzen am Pool oder Sonnenbaden. Wir schlossen uns immer anderen an (was wir vor Lizzies Tod nie gemacht hatten), nie waren wir drei allein unterwegs. Meistens mit Clive, der uns im Sommer nach Donegal geschleift hatte, und seiner Frau Elaine, aber in den folgenden drei Jahren waren wir auch noch mit einem halben Dutzend anderen Familien oder Freunden weg.

Ich weiß nicht, ob ich es ertragen hätte, wenn ich mit den Mädchen allein weggefahren wäre. Ich wäre mir einsam vorgekommen und hätte mich gezwungen gefühlt, so zu tun, als wären wir eine Familie. Die Mädchen genossen die Gesellschaft anderer Kinder, sie hatten eine Ersatzmutter, die all das machte, was Mütter eben so machen und was mir einfach nicht gelingen wollte. Ich genoss es ebenfalls. Es war auch für mich angenehm, rund um die Uhr eine Mutter bei der Hand zu haben, die wusste, was zu tun war, und immer genau die richtigen Worte fand, die mir so schwer über die Lippen kamen. Schön war es auch, Gesellschaft zu haben, vor allem am Abend, der Alleinerziehenden immer als eine große Zeitwüste erscheint. Und wenn zwei Familien zusammen waren, fiel es nicht so auf, dass uns Howes das Rückgrat gebrochen war –

ich meine damit nicht, dass es den anderen auffiel (das war mir ziemlich egal), sondern mir. Urlaube sorgten dafür, dass ich mir im Kopf eine Art Familiennormalität zurechtzimmern konnte. Und obwohl das Geld vorn und hinten nicht reichte, waren wir oft im Urlaub. Im Grunde musste nur jemand andeuten »Könnt ihr euch vorstellen, mit uns wegzufahren?«, und zehn Minuten später war die Sache beschlossen. Jede berufstätige Mutter weiß ein Lied davon zu singen, wenn sie ihre Sprösslinge in den sechswöchigen Sommerferien unterzubringen versucht und zu Hause die Freunde verschwunden sind. Urlaube halfen, diese langen Wochen zu füllen. Oft kam es bei uns sogar zu einem Überangebot an Einladungen. Im Jahr nach Lizzies Tod kamen wir nach einer Woche in der Dordogne mit Clive und Elaine spät am Samstagabend nach Hause, nur um am Sonntagmorgen nach Bath zu fahren, damit die Mädchen mit Maka und Deda nach Devon aufbrechen konnten. Zwei Jahre später hatten wir zweieinhalb Wochen in Griechenland gebucht, da fragte mich Clive, ob wir uns vierzehn Tage darauf mit ihnen für eine Woche ein Ferienhaus in Südfrankreich teilen wollten. Ohne zu zögern sagte ich zu. Ich weiß, es klingt lächerlich, aber ich konnte einfach nicht ablehnen, weil ich fürchtete, man würde mir nie mehr ein solches Angebot unterbreiten. Ich verdrängte jeden Gedanken an meinen Kontostand, kümmerte mich nicht um die Zahl der Urlaubstage, die ich bei der BBC nahm, oder um die Blicke der Kollegen. »Schon wieder Urlaub?«, bekam ich manchmal zu hören. Wir nahmen uns die Zeit, grinsten und ertrugen standhaft den Vorwurf, zügellose Hedonisten zu sein.

Im Urlaub fühlte ich mich lebendig, ich war entspannt und genoss die Gesellschaft von Jessica und Lucy. Zu Hause war mir das ehrlich gesagt nicht möglich. Dort befand ich mich in einem permanenten Zustand der Angst.

Einer der Urlaube war allerdings ein Reinfall. Karin und David luden mich allein auf ein langes Wochenende nach Norwegen ein, wo sie arbeitete. Der Plan sah vor: Ankunft am Donnerstag nach der Arbeit, am Freitag würde ich allein durch Oslo ziehen, Freitagabend würde David eintreffen, und von Samstag bis Montag wollten wir in den Bergen sein, bevor ich am Dienstag zurückflog. Ich allein – »damit du mal rauskommst«, sagte sie. Sie waren die nettesten Leute, für die ich jemals gearbeitet hatte, sie gehörten zu meinen besten Freunden, und ich kannte sie unglaublich gut. Ich freute mich darauf; trotzdem ging es mir ganz schrecklich, obwohl Karin und David ausgezeichnete und großzügige Gastgeber waren. Norwegen selbst dürfte wohl das Seine dazu beigetragen haben – wenn man allein ins Edvard-Munch-Museum geht, hebt das nicht unbedingt die Stimmung, und die Weite und Leere der Berge traf mich völlig unvorbereitet. Vom Hotel aus, in dem wir übernachteten, konnte man einen wunderschönen See überblicken; darin lag eine Insel, zu der wir hinausruderten, und dahinter schloss sich eine erhabene Berglandschaft an, die sich ins Unendliche erstreckte. Ich erklomm den Gipfel eines Berges gegenüber vom See, und unter mir breitete sich ein ebenso wunderschöner See mit einer Insel aus und dahinter eine erhabene, sich ins Unendliche erstreckende Berglandschaft. Und so ging es weiter, scheinbar unendlich. Gegen Mittag flog ein Rabe krächzend über den See. Das war das einzige Lebenszeichen, das ich den ganzen Tag wahrnahm. Die Leere der Landschaft war überwältigend genug, das eigentliche Problem aber bestand darin, dass ich die Kinder vermisste. Nicht unbedingt ihre Gesellschaft, aber mir wurde klar, dass ich ohne sie nichts war. Nur ein einsamer Mann mittleren Alters, der an einem schönen Ort die Zeit totschlug. Ich konnte es nicht erwarten, zu ihnen zurückzukehren.

Aber Sie wissen, wie Kinder sind. Man kommt nach Hause, und sie tun so, als hätten sie gar nicht mitbekommen, dass man weg gewesen ist. Zehn Minuten lang sind sie nett, dann fangen sie an, sich zu zanken, die Freude über die Geschenke, die man ihnen unter großen Mühen ausgesucht hat, hält sich in Grenzen, und es interessiert sie nicht die Bohne, wo man gewesen war und was man dort gemacht hat.

»Sehr schön, Papa«, sagte Jessica, blickte in die andere Richtung und seufzte. »Aber ich möchte *Pingu* sehen, es wird gerade richtig spannend.«

Und ich liebte sie dafür.

Nach den Osterferien in Spanien kam die heikle Zielgerade: Lucys Geburtstag im Mai, gefolgt von Jessicas Anfang Juni und Lizzies Geburtstag am Ende des Monats, und schließlich ihr Todestag einen Monat später im Juli.

Lizzie und ich hatten Lucy versprochen, dass ihre nächste Geburtstagsparty auf dem Bauernhof stattfinden würde, wo Jessica ihren letzten Geburtstag gefeiert hatte. Schweren Herzens buchte ich den Bauernhof, der, wie ich fürchtete, mit schmerzlichen Erinnerungen verbunden sein würde.

Ich hätte mir keine Sorgen zu machen brauchen. Lucy und ihre Freundinnen waren ganz aus dem Häuschen, vor allem Lucy, weil alles genauso war wie bei Jessicas Party im Jahr zuvor. »Nur besser, Papa. Viel besser!«

Einige Tage darauf feierten wir ihren richtigen Geburtstag und führten die von mir und Lizzie begonnene Tradition fort, dass beide Mädchen vor dem Frühstück alle Geschenke auf meinem Bett ausbreiteten und sie öffneten, wobei alle beide eine Süßigkeitentüte bekamen.

An Jessicas Geburtstag kutschierten mein Bruder und ich zehn Kinder in das Schokoladenparadies »Cadbury World«. Der größte Erfolg dieses Ausflugs bestand darin, dass wir alle zehn, vollgestopft mit kostenloser Schokolade, zurückbrachten, ohne dass einem schlecht geworden wäre.

Ich hatte neue Spaß-Gesetze für Geburtstage eingeführt, ließ den Mädchen alles durchgehen, verwöhnte die beiden verzogenen Fratzen und vertrieb damit die Aura der Trauer, die diese Tage sonst umgab.

Auch bei Lizzies Geburtstag war ich entschlossen, uns die Trauer vom Leib zu halten. Den Muttertag ignorierte ich weitestgehend und habe es seitdem so gehalten. Aber nicht Lizzies Geburtstag. Im ersten Jahr kaufte ich einen winzigen Kuchen mit einer einzigen Kerze und besorgte ein Geschenk für uns alle. Das haben wir von da an immer so gemacht. Viele Jahre lang kauften wir zu ihrem Geburtstag einen Harry Potter (J. K. Rowling schien jahrelang nur für uns zu schreiben). Das ist unser Muttertag.

Der Jahrestag ihres Todes ist eine andere Angelegenheit. Zum einen weiß ich nie genau, wann er ist, er schleicht sich an und kommt unversehens über mich. Ich falle in eine schreckliche Depression. Er lähmt mich. Ich bekomme Migräne. Am liebsten würde ich den Tag vergessen. Aber er lässt sich nicht vergessen. Der erste Jahrestag ihres Todes allerdings war besonders fürchterlich – er fiel mit dem Prozess zusammen.

Kapitel 18

Robin Pask war Stunden nach dem Mord festgenommen und der Tat angeklagt worden. Es bestand kein Zweifel, dass er Lizzie umgebracht hatte.

Es dauerte fast vier Jahre, bis der Gerechtigkeit Genüge getan und er verurteilt wurde.

Gerechtigkeit ist ein wichtiger Teil des Heilungsprozesses, das war mir erst jetzt klar geworden. Wäre Pask nicht für schuldig befunden worden, hätte ich – so viel wusste ich insgeheim – selbst für Gerechtigkeit gesorgt; ich wäre dann nicht mehr zurechnungsfähig gewesen. Es waren hässliche Gefühle, Gefühle, die mich beunruhigten, eine Art Urzwang, der sich meistens um eine doppelläufige Flinte drehte.

Wenn etwas heilen soll, sind Klarheit und Genauigkeit vonnöten. Doch jedes Mal, wenn ich an den Mann dachte, der für Lizzies Tod verantwortlich war, wurden meine Gedanken fahrig, verworren und gewalttätig. Ich wurde wütend und irrational. Viel Zeit verbrachte ich damit, ihn aus meinem Leben zu tilgen. Ich wollte zurück zu einem Bild von Lizzie, in dem ihr gewaltsamer Tod nicht vorkam. Ich wollte einfach nicht dulden, dass meine glücklichen Erinnerungen an sie mit einem schweren Vorhang aus Schmerz verdunkelt wurden.

Pasks schwebendes Gerichtsverfahren stand diesem Heilungsprozess im Weg.

Und dann war da noch die Polizei, mit der ich zu kämpfen hatte.

Diese beiden Themen sind in meinem Kopf untrennbar miteinander verbunden.

Meine Beziehung zur Polizei hatte sich von den Erlebnissen in der Polizeidienststelle in York nicht wirklich erholt. Wann immer Beamte anriefen, beschleunigte sich mein Herzschlag.

An einem Donnerstagmorgen im Frühjahr 1993 riefen sie mich im Büro an. Woher hatten sie die Nummer?

»Mr. Howe, da ist was Neues aufgetaucht, wir würden Sie gern sehen.«

»Klar. Warum sagen Sie es mir nicht gleich?«

»Nein. Wir würden gern persönlich mit Ihnen sprechen.«

»Gut. Wann?«

»Morgen?«

»Okay.«

»Wir würden gern zu Ihnen nach Oxford kommen.«

»Aber ich arbeite morgen. Kommen Sie doch einfach in mein Büro.« Ich war beunruhigt und hoffte, sie würden es nicht wagen, mir auf dem BBC-Gelände Schwierigkeiten zu machen.

»Wie wär's mit Samstag?«

»Na ja, da habe ich schon was vor«, log ich. Ich hatte keinerlei Pläne fürs Wochenende. »Warum kommen Sie nicht einfach morgen in mein Büro?«

»Nennen Sie uns einen Zeitpunkt am Samstag, und wir kommen zu Ihnen. Nach Oxford.«

»Gut, wenn es Ihnen nichts ausmacht.«

»Keineswegs. Wir kommen gern auch in der Früh.«

Von York, rechnete ich mir aus, brauchte man drei Stunden

mit dem Auto. Ich wollte es ihnen so beschwerlich wie möglich machen, ohne unverschämt zu erscheinen. Ich wollte die Polizei nicht in meinem Haus haben.

»Können Sie um neun da sein?«

»Kein Problem.«

Verdammt.

»Vielleicht müssen Sie ein wenig warten, ich muss vorher noch den Wocheneinkauf erledigen.«

»Auch kein Problem.«

»Woher weiß ich, dass Sie es sind?«

»Das wissen Sie dann schon, keine Sorge.«

»Können Sie mir sagen, worum es geht?«

»Wir erzählen es Ihnen am Samstag. Auf Wiedersehen, Mr. Howe. Danke.«

Ich war überzeugt, dass sie mich verhaften würden. Irrational, ich weiß, aber ich hatte das Gefühl, dass die Polizei schon vorher versucht hatte, mich in eine Falle zu locken. Ich rief meine Schwester Philippa an, erzählte ihr, was vorgefallen und wie nervös ich war. Sehr zum Leidwesen ihres Mannes leistete sie meiner Paranoia noch Vorschub und erklärte sich bereit, ihn mit den Kindern allein zu lassen und am Samstag nach Oxford zu kommen. Ich brauchte einen Zeugen und jemanden, der sich um die Kinder kümmerte, falls ich abgeführt wurde.

Am Samstagmorgen weckte ich die Mädchen noch früher als sonst, missgelaunt begleiteten sie mich noch vor acht Uhr zum Sainsbury's. Meine Schwester sollte zeitgleich um neun Uhr mit der Polizei eintreffen. Ich kaufte genügend Proviant, um einer Belagerung standzuhalten – falls ich fortmusste. Ich besorgte sogar für die Polizeibeamten jeweils ein Törtchen. Sie konnten mich doch schlecht verhaften, wenn ich sie mit einem Törtchen beglückte, oder?

Als wir, beladen mit den Einkäufen, in unsere Straße einbogen, stand ein roter Ford Sierra mit einer riesigen Antenne auf dem Dach vor unserem Haus. Es musste entweder einer der Dukes aus *Ein Duke kommt selten allein* sein oder die Polizei. Ich parkte, und während die Kinder mir beim Ausladen des gesamten Sainsbury's-Sortiments halfen, stiegen zwei stämmige Typen aus dem Sierra und halfen mit, die Einkäufe ins Haus zu schleppen. In ihren Leder-Bomberjacken sahen sie aus wie eine Parodie auf die TV-Krimiserie *The Bill.* Sie hatten recht gehabt – es war kein Problem, sie zu erkennen.

Wir gingen rein, begrüßten meine Schwester, die mit uns angekommen war, und ich machte Kaffee für uns alle. Während ich auspackte, lungerten sie in der Küche herum und plauderten mit mir.

Einer von ihnen nahm den Abzug des einzigen Fotos zur Hand, das ich von uns allen vieren habe. Es war in den Staaten aufgenommen, in sengender Hitze, und wir trugen alle nur Shorts.

»Ein Ferienschnappschuss, sieht man gleich«, sagte einer von ihnen.

»Woran sieht man das?«, fragte ich.

»Na, ich bin Kriminalist.« Er grinste.

Sie werden es nicht glauben, aber das ist der einzige Gesprächsfetzen, an den ich mich erinnern kann. Auch meine Schwester weiß nicht mehr, worüber gesprochen wurde. Wenn ich Ihnen das alles in Szene setzen sollte, wäre es ein völlig fiktiver Abriss aus *The Wire*: Ich weiß einfach nicht mehr, worum es ging, ich habe keine Ahnung, warum sie gekommen waren oder was sie mir mitteilen wollten. Es kam mir wie eine PR-Übung der Polizei vor, bei der sie zeigen wollten, wie einfühlsam sie sein konnten.

Interessanterweise schrieb ich einige Jahre später einen Artikel für die *Sunday Times*, bei dem ich im Hauptteil auf diese Geschichte zurückgriff – worauf mir die Polizei von North Yorkshire mit strafrechtlichen Maßnahmen drohte.

Sie blieben etwa eine halbe Stunde, bevor sie abzogen. Sie aßen noch nicht einmal die von mir gekauften Törtchen. Nachdem sie weg waren, wurde mir übel.

Ihr Besuch gehörte zu den schlimmsten Erlebnissen in einer ganzen Reihe von entsetzlichen Erfahrungen, die ich mit der Polizei gemacht hatte. Wahrscheinlich sagt er jedoch mehr über meinen Geisteszustand im Frühjahr 1993 aus als über das Verhalten der Polizei.

Unter anderem nagte es an mir, dass ich bis dahin Lizzies Sachen nicht zurückbekommen hatte. Mir war klar, dass einiges davon als Beweismittel gegen Pask gebraucht wurde. Ihre Papiere aber (es wurde mir zur Obsession, ihren Vortrag über Stevie Smith zu bekommen, den sie am Abend ihres Todestages hätte halten sollen), ihren Trauring, die Uhr, die ich ihr beim letzten Weihnachtsfest geschenkt hatte, ihren Krimskrams wollte ich haben; vor allem aber die hübsche blaue-weiße Kätzchentasse, die die Mädchen ihr vier Wochen vor ihrem Tod zum Geburtstag geschenkt hatten und die sie – ganz die liebende Mutter – mit nach York genommen hatte.

Ich dachte, all diese Dinge, die für die Verhandlung doch sicherlich belanglos waren, würden mir helfen, sie irgendwie zurückzuholen.

»Mr. Howe, wir werden den Großteil dieser Dinge vernichten, aber wir brauchen sie als Beweismittel und können sie erst nach dem Prozess zurückgeben.«

»Wie lange wird das dauern?«

»Na ja, die Mühlen der Justiz mahlen langsam. Sie müssen bis zu einem Jahr rechnen.«

»Verstehe.«

Pause.

»Aber ich will sie zurückhaben. Sie können sie nicht vernichten.«

»Sir, vieles davon ist ... wie soll ich es ausdrücken, Mr. Howe ... mit ihrem Blut bedeckt. Die Sachen würden ein Gesundheitsrisiko darstellen. Wir werden sie verbrennen müssen, Sir.«

»Aha. Aber kann ich sie nicht mal sehen, damit ich entscheiden kann, was wichtig ist und was nicht?«

»Nein, Sir. Es sind Beweismittel.«

»Und wenn ich nach York komme?« Das war ein großer Schritt für mich – York war nicht unbedingt der Ort, auf den ich erpicht war.

»Sie können sich nicht an Beweismitteln zu schaffen machen, die wir für das Gerichtsverfahren benötigen. Das verstehen Sie sicherlich, Sir.«

»Ich weiß doch gar nicht, was Sie alles haben, was für mich von Wert sein könnte. Sie wissen schon, als Andenken, als Erinnerung ... Gibt es denn wenigstens eine Inventarliste, die ich einsehen könnte?«

»Ich werde mich darum kümmern, Sir.«

Ich fühlte mich so fern von Lizzie. Ihr Verlust war wie ein unaufhörlicher Stich im Magen, ein Druck in der Brust.

Zu meiner Überraschung traf ein, zwei Wochen später per Post eine Inventarliste ein. Sie war unbestimmt gehalten und sinnlos: »Papiere«, »diverse Gegenstände«, »Kleidung, zum Teil blutbefleckt« etc. Ich wollte eine Liste, aus der hervorging, was sie zurückgelassen hatte. Aber diese Liste war sinn-

und zwecklos – wahrscheinlich auch für die Staatsanwaltschaft. Am schmerzlichsten aber war, dass mir Lizzies Sachen, nachdem ich sie am Tag nach ihrem Tod in Klarsichtbeuteln verpackt auf der Polizeidienststelle in York zu Gesicht bekommen hatte, so klar und deutlich vor Augen standen. Damals waren sie so nah gewesen, jetzt waren sie unerreichbar. Mir ging es fürchterlich, ich hatte das Gefühl, alle würden gegen mich arbeiten.

Ich rief bei der Polizei an. Es dauerte ewig, bis ich durchkam. Ein halbes Dutzend Telefonate später hatte ich die richtige Person in der Leitung. Wir stritten uns und einigten uns schließlich auf einen Kompromiss. Der Beamte ließ sich darauf ein, mir einige der wertvolleren Dinge zuzusenden.

Zwei Wochen später bekam ich die Nachricht, dass die Polizeidienststelle Oxford eine Sendung erhalten habe, die ich dort abholen könne.

Ich fand mich dort ein und wartete vor der Ausgabe der Fundsachen. Der Junge vor mir nahm sein gestohlenes Fahrrad in Empfang und freute sich, es wiederzuhaben. Ich wartete voller Beklommenheit und unterzeichnete dann für das Päckchen. Eine Schachtel? Ein Umschlag mit Papieren? Man überreichte mir eine sehr kleine gefütterte Versandtasche. Ich war geknickt. Ich dankte und verließ schnell das Gebäude. Draußen riss ich den Umschlag auf. In einer kleinen Plastiktüte lagen Lizzies Trauring und ihre Uhr. Das Lederarmband war stellenweise von ihrem Blut dunkel verfärbt. Ich war in Hochstimmung und betrübt zugleich – so viel und so wenig. War jetzt Weihnachten oder Aschermittwoch? Ich legte meine Armbanduhr ab und ihre an. Ich trug die Uhr, bis sie ein Jahr später den Geist aufgab. Damit fühlte ich mich ihr ein Stückchen näher; der Abgrund, der uns trennte, wurde um ein paar Zentimeter schmaler. Beim Ehering war es anders; ich wusste nicht, was ich mit ihm machen sollte. An Lizzies Finger hatte er so viel bedeutet, an meiner Hand war er nur ein billiger, nicht gravierter Goldring von H. Samuel. Ich überlegte, ihn an einer Kette um den Hals zu tragen, aber am Ende packte ich ihn einfach weg.

Monate darauf traf mit der Post ein Päckchen mit Lizzies Papieren ein. Sie enthielten den Stevie-Smith-Vortrag. Ich konnte ihn nicht lesen. Ich habe ihn nie lesen können, der bloße Gedanke erfüllt mich mit Schrecken. Sie müssen wissen, dass mich jede Art wissenschaftlicher Lektüre mit Schrecken erfüllt. Ich habe es geschafft, mir einen sehr respektablen Abschluss an einer der weltbesten Universitäten zusammenzuschnorren, aber ich bin kein Akademiker. Bei diesen Vorlesungsaufzeichnungen aber war es etwas anderes. Sie sind voller Blut. Die Flecken könnten von Nasenbluten oder einem geschnittenen Finger stammen, aber ich weiß, dass dem nicht so ist. Ich kann mir noch vorstellen, wie diese Papiere auf dem Schreibtisch in ihrem Zimmer in York lagen, aber dann setzt mein Gehirn aus. Weiter komme ich nicht.

Ich habe mir nie vorstellen können, was für Lizzie als Nächstes kam. Aber über mir schwebte noch immer der Prozess, den ich am meisten fürchtete.

Die Krone gegen Pask.

Als Erstes, nur Tage nach Lizzies Tod, erschien Pask vor dem Magistrates' Court, wo die Anklage verlesen und ihm die Freilassung gegen Kaution verwehrt wurde. Die Zeitungen berichteten darüber. Es war schmerzhaft. Aber ein Klacks.

Dann wurde er an den High Court überwiesen. Wieder berichteten die Zeitungen. Er plädierte auf nicht schuldig im Sinne der Anklage, die auf Mord lautete, aber auf schuldig des Totschlags unter erheblich verminderter Zurechnungsfähigkeit. Ich gewöhnte mich an das Schneckentempo der Justiz, über die ich, wie mir klar wurde, so gut wie nichts wusste.

Dann das Verfahren selbst. Es ließ fast ein Jahr auf sich warten. Warum? Von der Polizei erfuhr ich, dass Pask auf der Krankenstation eines Gefängnisses in Hull untergebracht war, wo ein psychiatrisches Gutachten erstellt werden sollte (warum vernahmen sie ihn nicht an Ort und Stelle?), dass es an High-Court-Richtern mangelte (ich schrieb an den Lordkanzler und fragte, warum es nicht mehr gab) und dass der für Mai festgesetzte Prozess zurückgestellt wurde, weil die Verteidigung mehr Zeit zur Vorbereitung ihrer Argumente brauchte. Welche Argumente? Er gestand zwar niemals den Mord an Lizzie, räumte aber ein, sich zum Zeitpunkt ihres Todes als einzige Person neben ihr im Raum aufgehalten zu haben. Wie viele Engel passen auf eine Nadelspitze?

Wir waren alle angespannt. An einem Freitagmorgen nach Weihnachten kam der Brief, der mich über die verschobene Prozesseröffnung informierte. Wie so oft war Maka bei uns, und da ich zu Hause arbeitete, brachte ich die Kinder zur Schule. Lucy hatte beim Frühstück wieder genervt, und Jessica hatte sich am Eingang der Schule verzweifelt an mich geklammert (siehe oben).

Auf dem Rückweg durch den Park – es war ein grauer Tag, an dem es jederzeit regnen konnte, die Kiefern zeichneten sich dunkel gegen den trüben Himmel ab – musste ich an Pask denken. Von Schmerz und Selbstmitleid übermannt, begann ich unkontrolliert zu schluchzen. Ich stand in dem leeren Park und brüllte: »Du Arsch! Du verdammter Arsch! Ich hasse dich! Du Dreckskerl! Schau, was du uns angetan hast! *Ich hasse dich!*«

Theatralisch, ich weiß, und selbst mir wurde bewusst, dass ich mich wie eine Figur in einem Ingmar-Bergman-Film aufführte. Aber ich fühlte mich verloren, einfach nur verloren.

Völlig fertig kam ich zu Hause an. Maka erhob sich von ihrem Kreuzworträtsel. Auch sie ärgerte sich über den verzögerten Prozessbeginn. Wir umarmten uns.

»Es tut mir so leid. Die arme Lizzie, die arme Lizzie. Dieser verfluchte, verdammte Kerl.«

Ich riss mich zusammen und putzte mir die Nase. Ich weinte mich in jenem Jahr durch so viele Taschentücher, dass ich noch jetzt die durchtränkten Papierfetzen in meiner Hosentasche spüren kann.

»Ich schenk mir einen Whisky ein. Willst du auch einen?«, fragte sie.

Es war zehn nach neun, die Sonne berührte noch nicht einmal unseren Garten. Ich zog eine Tasse entkoffeinierten Kaffee mit einem Schokokeks vor, was mir so kurz nach dem Frühstück etwas dekadent erschien. Ich ertränkte meinen Schmerz nie in Alkohol, ich wollte die Kontrolle behalten. Maka hingegen, und das war ihr Problem, versuchte ihre Sorgen wegzuspülen. Was natürlich nie funktionierte.

Nicht lange nach diesem Brief erhielt ich die Vorladung des High Court, in der ausgeführt wurde, dass ich im Verfahren der Krone gegen Pask als Zeuge aufgerufen werden könnte, nachdem ich bei der Polizei eine Zeugenaussage abgegeben hatte. Nichterscheinen könne strafrechtliche Folgen nach sich ziehen. Hilfreich beigelegt war ein Grundriss des Gerichtssaals, aus dem eindeutig hervorging, dass ich bei der Zeugenaussage direkt neben dem Mann stehen würde, der meine Frau getötet hatte. Mir wurde schlecht. Ich rief bei der Polizei an.

»Das ist nur ein Formschreiben, Sir, Sie hätten es gar nicht erhalten sollen. Ihre Anwesenheit beim Prozess ist nicht nötig. Wir möchten uns bei Ihnen entschuldigen.«

Es war ein Belastungstest, bei dem ich erfuhr, dass im Strafrechtssystem für das Opfer und für die Angehörigen des Opfers (also für mich) kein Platz vorgesehen war. Ich störte nur.

Für den Prozess wurde ein neuer Termin festgelegt.

Der Beginn fiel auf den Jahrestag von Lizzies Tod.

Die Polizei wollte wissen, ob ich teilnehmen möchte.

»Welche Vorkehrungen werden für die Familie des Opfers getroffen?«

»Na ja, Sir, Sie sitzen im Zuschauerraum.«

»Haben wir besondere Plätze?«

»Äh, nein, Sir, Sitzplätze werden in der Reihenfolge des Erscheinens vergeben.«

»Es kann also sein, dass ich gar keinen bekomme.«

»Das ist möglich, Sir.«

»Und es wäre auch möglich, dass ich neben *seiner* Familie zu sitzen komme?«

»Auch das ist möglich, Sir.«

Ich sah mich schon, eingepfercht in einem hogarthschen Pöbelhaufen, neben der Pask-Familie sitzen.

»Ich muss Sie auch warnen, dass die Presse nach Ihnen Ausschau halten wird.«

Der Barrister, der die Anklage vertrat, kontaktierte mich. Er fragte, ob wir uns in der Woche vor dem Prozess treffen könnten.

Mitten in der Woche machte ich auf der Arbeit früher Schluss, und wir trafen uns gegenüber dem Gerichtsgebäude in einem Weinlokal wie aus einem Dickens-Roman. Er war ein leicht übergewichtiger Yorkshireman mit einem sehr teuren Anzug und verströmte Lebensart und ungeheure Autorität. Ich mochte ihn.

»Ich weiß ja nicht, was Sie vorhaben, aber ich rate Ihnen dringendst, dem Prozess fernzubleiben.«

»Ich habe bereits eine Entscheidung getroffen. Meiner Ansicht nach habe ich, wenn ich erscheine, viel zu verlieren, aber nichts zu gewinnen.«

»Sehr vernünftig. Sie erwarten wahrscheinlich, dass bei einem solchen Prozess die Wahrheit ans Tageslicht kommt, aber das wird nicht der Fall sein. Es ist ein Spiel zwischen mir und dem Barrister der Verteidigung. Jeder von uns versucht, Punkte zu machen. Ich werde alles unternehmen, um ein Ergebnis zu erzielen, und er natürlich auch. Und die Wahrheit bleibt dabei leider unweigerlich auf der Strecke.«

Er skizzierte, wie er bei dem Verfahren vorzugehen gedachte. In fast einem Jahr war er der erste Mitarbeiter einer Behörde, der mir erklärte, wie die Justiz wirklich funktionierte, und mit mir wie mit einem Menschen redete. Ich war ihm unendlich dankbar – inmitten des Nebels aus Falschinformationen, Halbwahrheiten und Worthülsen war hier endlich jemand, der mir sagte, was Sache war, und sich dabei sogar die Zeit nahm, es mir persönlich mitzuteilen.

Der Prozess fand im heißesten Hochsommer statt. Die Woche wurde für mich zu einer Prüfung, die ich nur schwer ertragen konnte. Als hätte ich auf eine OP gewartet, bei der mir das Herz herausgenommen wurde. Ich zerbrach fast unter dem Druck, während ich versuchte, mich so normal wie möglich zu geben: Ich nahm an Konferenzen in der Redaktion teil, ich las Drehbücher, ich lächelte auf dem Weg zur Schule, ich teilte die Aufregung der Mädchen über den baldigen Beginn der Sommerferien. Aber das alles war nur Fassade.

Die Polizei hatte eingewilligt, mich über den Prozessverlauf auf dem Laufenden zu halten, meine wunderbare Personalreferentin hatte dafür gesorgt, dass Freunde und Kollegen jeden Tag mit mir zum Mittagessen gingen, und Lizzies Schwester Louise fuhr mit ihrem frisch angetrauten Mann an den High Court nach Leeds, um dem Prozess beizuwohnen.

Dann plädierte Pask auf nicht schuldig.

»Aber er hat sie umgebracht«, sagte ich dem Polizeibeamten, der mich angerufen hatte.

»Ja, aber er hofft, wegen Totschlags und verminderter Zurechnungsfähigkeit verurteilt zu werden.«

»Was heißt das?«

»Er gibt zu, dass er verrückt ist.«

»Was ist der Unterschied zwischen Totschlag und Mord?«

»Folgendes, Mr. Howe. Bei Mord bekommt er lebenslänglich und sitzt gut vierzehn Jahre im Gefängnis. Bei verminderter Zurechnungsfähigkeit wird er in ein Vollzugskrankenhaus eingeliefert und bleibt dort wahrscheinlich sein Leben lang.«

»Warum sollte er das wollen?«

»Ich denke mir, Mr. Howe, dass er nicht zu seinem Verbrechen stehen kann. Lieber versteckt er sich hinter seinem Verrücktsein, als sich dem Mord an Ihrer Frau zu stellen. Meiner Meinung nach ist er schlicht und einfach nur ein Mörder.«

Louise rief mich an und sagte mir, dass Pask im Gerichtssaal den Eindruck eines ganz erbärmlichen Wurms mache. »Mein Gott, Jeremy, ich bin so froh, dass du nicht da bist.

Am Gerichtseingang warten Horden von Pressefotografen, sie haben alle ein Foto von dir in der Hand, damit sie dich erkennen können.«

BBC Leeds führte in der Zwischenzeit ein TV-Interview mit mir, im Langham Hotel gleich gegenüber von meinem Büro. Ich kam mir irgendwie als etwas Besonderes vor. Ich meine, sie buchten ein exklusives Zimmer in einem exklusiven Hotel, nur um mich zu interviewen!

Am zweiten Prozesstag sagten Pasks Schwester und seine Mutter *gegen* ihn aus.

»Mr. Howe, Mordprozesse verlaufen meiner Erfahrung nach selten nach Plan, und mit diesen Aussagen wird der Prozess noch vor Ende der Woche beendet sein. Es wird etwas Ungewöhnliches passieren, denken Sie an meine Worte.«

Am dritten Tag kam heraus, was Pask Lizzie wirklich angetan hatte. Was er mit ihr gemacht hatte, nachdem sie tot war, ist unbeschreiblich.

Ich saß in meinem Büro, es war kurz vor Mittag, und ich besprach mit einem Redakteur die Hörspielbearbeitung von Daphne du Mauriers *Der Sündenbock*, als das Telefon klingelte.

»Mr. Howe, der Prozess ist geplatzt.«

»Was?«

Der Redakteur deutete mir an, dass er nicht stören wollte, und stahl sich aus dem Büro.

»Pask ist im Gerichtssaal zusammengebrochen. Der Prozess ist vertagt, bis die Ärzte eine Beurteilung seines Gesundheitszustands vorgenommen haben.«

»Vertagt bis wann?«

»Auf unbestimmte Zeit.«

»Und was geschieht jetzt?«

»Ich weiß noch nicht einmal, ob der Fall jemals wieder vor Gericht kommt. Der Richter hat angeordnet, Pask auf seine Prozesstauglichkeit zu untersuchen.«

Ich kam mir betrogen vor. Ich war erschöpft, wollte mich hinlegen, mich zusammenrollen und einschlafen.

Louise rief mich von einem Münzfernsprecher im Gerichtsgebäude an.

»Ich sagte doch, er ist ein Wurm. Er wurde in den Gerichtssaal geführt und hat sich absichtlich über einen Stuhl fallen lassen. Ich hab's gesehen. Er tut nur so. Er hat eine Heidenangst, der Dreckskerl.«

Ich sagte meiner Sekretärin Bescheid und fuhr nach Hause. Die Geschichte erschien bereits in der Frühausgabe des *London Evening Standard*, den ich für die Zugfahrt kaufte. Sie kam in den Nachrichten im Fernsehen.

Es war schwül und bewölkt, als ich am späten Nachmittag heimkam. Mir war, als würde ich über glühende Kohlen laufen. Ich wusste nicht, was ich mit mir anstellen sollte, ich glaube, ich hatte mich noch nie so allein gefühlt. Eine Freundin von Lizzie aus der Universität kam herüber und erkundigte sich nach mir, und wir gingen im Park am Ende unserer Straße spazieren. Ich war ziemlich aufgelöst; ich erinnere mich, dass sie mich lange und fest umarmte. Noch jetzt spüre ich die Wärme ihres Körpers. Es war so vertraut, ein Gefühl, das ich lange nicht mehr genossen hatte. Ich wollte Lizzie so sehr wiederhaben, und gleichzeitig war sie mir ferner als jemals zuvor.

An jenem Wochenende begingen wir den Jahrestag von Lizzies Tod mit einem kurzen Gottesdienst im strömenden Regen, um den Grabstein auf dem Friedhof oberhalb von Bath zu segnen. Ich hatte mir so viele Gedanken gemacht:

welcher Stein, welche Form, welche Inschrift? Ich wollte alles so einfach wie möglich – Lizzie war eine einfache, klare Person gewesen, und so sollte auch ihr Grab sein. Er war aus schlichtem Bath-Stein, oben abgerundet, am Rand entlang war eine einfache Linie eingraviert, dazu die Inschrift: »… meines Herzens höchster Schatz …« Wieder Wordsworth. Ich hatte das Gefühl, das Richtige getan zu haben.

Von jenem Tag an haben Lucy und ich jedes Jahr zum Muttertag das Grab besucht und einen Strauß Narzissen mitgebracht. Jessica war seitdem nicht mehr dabei.

Fast drei Jahre später wurde Robin Pask erneut vor Gericht gestellt. Er plädierte auf schuldig des Totschlags im Zustand verminderter Zurechnungsfähigkeit und wurde im Namen Ihrer Majestät zum Aufenthalt in einem Vollzugskrankenhaus verurteilt. Das Verfahren dauerte einen halben Tag. »Lebenslänglich heißt lebenslänglich, Mr. Howe. Und Ashworth ist kein angenehmer Ort. Es tut mir nur leid, dass es so lange gedauert hat.« Einige wenige Zeitungen räumten dem Urteil ein paar Zeilen ein. Ich fühlte mich etwas hintergangen, vor allem aber erleichtert. Der Gerechtigkeit war Genüge getan. Ende der Geschichte.

Fast.

Am Tag nach der Urteilsverkündung rief ich bei der Polizei in York an, um mich nach Lizzies Sachen zu erkundigen. Man verwies mich an den diensthabenden Sergeant.

»Natürlich werden wir sie Ihnen zuschicken, Mr. Howe, sobald Sie uns für Porto und Verpackung einen Scheck über dreizehn Pfund und fünfzig Pence zukommen lassen.«

»Das kann nicht Ihr Ernst sein.«

»So sind die Vorschriften. Ich halte mich nur an die Vorschriften. Stellen Sie den Scheck bitte an die North Yorkshire Constabulary aus, Mr. Howe, dann schicken wir Ihnen alles zu.«

»Wie wäre es, wenn ich Ihnen für die vierjährige Benutzung der Sachen meiner Frau dreizehn Pfund fünfzig in Rechnung stelle? Dann wären wir quitt.«

»Werden Sie bitte nicht sarkastisch, Mr. Howe.«

»Tut mir leid.« Pause. »Ich schicke Ihnen den Scheck.«

Ich war im Büro. Ich legte auf. »Ich kann nicht glauben, was ich soeben gehört habe.«

Meine Assistentin, die das Gespräch mitbekommen hatte, war außer sich. »Rufen Sie doch den Chief Constable an.«

»Ja, mache ich, vielleicht«, sagte ich unsicher.

»Machen Sie es jetzt. Solange Sie noch wütend sind.«

Also tat ich es und kam verblüffenderweise damit durch. Er hörte mich an, entschuldigte sich und sagte, man werde mir das Paket zustellen. Sofort. Den Scheck könne ich vergessen.

Als es ankam – ein großes, in braunes Packpapier eingeschlagenes Paket –, stand es drohend in der Küche wie eine nicht detonierte Bombe. Ich konnte es nicht anfassen.

Es war das vergiftetste Paket, das ich jemals erhalten habe.

Nach einigen Tagen öffnete ich es zusammen mit Louise. Meine Aktentasche befand sich darin (JP Howe Klasse 5a), Lizzies Brieftasche, die Geburtstagstasse mit den Kätzchen, ihre Ausweise, das Rückfahrticket nach Oxford, eine Taxiquittung, ihre Aufzeichnungen für die Universität, auf Zettel gekritzelte Listen in ihrer großen, hastigen, rastlosen Handschrift, das Bild der Mädchen, das sie mitgenommen hatte, ihre Stifte, einige Kleider, eine Tube Feuchtigkeitscreme, zerknüllte Taschentücher etc. Die Überreste eines Lebens, und sie wirkten so alt, als wären sie Ausstellungsstücke in einem Museum.

Einen Augenblick lang dachte ich, ich hätte die wahre Lizzie wiedergefunden, dann verflüchtigte sie sich.

Es war unglaublich schmerzhaft.

Alles hat ein Ende, wie man sagt.

Louise schaffte den Karton diskret weg. Ich habe keine Ahnung, wo er sich befindet.

Kapitel 19

Der erste Prozess endete an dem Tag, bevor die Mädchen in die Ferien aufbrachen. Es war auch der Tag, an dem Linda ihre Kündigung einreichte.

Ich kann mir nur vorstellen, wie anstrengend es für sie gewesen sein muss, mit einer Familie zurechtzukommen, die sich mitten in einem Super-GAU befand. Mir kam das alles schon völlig normal vor, für eine Zwanzigjährige aber, die mit zwei emotional labilen Mädchen, einem unkooperativen Vater und einer ganzen Straße wohlmeinender Nachbarn zu tun hatte, die sie mit Argusaugen verfolgten, war ein Jahr genug. Sie kapitulierte. Wir haben, glaube ich, von ihr nie wieder etwas gehört.

Ich war erleichtert – es hatte ja nie funktioniert – und in heller Panik zugleich: Unser gesamtes Gebäude der Kinderbetreuung war eingestürzt. Alles wieder auf Anfang.

Genau da befand ich mich, am Anfang: Ein Jahr war vorüber, und ich war fix und fertig wegen des Prozesses, ich hatte keine klare Vorstellung, wie ich die Ferien überstehen sollte, außer dass ich dieses Jahr auf keinen Fall sechs Wochen Urlaub nehmen konnte.

»Ich kenne genau die Person, die Sie brauchen.« Die wunderbare Leiterin der Nanny-Agentur, die mir im Jahr zuvor Hoffnungen gemacht hatte, erinnerte sich an mich, als ich sie anrief, und präsentierte mir eine Liste von Bewerberinnen, mit denen wir uns trafen. Lucy prügelte auf keine einzige von ihnen ein, und wir wählten Annette aus, eine laute platinblonde Person (manchmal frage ich mich, woher Jessica ihre jetzige Haarfarbe hat), quirlig und unheimlich sympathisch. Sie hatte davor als Karaoke-Sängerin auf Teneriffa gearbeitet, sie konnte fast so schlecht kochen wie ich, aber sie liebte die Kinder, und die Kinder liebten sie. Sie war eine ausgezeichnete Nanny. Erstaunlicherweise konnte sie noch dazu sofort bei uns anfangen.

»Dachte ich's mir doch, dass Sie mit Annette klarkommen«, sagte die Agentur-Leiterin lächelnd. Und wir kamen mit ihr klar, wir und die ganze Nachbarschaft. Annette war eher eine Eliza Dolittle als eine P. L. Travers, aber schließlich tritt Mary Poppins in den unterschiedlichsten Verkleidungen auf. Und diese Mary Poppins platzte in vollem Dolby Surround und Technicolor in unser Leben.

Sie entwarf den Kindern preisverdächtige Kostüme für Verkleidungspartys, veranstaltete Gesangswettbewerbe, machte kandierte Äpfel mit Haribo-Füllung, steckte und flocht die Haare der Mädchen zu jeder nur erdenklichen Frisur, sie las ihnen Geschichten vor, begeisterte sie für TV-Spielshows und brachte sie sogar dazu, dass sie aufräumten, sich die Zähne putzten, die Haare kämmten, ihre Unterhosen wechselten und dabei auch noch ihren Spaß hatten. Und bei alldem war sie sehr streng:

»Warum sitzt Jessica im Schlafanzug am Tisch?«, fragte ich, als ich eines Abends von der Arbeit nach Hause kam.

»Papa, Annette lässt mich nicht weg, solange ich das nicht alles aufgegessen habe«, schmollte sie.

»Da hat sie recht.«

»Aber es ist schrecklich. Ich hasse Hühnereintopf. Schau, da ist nur Kohl drin.«

Sie ließ Kohlfäden aus dem lauwarmen Brei in ihrem Löffel in den Teller gleiten. Sie hatte nicht unrecht.

»Nun, Lucy hat sie doch auch aufgegessen.«

»Nein, hat sie nicht. Sie hatte schon bei Esther zu Abend gegessen. Das ist nicht fair. Ich will jetzt kuscheln.«

»Wir werden kuscheln, wenn du noch drei Löffel isst.«

»Hmpf. Ich hasse dich auch.«

Sie führte die Mädchen in die musikalische Wunderwelt von Rogers und Hammerstein ein oder, besser gesagt, in *The Sound of Music* (ein Musical, in dem die Nanny den Vater abbekommt), das sie sich seitdem tausend und ein Mal angesehen haben und das ich nie ganz durchgestanden habe. Irgendwie habe ich wohl befürchtet, dass es einen gefährlichen Einfluss auf mich haben könnte.

Der Höhepunkt im Leben meiner Kinder war wahrscheinlich Annettes Auftritt in *The Crystal Maze* im Fernsehen. Jeder Freund, jede Freundin musste sich vor den Fernseher setzen, die Aufzeichnung der Sendung ansehen und die Kommentare der Mädchen dazu über sich ergehen lassen.

In meiner Erinnerung hat in dem Jahr, in dem Annette bei uns war, jeden Tag die Sonne geschienen.

Oft fragte ich mich, ob ich die weltschlechteste Mutter war. Natürlich nicht, aber manchmal kam ich mir fast so vor. Liebe, Wärme, Zärtlichkeit, ein stabiles, fürsorgliches Zuhause, das alles gehört zu den wesentlichen Zielen guter Eltern. Ich denke, im weiteren Sinn habe ich das für Jessica und Lucy ganz gut hinbekommen. Will man aber eine gute Mutter sein, dann geht es um Details. Saubere Kleidung, gekämmte Haare, gutes Essen, tolle Turnschuhe, die auch noch passen … Wie machen Frauen das? Welche Fertigkeiten, welche Qualitäten fehlten mir, sodass ich nie zu einer Göttin des Haushalts wurde?

Geduld. Es fiel mir unheimlich schwer, mich stundenlang mit ihnen abzugeben, damit sie lesen oder Rad fahren lernten. Für mich war das mit übermenschlicher Willensanstrengung verbunden. Viel lieber hätte ich in der Zeit den *Guardian* gelesen.

Saubere Kleidung und solche Dinge. Sporadisch konnte ich mich darauf einlassen, nur mit der rigorosen, systematischen Handhabung hatte ich meine Probleme. Einmal im Monat stürzte ich mich enthusiastisch auf den Abwasch oder räumte die Wohnung auf, aber es war mir nicht gegeben, das alles in einem regelmäßigen, täglichen Rhythmus zu erledigen.

Ich lernte, den Mädchen einen Pferdeschwanz zu binden, alle heilige Zeiten hatte ich die Geduld, ihnen links und rechts zwei einfache Zöpfe zu flechten, aber alles Kompliziertere überstieg meine Fähigkeiten.

Ich bürstete ihnen die Haare, aber es ging nie ohne Geschrei ab. Mir fehlte die Geduld dafür, verfilzte Haare zu lösen, also lernten sie, es selbst zu machen oder sich gegenseitig die Haare zu kämmen. Ich schlug ihnen sogar vor, die Haare abzuschneiden, und erntete dafür nachhaltigen Zorn. Tatsächlich habe ich es kein einziges Mal geschafft, sie zum Friseur zu bewegen. Es muss eine Haarschneidefee gegeben haben, denn sie sahen immer vorzeigbar aus.

Auch mit dem Läusekamm kam ich nie zurecht und hatte ständig Angst, bei ihnen Kopfläuse zu entdecken, weil ich nicht wusste, wie ich sie wieder loswerden sollte. Wahrscheinlich hatten sie jahrelang Kopfläuse, nur fiel es mir nie auf.

Ebenso fürchtete ich mich vor ihrer ersten Periode.

Ich erinnere mich, wie die sechsjährige Jessica der vierjährigen Lucy die Tatsachen des Lebens erklärte. Ich hielt es für verfrüht, hier einzuschreiten. Aber wann war der richtige Zeitpunkt? Später versuchte ich es Jessica zu erklären, aber sie sagte nur: »Das weiß ich schon längst, Papa. Maka hat mir alles erzählt.«

Ich gewöhnte mich daran, dass meine Taschen immer voll waren mit Sudocrem, Elastoplast, Taschentüchern und Haargummis, aber immer fehlte gerade das, was gebraucht wurde.

Ich verstand es ausgezeichnet, Badeanzüge und Handtücher einzupacken, dachte aber nie an den Kamm. Einmal vergaß ich die Handtücher, und die Mädchen mussten so lange um das Schwimmbecken herumlaufen, bis sie trocken waren.

Auch schien ich nie an Ersatzkleidung zu denken. Es war für mich kein Problem, die Mädchen vor die Tür zu schicken, aber die Kleidung war irgendwie nie der Witterung angemessen. Und selbst wenn ich es schaffte, von jedem Kleidungsstück ein zweites Teil mitzunehmen, gelang es meinen beiden, mindestens eines einzusauen, zu zerreißen oder anderweitig unbrauchbar zu machen, für das es keinen Ersatz gab. Deshalb bin ich im Besitz von verdächtig vielen Ausflugsfotos, auf denen die beiden etwas von mir am Leib tragen.

Auch das Haus war ein Hort unzähliger Schrecken. Es war voller Geräte, die nie das taten, was ich von ihnen verlangte, überall gab es Papier- und Wäschestapel, derer ich nicht Herr wurde, Kleiderhaken, an denen zu viele Mäntel hingen, Schubladen, in die zu viel Wäsche gestopft war, die schon lange nicht mehr passte. Und der Garten war eine einzige Wildnis. Jedes Jahr fürchtete ich den Frühling, in dem das Gras wieder anfing zu wachsen.

Die Kunst des Wäschewaschens meisterte ich nie so

recht – es fiel mir nicht schwer, die Sachen in die Trommel zu stecken (hier einen Fehler zu machen war viel zu gefährlich; ich hatte meine Lektion gelernt, nachdem ich einer aufgebrachten Jessica rosa-graue Unterwäsche präsentierte). Aber regelmäßig übersah ich die versteckten Papiertaschentücher, die jede Wäsche ruinieren konnten, und ich hatte immer ein frisch gewaschenes Scheckheft. Die Knöpfe zu drücken, um die Maschine in Gang zu setzen, hat eine nervenzerfetzende Endgültigkeit an sich, die mir noch heute den Schweiß auf die Stirn treibt. Ich wusste nie, welche Unterhosen wem gehörten, ob eine Socke zu einem Paar gehörte oder ein Einzelgänger war. Ich brauchte immer eine Ewigkeit, um die frische Wäsche zu sortieren, während die Mädchen das aus dem Effeff konnten und immer wussten, wo etwas hingehörte.

Beim Bügeln gab ich einen erbärmlichen Anblick ab; das überließ ich am besten anderen.

Im Winter hatten die Kinder immer raue Hände, weil es mir ein absolutes Rätsel war, wie man Handschuhpärchen zusammenhalten konnte.

Allerdings lernten sie, feste Schneebälle zu werfen, waren ausgezeichnete Schatzsucherinnen, hatten nicht die geringste Angst vor den schwindelerregendsten Fahrgeschäften. Auf Bäume zu klettern war ihnen zur zweiten Natur geworden, und sie wurden zu unerbittlichen Kartenspielerinnen, die spielten, um zu gewinnen – Dinge, auf die ich sehr stolz bin. Trotz all meiner Bemühungen blieben sie aber miserable Fußballspielerinnen.

Wäre es nach mir gegangen, wäre kein einziges ihrer Kleidungsstücke mit einem Namensschild versehen worden – nicht weil ich nicht so gut nähen konnte, sondern wegen des

Einfädelns. Eher ging, na ja, ein Kamel durch ein Nadelöhr, als dass ich einen Faden durchgezittert hätte. Aber mysteriöserweise fanden sich jedes Mal, wenn ihre Großmütter zu Besuch bei uns gewesen waren, Namensschilder in ihren Sachen. Um ehrlich zu sein, musste ich allerdings die meisten ihrer Sachen nicht im Wäscheschrank suchen, sondern im Korb mit den Fundsachen in der Schule, mit dem ich im Lauf der Zeit sehr vertraut wurde.

Das Einkaufen verlief wenig systematisch, dafür brachte ich es sehr schnell hinter mich. Mir ist Einkaufen nicht per se zuwider, aber immer nur ein Ding auf einmal. Ich war der Typ, der in einem Modeladen sitzt und *Private Eye* liest. Hinsichtlich der Lebensmittel wechselten sich bei uns Überfluss und Hungersnot laufend ab; am Freitag konnte es vorkommen, dass wir zwar kein Abendessen hatten, dafür aber genügend Toilettenpapier, um die Belagerung von Leningrad zu überstehen. Außerdem lagen immer fünf Packungen Chicken Nuggets im Eisfach des Kühlschranks, die jederzeit rausgeholt werden konnten, wenn man sie zwanzig Minuten lang mit einem scharfen Messer und einer Säge bearbeitete.

Mit meiner kulinarischen Einstellung – Kochen ist die Hölle – sind sie wahrscheinlich bereits vertraut. Als ich Jessica erzählte, ich würde dieses Buch schreiben, sagte sie: »Na, Papa, dann schreibst du also ein Buch darüber, wie du uns vier Jahre lang jeden Tag Fischstäbchen gemacht hast.« Dinge, die aus einer Packung kamen, konnte ich schon irgendwie zubereiten, nicht besonders gut, aber immerhin. Was ich sonst auf den Tisch stellte, war es wahrscheinlich nicht wert, gegessen zu werden. Nicht weil es so schrecklich schmeckte, sondern weil ich mich dermaßen in den Koch-Stress hineingesteigert hatte, dass es keiner ertragen konnte, mit mir an einem Tisch zu sitzen. Ich habe nie ein Huhn gebacken – die dafür nötige Zeitkoordination überfordert mich. Mit zwei blubbernden Pfannen komme ich zurecht, dazu aber noch einen Backofen im Auge zu behalten ist zu viel. Außerdem traue ich Backöfen generell nicht. Fügen Sie sie in die Liste der Haushaltsgeräte ein, die ich argwöhnisch beäuge (Bohrmaschine, Rasenmäher, Waschmaschine, Bügeleisen, Wischmop, Gefrierfach, Brotkorb etc., etc.). Bei einem Grill weiß man wenigstens, woran man ist.

Einmal backte ich einen Kuchen. Das Wort »Fels« konnte danach im Zusammenhang mit Backwaren neu definiert werden. »Papa«, sagte Jessica, nachdem ich mich den gesamten Samstagnachmittag damit abgemüht hatte, »warum hast du nicht einfach einen im Laden gekauft?«

Bis heute verstehe ich nicht, warum sich die Mädchen weigerten, den Meat Pie zu essen, den ich ihnen auftischte. Ja, gut, die Oberfläche war so schwarz, dass sie aussah wie mit Stiefelpolitur behandelt. Ist doch nichts Schlimmes dabei, wenn man ein bisschen dran kratzt, hätte meine Großmutter gesagt. Es gab ohnehin kaum einen Tag, an dem um den Mülleimer herum nicht verbrannte Brösel lagen.

Auch das Abfallmanagement war ein wiederkehrendes Thema. Ich war nie so recht davon zu überzeugen, dass Mülleimer regelmäßig geleert gehörten – meiner Ansicht nach reichte es aus, den Müll nachdrücklich zusammenzustampfen, um neuen Platz zu schaffen.

Warum war der Staubsauger immer verstopft? Warum gab es die Staubsaugerbeutel für unser Modell nur in einem Laden, der am Wochenende geschlossen hatte, und warum hatte ich die Beutel sofort wieder verlegt, nachdem ich sie im Jahresurlaub erworben hatte? Der Großteil der Zeit, die ich für den Haushalt aufbrachte, ging für die Suche nach Dingen drauf, die mir abhandengekommen waren.

Essensabfälle waren eine Sache für sich. Bevor ich den Kühlschrank mit unserem Wocheneinkauf füllen konnte, musste ich erst die eingetrockneten Nudeln, den vergessenen und versteinerten Frühstücksspeck, die geronnene Milch und die keimenden Kartoffeln entsorgen. Und der Brotkasten musste fast jede Woche geputzt werden, um den Schimmelgeruch zu tilgen.

Ich war nicht sehr effektiv darin, Dinge wegzuwerfen. Wahrscheinlich wäre es nicht nötig gewesen, die Nudelsauce mit dem Verfallsdatum 1993 mitzunehmen, als wir 1994 in ein anderes Haus zogen.

Jahrelang fuhren wir mit einem vor sich hin gärenden gekochten Huhn im Kofferraum durch die Gegend, weil ich es nicht finden konnte (es steckte in einem Gummistiefel, soweit ich weiß, was Jessica allerdings abstreitet), aber wir gewöhnten uns an den Geruch. Kofferraum-Management war auch ein Problem. Es lagen immer sieben Gummistiefel darin, obwohl nur drei irgendeinem von uns passten.

Und warum war das Handschuhfach immer voller zerknüllter Taschentücher, klumpig gewordener Minzbonbons und klebriger Lutscher?

Nur in einer Beziehung war ich äußerst frauenhaft: Wenn irgendwas am Wagen oder an einem anderen der beschriebenen Geräte kaputtging, rief ich einen Mann um Hilfe: »Julia, ich hab ein Problem. Könnte Ollie vielleicht mal kurz rüberkommen?«

Chaos und Unordnung machten mich reizbar. Ich war etwa vier Jahre lang reizbar.

Vier Jahre lang fehlten die Kinder kaum einen Tag in der

Schule, nicht weil sie nicht krank gewesen wären, sondern weil ich einfach so tat, als hätte ich es nicht bemerkt, oder ihnen Calpol einflößte. Sie haben sich nie beschwert. Jedenfalls nicht bei mir.

Ich glaube nicht, dass auch nur ein einziger Jubilar seine Geburtstagskarte rechtzeitig bekam, ebenso wenig wurden Rechnungen sofort bezahlt. Ich brauchte erst ein Mahnschreiben und einen Drohbrief, bevor ich mich panikartig auf die Suche nach meinem Scheckheft machte.

Außerdem war ich bei den Kindern immer hoffnungslos mit dem Taschengeld im Rückstand, was samstags endlose Diskussionen im Spielzeuggeschäft in Oxford nach sich zog. »Wenn ich dir die siebenundachtzig Pence hier gebe« – immer in Kleingeld – »und du zahlst den Rest mit den vier Wochen Taschengeld, das du mir noch schuldest, und dem Taschengeld für die nächsten zwei Wochen, dann schuldest du mir am übernächsten Samstag noch achtundzwanzig Pence« – so Lucy, die verteufelt gut kopfrechnen konnte. Sie hätte meine Steuererklärung machen sollen, mit der ich so spät dran war und die sich so chaotisch gestaltete, dass das Finanzamt einfach sagte: »Vergessen Sie's.« Und natürlich plünderte ich regelmäßig ihr Sparschwein, um die Milchrechnung zu bezahlen, daher war das Schweinchen immer voller Schuldscheine.

Ich schulde Jessica noch immer ein Fahrrad, das ich ihr einmal zu ihrem Geburtstag versprochen hatte, aber da sie das hier nie lesen wird, wird sie sich daran hoffentlich nicht mehr erinnern und die Einlösung einfordern.

Kurz gesagt, nichts schien jemals unter Kontrolle zu sein, und den größten Teil meines Lebens verbrachte ich damit, mir Sorgen über Dinge zu machen, die ich nicht getan hatte, statt sie einfach zu tun. In manchen Dingen war ich ganz gut (na ja, recht passabel), bei anderen war Hopfen und Malz verloren. Glauben Sie, ich hätte es jemals auf die Reihe gebracht, gebratene Paprika zu schälen oder den Wagen rechtzeitig zum TÜV zu bringen? Nie im Leben.

Letztlich waren wir eine glückliche Familie, eine liebevolle Familie, wenn auch eine Familie, die mit komischen Socken und mit Löchern in den Jeans rumlief.

Aber ich habe die Kinder immer zum Zahnarzt für die jährliche Vorsorge gebracht.

In meinem Leben hatte ich zwei negative Vorbilder: In Sachen Kindererziehung versuchte ich das genaue Gegenteil von meinem Vater zu sein und als alleinerziehender Vater das genaue Gegenteil von meiner Tante. Ich entschied mich dafür, zu schwimmen, sie nicht.

Zusammenfassend lässt sich über die Howeschen Regeln der mütterlichen Fürsorge also sagen:

Wann immer möglich, delegiere. Von Berufs wegen war ich leitender Redakteur. Führungskräfte »tun« im engeren Sinn nichts, sie überzeugen, ködern, verlocken andere dazu, etwas für sie zu tun. Erstaunlicherweise gibt es Leute, die gern Strümpfe stopfen.

Wenn du etwas nicht kannst, dann probier es erst gar nicht. Backen, Bügeln, Läusekämmen, Braten, Zöpfeflechten gehören neben vielen anderen zu den Dingen, die meine Fertigkeiten übersteigen. Also probierte ich es nicht.

Lass die Mädchen selbst damit zurechtkommen. Sie wurden sehr schnell sehr selbstständig. Zu Jessica sagte ich einmal, sie großzuziehen sei die größte Leistung in meinem Leben gewesen. »Dich großzuziehen, Papa, war die größte Leistung von Lucy und mir. Ich bin mir nicht sicher, ob ich meine Achtjährige allein an den Toaster lassen würde.«

Und schließlich: Wenn die Unordnung im Haus überhandnimmt, zieh um.

Ich war nicht die weltschlechteste Mutter. Ich war einer der besseren MamaPapas.

In diesem Abschnitt geht es um Sex und Alleinerziehende.

Erwarten Sie hier keinen praktischen Ratgeber oder eine knisternde Schilderung meines Sexlebens.

Es gab keines.

Wie seltsam, Leben und Bett mit jemandem geteilt zu haben, den man liebt und der dann plötzlich verschwindet. Der nicht mehr ist.

Was mich vor eine interessante Herausforderung stellte, nachdem ich nicht vorhatte, Jane zwei Häuser weiter zu heiraten.

Ich war frei, ich konnte das Feld beackern. Gut, ich und Jessica und Lucy konnten das Feld beackern.

Ich stellte aber schnell fest, dass alleinerziehende Väter keine alleinerziehenden Mütter sind. Beide sind sexuell Ausgestoßene, aber auf jeweils ganz andere Art.

Kein Mann will etwas mit einer alleinerziehenden Frau zu tun haben, vermutlich aus Angst, die Kinder aufgehalst zu bekommen. Mir rannten glücklicherweise Frauen die Tür ein, die mir hilfreich zur Hand gehen wollten. Und ich hatte ihre Hilfe dringend nötig. Mir fallen auf Anhieb ein Dutzend oder mehr Frauen ein – einige davon kannte ich ganz gut, andere hatte ich nie zuvor gesehen –, die sich unser annahmen und dafür sorgten, dass wir was zum Anziehen hatten und versorgt wurden. Sie waren mein Rettungsanker. Ich wurde Teil dieser Schwesternschaft, wurde willkommen geheißen und zu einer Art Mutter ehrenhalber.

Aber das hatte nichts mit einem Date zu tun. Ich wollte wie Hugh Grant in *Vier Hochzeiten und ein Todesfall* sein. Und das war ein wenig schwieriger.

Ich ertappte mich dabei, wie ich im Zug saß und Frauen unter ganz neuen Gesichtspunkten betrachtete – waren sie alleinstehend, waren sie jemand, in den ich mich verlieben könnte? Das war alles fremd für mich, ziemlich beängstigend und seltsam aufregend.

Es gab eine Frau, die im gleichen Zug wie ich von Oxford nach London pendelte. Etwa in meinem Alter, Australierin, sehr gesellig, todschick. Ich war fasziniert von ihr und setzte mich manchmal in ihre Nähe, nur um sie zu belauschen. Dann entdeckte ich, dass sie in die gleiche U-Bahn wie ich stieg, dass sie wie ich am Oxford Circus ausstieg, und eines Morgens – konnte es sein? – fünfzig Meter vor mir das Broadcasting House betrat! Eine Kollegin! Und, nein, ich war kein Stalker!

Mehrere Tage vergingen, an denen ich sie nicht sah, dann an einem Montagmorgen saßen wir wieder im selben Zug, fuhren in derselben U-Bahn, und als wir die Treppe am Oxford Circus hinaufgingen, nahm ich all meinen Mut zusammen.

»Ich habe gesehen, dass Sie auch für den Rundfunk arbeiten.«

»Hallo. Ja … manchmal, freiberuflich für *Newsbeat.*«

»Oh, ich bin beim Hörspiel. Ich bin Jeremy.«

»Hi, ich bin Megan.« Als wir zur Regents Street hochkamen, gab sie mir die Hand, was mir seltsam förmlich und anrührend vorkam.

Schweigend gingen wir nebeneinanderher. Es hatte mir die Sprache verschlagen.

»Sie kommen also jeden Tag von Oxford?«, fragte sie.

»Jeden Tag. Mit dem Acht-Uhr-Siebenundvierzig. Kostet mich ein Vermögen.«

»Das könnte ich nicht. Ich komme ein paar Mal in der Woche, falls ich nicht beruflich weg bin. Ich bin viel im Ausland. Letzte Woche war ich in Belgrad. Eigentlich arbeite ich für ABC. Als Reporterin.«

Mittlerweile waren wir vor dem Broadcasting House angelangt.

»Schön, Sie kennengelernt zu haben. Vielleicht sehen wir uns mal wieder im Zug.«

»Ja, schön, Sie getroffen zu haben. Auf Wiedersehen!«

Es war das erste Mal in fünfzehn Jahren, dass ich mich einer Frau als Single vorgestellt hatte. Nach zwei Minuten Konversation war ich ganz aus dem Häuschen. Ich kam mir wieder wie ein Angehöriger der Menschheit vor, wie ein alles unterwerfendes Alpha-Männchen. Ich kann Ihnen gar nicht sagen, wie verwegen ich mich fühlte.

Einige Male traf ich Megan im Zug. Sie war unglaublich freundlich und mit dem Dozenten eines Oxforder College verheiratet, wusste bereits ungefähr, wer ich war, bevor sie mich kennengelernt hatte (schließlich arbeitete sie als Journalistin manchmal für die BBC, wo Lizzies Tod ein großes Thema gewesen war), wir freundeten uns an, sie war ganz vernarrt in Jessica und Lucy, wir besuchten sie in Oxford und in Wales. Sie war liebenswürdig. Aber sie war eine Freundin, keine Geliebte.

Ein Jahr nach Lizzies Tod bat Libby Purves mich, ein Interview für die Zeitschrift *Good Housekeeping* zu machen. Da ich Geld für die auf Lizzies Namen gegründete Stiftung der Open University auftreiben wollte, sagte ich zu.

Das Interview selbst lief ziemlich skurril ab. Libby tauchte verabredungsgemäß eines Morgens vor meiner Haustür auf und schien zwei Stunden lang nur auf mich einzureden. Sie war unheimlich engagiert, und ich genoss ihre Gesellschaft. Kein Wunder, dass sie eine Talkshow im Radio hat, dachte ich mir, aber es kam mir vor, als hätte ich die ganze Zeit geschwiegen, während sie mich zwei Stunden unterhalten hatte. Ich fragte mich, ob sie genügend Material hatte, um überhaupt einen Absatz zustande zu bringen, geschweige denn einen ganzen Artikel.

Zwei Tage später faxte sie mir ihren Artikel zur Durchsicht.

Er las sich wie eine Röntgenaufnahme von mir und meinen Gefühlen. Verheerend treffsicher.

Am Abend rief sie mich an.

»Jeremy, ich möchte mir nur noch über eines klar werden, was Sie gesagt haben ... über das *Wintermärchen*.«

»Na ja, als Letztes haben Lizzie und ich zusammen im Theater die hervorragende Aufführung dieses Stücks gesehen. Und seitdem verfolgt es mich. Es ist eine unglaublich bewegende Darstellung einer Liebe, die in der Lage ist, sämtliche Wechselfälle des Lebens zu überstehen. Es geht um Verlust und Reue. Leontes verliert Hermione. Ich weiß, schuld daran ist er selbst mit seiner Eifersucht, er begeht ein schreckliches Unrecht, als er sie verbannt. Als er aber von ihrem Tod erfährt, ist er untröstlich und von Schuldgefühlen zerfressen. Aber die Zeit heilt seine Wunden. Als ihm nach vielen Jahren, am Ende des Stücks, die lebensgroße Statue von Hermione gezeigt wird, betrachtet er sie voller Schmerz, einem Schmerz, der ›allzu tief gewurzelt; da sechzehn Winterstürm' ihn nicht verweht, noch sechzehn Sommer ausgetrocknet.‹ Und dann wird das Marmorbild lebendig. Sie gewinnen sich gegenseitig wieder. Für mich ist es eine wunderbare Geschichte über die Liebe, die alles überwindet und alle Katastrophen überdauert. Von diesem zum Leben erwachten Marmorbild träume ich. So wie diese letzte Szene im *Wintermärchen* – die so zauberhaft unerklärlich ist, so unerklärlich, dass Shakespeare es uns unumwunden sagt –, so möchte ich, dass mein Leben ist.«

Sie fragte mich auch, ob ich wieder heiraten wollte. »Natürlich habe ich daran gedacht«, antwortete ich ihr. »Aber verstehen Sie, was ich mir verzweifelt ersehne, ist, dass ich mich wieder verliebe. In Lizzie. Und mit ihr noch ein Kind habe.«

Das machte sie zur Grundlage ihres letzten Absatzes.

Und sie schickte mir ein Buch, das sie für hilfreich erachtete. Das war es auch. Ich las *Wie man nicht die perfekte Mutter ist* und stellte fest, dass ich den Wie-man-nicht-Test mit Bravour meisterte.

Der Artikel wurde veröffentlicht. Mein Chef rief mich an.

»Ich habe Libbys Artikel in *Good Housekeeping* gelesen. Sehr nett. Die ist nicht auf den Kopf gefallen – sie hat dich aufs Haar getroffen. Ist das alles von einer Heiratsvermittlung gesponsort worden? Du wirst eine Menge Offerten kriegen!« Lachend legte er auf.

Es war mir sehr peinlich – aber natürlich hatte er recht. Genauso gut hätte ich meine Kontaktdaten unter den Artikel setzen können und zur Abrundung dazu: »Vielversprechender und präsentabler Mann in den besten Jahren mit zwei anbetungswürdigen Kindern sucht freundliche, liebenswerte Frau.« Begleitet wurde alles von einem wunderbaren Foto von uns dreien. Und dieser anbetungswürdige Mann machte das alles nur aus Gründen der Wohltätigkeit! Was für ein Typ!

Wäre es doch nur am Valentinstag veröffentlicht worden!

Ich bekam zwei völlig bescheuerte Briefe von Frauen, die meinten, ich wäre mit allem wunderbar zurechtgekommen, die mich für einen ganz besonderen Menschen hielten und meine Sorgen und Probleme mit mir teilen wollten – ihre Telefonnummern waren beigelegt. Als ich sie las, war mir noch peinlicher zumute. Es wäre so leicht gewesen, sie anzurufen. So leicht! Also zeigte ich die Briefe einer Freundin, die lachte nur, und ich warf sie weg. Insgeheim bedauerte ich aber, nicht mehr Briefe erhalten zu haben …

Und dann klopfte es an der Tür. Sam. Eine Nachbarin.

Sie war ein Stück älter als ich, Single und … na ja, sehr beschwörend; unerschütterlicher Blickkontakt, der aber immer leicht danebenlag. Etwa ein halbes Jahr vor Lizzies Tod hatte sie neben einigen anderen Lizzie und mich zum Essen eingeladen. Ein dröger Abend. Ich meine, richtig dröge. Dröges Essen, das sehr bedächtig aufgetragen wurde, lange Phasen des Schweigens und eine Gastgeberin, die eigentlich nicht wusste, was von ihr als Gastgeberin verlangt wurde (ich kann plaudern – es hat mir noch nie etwas ausgemacht, den Gastgeber einer Dinnerparty zu geben). Ich hielt sie für einsam, sehr, sehr alleinstehend und für ein wenig verrückt. Ach ja, und für esoterisch. Ich bin mir sicher, sie aß nur makrobiotischen Reis und brannte Räucherstäbchen ab. Ein Wort, bei dem ich Pickel kriege. Passte also alles wunderbar.

Lizzie und ich trafen ein paar Wochen später zufällig ein anderes damals eingeladenes Paar – mit dem wir gut auskamen –, und nach dem üblichen Austausch von Höflichkeiten ließen wir einen Kommentar über Sam fallen.

»Irgendwie ein seltsamer Abend, was?«

»Kennen Sie sie gut?«

»Ähm … überhaupt nicht. Wir hatten keine Ahnung, warum wir eingeladen waren.« Wir mussten alle lachen.

Nach Lizzies Tod blieb Sam immer stehen, wenn sie mir begegnete, und wollte mit mir plaudern. Gelegentlich kam sie auch vorbei. Sie war erpicht darauf, mein Leiden durch Reiki zu lindern. Ich war alles andere als erpicht darauf, mein Leiden durch Reiki lindern zu lassen.

An einem Sonntagabend klopfte es also sehr spät an der Tür. Sam.

»Hallo, Jeremy. Tut mir leid, dass ich Sie so spät noch störe. Aber ich hab ein Problem.«

»O Gott. Kann ich helfen?«

»Mein Boiler ist kaputt, und ich wollte Sie fragen, ob ich vielleicht Ihr Badezimmer benutzen könnte.«

Was sagt man, wenn eine alleinstehende Frau in einem gewissen Alter eine solche Frage stellt?

Was sagt man da?

»Äh …«, sagte ich.

Wir standen mitten in der Nacht vor meiner Haustür, wobei ich – metaphorisch gesehen – von einem Bein auf das andere trat wie ein Sechsjähriger, dessen Mutter auf dem Weg zum Einkaufen eine dieser langweiligen Unterhaltungen mit einer anderen Mutter führt.

Ich war einfach sprachlos.

»Ich weiß, es ist schon spät. Es tut mir leid. Aber …«

»Nein, nein. Kein Problem. Kein Problem.«

»Es war dumm von mir, Sie darum zu bitten.«

Pause.

»Aber ich hab kein warmes Wasser. Der Klempner will morgen kommen.«

»Klar«, sagte ich. Es war eine Lüge. Es musste eine Lüge

sein. Sie wollte Sex mit mir. Ich wusste es, ich wusste es, ich wusste es.

»Und ich muss mir für den Unterricht die Haare waschen.« Pause. »Ich weiß, es ist spät. Tut mir leid.« Aber sie wich auch keinen Schritt zurück.

»Okay. Aber Sie müssen sich beeilen, ich wollte nämlich gerade ins Bett. Gut, okay, Sie können es benutzen.«

»Ich bin in fünf Minuten wieder da.«

Hatte ich sie soeben zum Sex eingeladen? Oder würde sie denken, ich hätte sie soeben zum Sex eingeladen? Was ich nämlich definitiv nicht getan hatte.

Was sie nicht wusste, war, dass ich Gäste hatte. Rachel und ihr Mann Chris waren da und hatten einige Bilder vorbeigebracht, die die Mädchen tagsüber bei ihnen gezeichnet hatten.

Ich schloss die Tür und kehrte ins Wohnzimmer zurück. Rachel hielt sich die Hand vor den Mund, um nicht unkontrolliert loszukichern. »Jeremy, was soll das? *Was soll das?* Sie kommt rüber, um dein Badezimmer zu benutzen! Ist sie nicht mehr ganz bei Trost?«

»Ähm. Wahrscheinlich. Ja. Sie hat gefragt, ob sie das Bad benutzen kann, aber ich kann mich nicht des Eindrucks erwehren, dass sie auf etwas ganz anderes aus ist.«

»Und?«

»Na ja, ich hab ihr gesagt, sie kann ins Bad.«

»Aber nicht das ganz andere, auf das sie aus ist?«

»Was meinst du?«

»Sex?«

»Nie und nimmer!«

»Seltsam! Hast du eine Affäre mit ihr?«

»Nie und nimmer!«

»Du bist Single, sie ist Single. Warum nicht?« Sie brach in

schallendes Gelächter aus – genau genommen wälzte sie sich auf dem Sofa.

Es klopfte an der Tür.

Und dort, um 22 Uhr an einem Sonntagabend, in einem Bademantel, stand eine alleinstehende Frau in einem gewissen Alter, die ich kaum kannte, und die zu mir kam, um mein Bad zu benutzen.

Ich nahm an, dass sie unter ihrem Bademantel nichts anhatte. Ich nahm an, dass sie nicht nur wegen des Bads gekommen war.

Ich stellte sie Rachel und Chris vor. Es war ihr peinlich. Ich war mir nicht ganz sicher, wie ich mit der Situation umgehen sollte, aber ich bin mir sicher, dass ich besser damit umging, weil die beiden da waren. Ich führte sie hinauf ins Badezimmer, drehte die Hähne auf und tappte wieder nach unten.

Ich frage mich, was ihr durch den Kopf ging, während sie ihr Bad nahm.

Nein, lieber nicht.

Kurz darauf kam Sam nach unten, frisch gebadet und geschrubbt, mit strubbelig nassem Haar. Wir vier plauderten noch etwa eine Minute, bevor sie in die Nacht entschwand. Die glucksende Rachel und Chris folgten ihr kurz darauf.

Ich wusste, die Geschichte würde in der ganzen Straße die Runde machen, noch bevor am Morgen der Schulgong ertönte. Das war das Problem – ich lebte unter einem Mikroskop, jeder meiner Schritte wurde von der halben Straße in aller Fürsorge überwacht.

Ich musste fort.

Kapitel 20

Der Typ benimmt sich, als hätte er Chili im Arsch«, spöttelte einmal ein Freund über mich. Ich war nie ein gemütlicher Mensch, aber nach Lizzies Tod war ich ständig auf Adrenalin. Ich trieb mich unablässig an, machte mich immer auf eine Bruchlandung gefasst, die aber bislang nie eingetreten war.

Ein halbes Jahr, nachdem ich wieder Vollzeit arbeitete, wechselte ich innerhalb der Abteilung die Stelle und bekam ein völlig neues Aufgabenfeld. Einige Wochen darauf wurde ich in ein BBC-Gremium berufen, das, auf drei Monate angelegt, im Grunde ein Fulltime-Job war, der zu meiner eigentlichen Arbeit noch hinzukam. Nachdem das vorüber war, erschien mir meine neue Stelle, trotz der neuen Aufgaben, ziemlich langweilig. Mit anderen Worten, ich brauchte eine Veränderung. Ich begann mich umzuhören. Ein halbes Jahr später, im Frühjahr 1994, tauchte mein Traumjob auf, die Leitung von *10x10*, einer in Bristol produzierten BBC-2-Kurzfilmserie für junge Regisseure.

Da mein Spielraum auf dem Arbeitsmarkt durch meine besondere Situation eingeschränkt war, kam mir die *10x10*-Sache in Bristol, keine zwanzig Kilometer von Maka und Deda in Bath entfernt, wie ein Gottesgeschenk vor.

Wunderbarerweise bekam ich den Posten, obwohl das Bewerbungsgespräch ein wenig durch die Kinder beeinträchtigt wurde, die, wie ich erst am Abend zuvor entdeckte, die Hälfte des Demobands, das ich mir für das Bewerbungsgespräch ansehen sollte, mit *Feuerwehrmann Sam* überspielt hatten. Ich schwadronierte über Filme, die ich gar nicht gesehen hatte. Nichts hatte sich wirklich geändert.

Die sechste Phase des Schmerzes ist der Punkt, von dem an es wieder aufwärts geht. Der neue Job war mein Neuanfang.

Ich erzählte es den Kindern beim Frühstück.

»Mädchen ... Papa hat einen neuen Job.«

»Wie schön, Papa. Was ist es?«

»Na ja, es ist in Bristol, wir werden nach Bath ziehen müssen, in die Nähe von Maka und Deda.«

»Toll. Mach das, Papa. Luce und ich bleiben hier«, sagte Jessica entschieden, während sie ihre Rice Krispies mampfte.

»Genau«, stimmte Lucy mit ein.

Toller Start, dachte ich mir.

Ich reichte meine Kündigung ein, inserierte unser Haus in Oxford zum Verkauf, und wir fuhren jedes Wochenende nach Bath, um uns dort ein neues zu suchen.

Schließlich fanden wir etwas Hübsches, das wir uns gerade noch leisten konnten, in der Gegend, die wir wollten, gleich unten am Hügel, auf dem sich die beste Grundschule der Stadt befinden sollte. Die Besitzer akzeptierten mein Angebot, aber da sie es mit dem Umzug nicht eilig hatten und ich nicht über das Geld für einen Umzug verfügte, legten wir erst einmal alles auf Eis.

Es gab zwei Haken an der Sache: Die beste Grundschule der Stadt wollte sich nicht von Jessica und Lucy verunzieren lassen, und ich wurde das Haus in Oxford nicht los.

In der Zwischenzeit begann ich mit der neuen Arbeit, was hieß, dass ich fast jeden Tag von Oxford nach Bristol und zurück fahren musste. Meine Pendelei nach London hatte sich dagegen wie eine Lappalie ausgenommen. Eines Morgens, als ich vor der Marathonfahrt noch Jessica, Lucy und Joe Unia zur Schule brachte, bog ich von unserer Straße auf die Hauptverkehrsstraße ins Stadtzentrum ab und stieß dabei mit einem Motorradfahrer zusammen. Er war daran zwar ebenso schuld wie ich, trotzdem ging mir der Vorfall an die Nerven. »Muss euer Papa jetzt ins Gefängnis?«, fragte Joe. Natürlich nicht, aber Jessica war darüber in heller Aufregung, weshalb ich beschloss, dass es so nicht weitergehen konnte. Praktisch am letzten Tag vor den Sommerferien fand ich noch eine Schule für die Mädchen, die allerdings nicht unbedingt nah an unserem neuen Haus lag, und ich entschied mich, ein Wahnsinns-Darlehen aufzunehmen, damit wir unabhängig vom Verkauf des Oxforder Hauses nach Bath ziehen konnten. Meine Hypotheken waren damit fünfmal so hoch wie mein Jahreseinkommen, aber wen interessierte das schon. Es war ja nur Geld.

Trotzdem ging es nur schleppend voran.

In den Sommerferien quartierten wir uns in Bath ein und fuhren jedes Wochenende nach Oxford. Als das neue Schuljahr begann, wohnten wir bei Maka und Deda, bis wir in den Herbstferien in unser Haus in Bath ziehen konnten. Nach einem tränenreichen Abschied von Annette fand ich eine neue Nanny – eine laute, geschiedene Halb-Chilenin, Ariana mit Namen, die einem fast ein wenig Angst einjagen konnte, aber scheinbar ganz gut drauf war und zwei eigene Kinder großgezogen hatte, also wissen musste, was sie tat. Dachte ich jedenfalls. Leider hatte Ariana keinen Führerschein. Da die neue Schule der Mädchen einige Kilometer oder einige Busstationen von Maka und Deda entfernt lag, machte es das für alle nicht einfacher. Außerdem hatte ich das Gefühl, dass Maka und Deda sie wie eine niedere Hausangestellte behandelten, sie mit Argusaugen überwachten und ihr kein bisschen Freiraum gönnten. Selbst ich musste ihr Vorwürfe machen, weil sie Jessica – mittlerweile acht Jahre alt – erlaubt hatte, unbeaufsichtigt Pfannkuchen zu backen. Sie entschuldigte sich dafür, und ich gab ihr eine zweite Chance. Es gestaltete sich alles ein wenig holprig, aber zumindest schien sie mit Jessica und Lucy zurechtzukommen.

Zwei Wochen später wurde ich auf der Arbeit von Maka angerufen. Ariana habe einen Eimer Wasser über Lucy ausgeleert, jetzt sitze sie mit Lucy unter dem Küchentisch, weigere sich hervorzukommen und versuche das Kind zu trösten, das darüber alles andere als glücklich, ja richtig traumatisiert sei.

Ich bat, mit Ariana verbunden zu werden. Nach einigen Wortwechseln im Hintergrund hatte ich sie in der Leitung.

»Was geht da vor sich?«

»Sie verstehen das nicht, Mr. Howe.«

»Was gibt es da nicht zu verstehen, Ariana? Nach allem, was ich erfahren habe, haben Sie Wasser über Lucy geschüttet und schüchtern sie jetzt unter dem Küchentisch ein.«

»Keiner von Ihnen versteht es.«

»Hören Sie, ich komme sofort nach Hause. Wenn Sie bis zu meinem Eintreffen keine gute Erklärung dafür haben, sind Sie Ihren Job los. Tut mir leid.«

Als ich ankam, war Ariana fort. Die Kinder waren nur am Plappern: »Papa, sie hat Wasser über Lucy geschüttet!«

»Wir haben im Badezimmer mit unseren Eimern gespielt, da hat sie einfach einen ganzen Eimer mit kaltem Wasser über mich gegossen, Papa.«

»Maka hat ihr Schul-Sweatshirt über dem Herd trocknen müssen, Papa.«

»Wart ihr sehr wütend, meine Lieben?«

»Ich ein wenig. Ich fand es nicht so schön, dass sie mich unter den Küchentisch gezogen hat.«

»Maka sagt, es wären Arianas Medikamente, Papa.«

Am Tag darauf fuhr ich von der Arbeit zu ihrer Wohnung und zahlte ihr den Lohn für die Woche.

»Eines Tages werden Sie es auch noch lernen, Mr. Howe. Sie müssen noch viel lernen.« Sie reichte mir ein Buch. »Für Sie.« Der Titel lautete: *Verzeihen lernen*. Ich brauchte weder das Buch noch die Schuldgefühle, die sie mir aufschwatzen wollte. Zwei Wochen lang lag das Buch anklagend und ungelesen auf meinem Nachttisch, bevor ich es wegwarf.

So viel zu Nanny Nummer drei.

Weiter zu Nanny Nummer vier.

Als Kerry zu ihrem zweiten Vorstellungsgespräch antanzte, bezogen wir gerade unser neues Haus in Bath.

Dieser Umzug hatte für mich etwas von *Unsere kleine Farm*, wobei ich sowohl Ma als auch Pa spielte. Wir luden unsere weltlichen Besitztümer in einen Laster, sperrten unser altes, nicht verkauftes Haus in Oxford zu und machten uns, einer Laune von Pa folgend, auf zu unserem Abenteuer in einem unbekannten Land. Es ähnelte ein wenig dem Umzug meiner Mutter nach Bromley, als sie unseren Vater verlassen hatte. Nur waren es für mich diesmal keine langen Ferien, sondern ein verdammt riskantes Glücksspiel. Ich hatte einen neuen Job (wo mich keiner kannte), ein neues Leben (wo mich keiner kannte) und eine neue Hypothek (wo man mich sicherlich kannte). Wenn ich das Großziehen von Jessica und Lucy als die größte Leistung in meinem Leben betrachte, dann war im Rückblick der Umzug nach Bath sicherlich der Wendepunkt auf dem Weg zurück zur Normalität. Als ich jedoch unsere Sachen auspackte, hatte ich eher das Gefühl, ich hätte mich überhoben.

Kerry und ich unterhielten uns, dann ging sie nach oben, um die Kinder zu suchen. Später vertraute sie einer meiner Freundinnen an, dass Jessica und Lucy recht ziellos einen Berg Kuscheltiere von einem Bett zum anderen getragen hätten, ohne recht zu wissen, wie sie sich in dem Chaos zurechtfinden sollten. »Die könnten hier gut jemanden gebrauchen«, dachte sie sich und nahm die Stelle an.

Milly Molly Mandy allerdings hielt für Kerry einen letzten Eignungstest bereit. Die Katze war noch ins Haus gesperrt, wir hatten ihr die Pfoten noch nicht mit Butter eingeschmiert. Am Sonntagabend, bevor Kerry mit ihrer Arbeit beginnen sollte, brachte ich den Müll nach draußen, und die Katze schoss zwischen meinen Beinen hindurch in den Garten, stand dort, sah mich nur an und ließ triumphierend den Schwanz hin und her schwingen. Ich versuchte sie mit Futter zurückzulocken, stattdessen rannte sie davon. Ich stand eine Ewigkeit draußen, säuselte ununterbrochen »Milly Molly Mandy«, aber sie war in die Nacht entschwunden. Die verfluchte Katze.

Am nächsten Morgen, während der üblichen Hektik, um die Mädchen zur Schule und mich zu irgendeinem Meeting nach London zu bringen, war von der Katze noch immer nichts zu sehen, aber von draußen ertönte ein klägliches Miauen. Ich schickte die Kinder runter in den Garten (nur dreiunddreißig Stufen bis zu unserem Rasen, rauf waren es mehr, glaube ich), um sie einzufangen. Vergeblich. Wir mussten los. Wir gingen (nein, wir gingen nie, wir rasten, weil ich immer zu spät dran war) durch die Straße zu unserem Auto, als Lucy sie entdeckte.

»Schaut, Milly Molly Mandy!« Sie saß am Ende unserer Häuserreihe in einer Palme fest. Sie war irgendwie hinaufgekommen, aber nicht mehr herunter.

»Das verdammte Vieh«, murmelte ich. Wir standen unter der Palme, riefen nach ihr, was sie lediglich mit einem Miauen quittierte.

»O Gott. Hört, ich muss euch zur Schule bringen, mal sehen, vielleicht kann ich sie noch runterholen, bevor ich zur Arbeit muss.«

»Aber, Papa …«

»Wir können nichts machen. Kommt schon, los.«

Ich ließ die notleidende Katze in der Palme, brachte zwei weinende Kinder zur Schule, fuhr zurück und rief bei der Feuerwehr an. »Tut uns leid, aber das ist Aufgabe des Tierschutzbunds.«

Der Tierschutzbund: »Wie lang ist sie schon oben?«

»Die ganze Nacht.«

»Tut mir leid, Sir, aber wir können die Katze erst retten, wenn sie achtundvierzig Stunden festsitzt.«

»Oh.« Also hinterließ ich für Kerry eine hastig hingekritzelte Notiz: »Herzlich willkommen, Kerry! Kleines Problem: Katze hockt in der Palme. Können Sie sich bitte darum kümmern. J.« Und ab nach London.

Als ich gegen 19 Uhr nach Hause kam, wurde ich von besagtem Katzenvieh, zwei vor Freude hopsenden Kindern und Kerry begrüßt.

»Papa, Kerry ist so schlau. Sie hat Milly Molly Mandy gerettet!«

»Wie?«

»Ich hab einen Wagen der British Telecom angehalten, der zufällig vorbeikam. Der hatte eine Leiter auf dem Dach, und ich habe dem Fahrer zehn Pfund versprochen, wenn er sie runterholt. Sie hat sich auch kaum gewehrt«, erzählte sie, als gehörte das alles zu ihrem ganz normalen Arbeitsalltag. Wir hatten unsere Mary Poppins gefunden, und alles nur für zehn Pfund extra.

Kerry hatte den Milly-Molly-Mandy-Rettungstest mit voller Punktzahl bestanden. Sie war durch nichts aus der Ruhe zu bringen.

Ich legte immer großen Wert darauf, dass die Mädchen mich in den Trimester- sowie in den Weihnachts- und Osterferien bei der Arbeit besuchten, zum einen, weil es ihnen Spaß machte. Welchem Kind hätte es nicht Spaß gemacht – ich gehörte zum Produktionsteam von *Wallace and Gromit*, und wir hatten einen Vorführraum, der bis unter die Decke voll mit Kurz- und Zeichentrickfilmen war.

»Musst du bei deiner Arbeit wirklich all diese Filme anschauen, Papa?«

»Ja, irgendwie schon.«

»Cooooool.«Und zum anderen sollte mein Chef ruhig erfahren, womit ich es zu tun hatte.

Ich nahm sie mit zur Arbeit, Kerry kam später vorbei und holte sie ab.

Meine auf dem harten Südlondoner Pflaster aufgewachsene Sekretärin mit Uni-Abschluss, die sich wie Cruella de Ville eine Stirnlocke weiß gefärbt hatte, sagte einmal, als Kerry mit den Kindern abzog: »Meine Fresse, mit der würde ich mich nicht anlegen.« Kerry war eins dreiundachtzig groß, trug eine Bomberjacke, hatte langes braunes Haar, war gebaut wie die Schnalle eines Streetfighters und sehr direkt: »Los, Mädels, wir gehen.« Und die Kinder gehorchten auf der Stelle. Man legte sich mit Kerry nicht an. Aber die Kinder liebten sie abgöttisch, Maka und Deda nannten sie »unseren Engel«, und sie war eine so brillante Nanny, dass sie auch noch nach der Geburt ihres ersten Kindes bei uns blieb und erst während der Schwangerschaft mit ihrem zweiten von uns Abschied nahm, als Jessica die Prüfungen für die weiterführende Schule ablegte. Wir konnten sie, wie sie sagte, wirklich »gut gebrauchen«.

Der große Vorteil meiner neuen Stelle lag darin, dass ich die Mädchen fast jeden Tag zur Schule bringen konnte, mit ihnen ein- oder zweimal in der Woche zu Abend aß und sie regelmäßig von der Schule abholte. Ich kam mir sehr einsam vor, wenn ich mit den anderen Müttern am Schultor wartete. Sie kannten sich natürlich allesamt, so wie ich in Oxford alle gekannt hatte, für mich allerdings waren sie Fremde. Nur ein einziger weiterer Mann wartete regelmäßig auf ein Mädchen aus Lucys Klasse. Ich fand das ein wenig seltsam. Ein Mann vor der Schule! War er ein Perverser, ein schwuler Vater (er hatte einen Ring im Ohr, was konnte man da schon erwarten)? Und mir wurde klar, dass ich mich selbst als Mutter sah, die kein bisschen anders war als die anderen Mütter. Bis dahin war mir niemals in den Sinn gekommen, dass ich genauso auffallen musste wie er.

Ich hatte in den zwei Jahren einen weiten Weg zurückgelegt.

Jessica wollte nie bei Freundinnen übernachten. Lucy strahlte vor Freude, wenn sie woanders schlafen konnte. Aber Jessica wollte es absolut nicht.

Sie hatte kein Problem, bei Maka und Deda zu übernachten, mit mir oder ohne mich, sie konnte überall übernachten, solange ich dabei war, sie akzeptierte sogar Babysitter, sofern es sich dabei um (a) Maka, (b) einen der Unias oder um (c) Linda, Annette oder Kerry handelte. Andere mussten sich erst gar nicht bemühen.

Ihre jüngere Schwester, den Schlafsack in eine Tragetasche eingerollt, zog munter von dannen, Jessica aber blieb und schien es mit stoisch-steinerner Miene und untypischem Schweigen zu ertragen. Dann drehte sie es so hin, dass sie die Zeit mit Papa allein genießen wollte, was Lucy schnurzegal war. Ihr Nicht-woanders-übernachten-Gesetz war so in Stein gemeißelt wie die zehn Gebote: Der Himmel ist blau, auf die Nacht folgt der Tag, und Jessica übernachtet nicht woanders.

Ja, und keiner wusste es oder sollte es wissen. Es war ihr nämlich peinlich.

»Möchte Lucy am Samstagabend zu uns kommen und bei Esther übernachten?«

»Ja, sie wird sich sicherlich freuen.«

»Jessica kann auch kommen.«

»Ähm. Tut mir leid. Nein, sie kann nicht. Sie muss Hausaufgaben machen. Es ist Sabbat und sie darf nicht vor die Tür. Sie besteigt den Mount Everest und wird erst sehr spät zurückerwartet.« Irgendwann gingen mir die plausiblen Ausreden aus.

Einmal versuchte ich sie dazu zu überreden. Es war nicht von Erfolg gekrönt.

Eine Geburtstagsparty stand an, die mit einem »Abenteuer« verbunden war: einer Wanderung in den Berkshire Downs mit einer Übernachtung in einer Jugendherberge. Das alles im März. Klang für mich eher wie ein Bußgang, aber da Beccas Vater ein Sesselpupser war und die Mutter fromm wie ein Lämmchen, sahen sie es als ein großes Abenteuer. Und Jessica – sie war Beccas beste Freundin (während Becca für Jessica ganz bestimmt nicht die beste Freundin war, sondern nur jemand, mit dem sie zufällig in die gleiche Klasse ging, o Gott) – war natürlich und ganz besonders herzlich eingeladen. Ich besprach das Thema mit Jessica, verkaufte es als einen großen Spaß, aber natürlich wollte sie *auf keinen* Fall mit. Sechs Wochen vor der gefahrenträchtigen Amazonas-Expedition mit ungewissem Ausgang brachte ich Beccas Mutter schonend bei, dass wir an diesem Wochenende nicht da wären. Keine Sorge, sagte sie, dann legen wir es auf ein Datum, das Ihnen passt. Die ganze Angelegenheit schien nur auf Jessica ausgerichtet zu sein. Ich versuchte ein weniger ambitioniertes Projekt vorzuschlagen (nur eine Wanderung, keine Übernachtung), aber nein, Becca wollte ein »Abenteuer«. Als letzten Ausweg erzählte ich ihr sogar die Wahrheit, aber noch nicht einmal dadurch ließ sie sich erweichen. »Es wird ihr sicherlich nichts geschehen. Wir passen auf sie auf, alle Kinder sind doch ein wenig nervös, wenn sie fort sollen, oder?« Und so weiter.

Aber ich hielt mich ans Drehbuch und sagte ab. Die Sache war abgeblasen.

Doch dann änderte Jessica ihre Meinung. Ich kann mich nicht erinnern, dass sie jemals zuvor oder danach ihre Meinung geändert hätte. Sie war immer ein Kind von absoluter Gewissheit. Wenn Jessica Anzeichen von Unschlüssigkeit zeigte, konnte man damit rechnen, dass Probleme anstanden. Aber sie sagte Becca, sie würde mitkommen.

Ich bot ihr an, sie zu begleiten (ein beispiellos generöses Opfer, sowohl was mich als auch was Lucy betraf, die dann ebenfalls mitkommen würde). Nein – sie wolle allein gehen.

In der Woche vor der Wanderung war Jessica leicht nervös, jeden Abend schwankte sie ein wenig, schien aber nach wie vor entschlossen, mitzugehen.

Am entscheidenden Tag – es war grau und nass – brachte ich sie zu Beccas Eltern; es war, als würde ich sie zu einem olympischen Finallauf führen. Sie war verkrampft, schweigsam, wie die Heldin einer griechischen Tragödie: Jessica und die Argonauten, Jessica auf Naxos, so in der Art.

Lucy und ich verbrachten einen ruhigen Samstag. Ich war angespannt und erwartete jederzeit einen Anruf, bei dem man mir sagte, ich solle nach Berkshire eilen und ein traumatisiertes Kind abholen.

Julia kam vorbei. »Irgendwelche Neuigkeiten?«

»Noch nicht.«

Also ging es weiter mit Fischstäbchen und einer endlosen Runde *Frustration*, das Lucy so gern spielte.

Sonntag: unverändert.

»Irgendwelche Neuigkeiten?«

»Nichts.«

Unser Haus war wie die Bodenkontrollstation in dem Film *Mai 1943 – Die Zerstörung der Talsperren*: Nur das Ticken der Uhr war zu hören.

Dann, am Nachmittag, kehrte sie nass und müde zurück. Triumphierend?

Nein.

Missmutig?

Ja.

»Ich will so was nie wieder machen. Nie wieder.«

Ich habe nicht die geringste Ahnung, wie die Wanderung verlief. Alles, was ich hörte, war: »Ich will darüber nicht reden.« Auch sonst erzählte keiner etwas. Becca und ihre Mutter sowie die anderen Mitleidenden schienen einen Schweigepakt geschlossen zu haben.

Jessica übernachtete nie mehr woanders.

Es hemmte mein gesellschaftliches Leben (brachte es gar zum völligen Stillstand) und war ein drängendes Problem für Jessica. Ich sah mich schon als alten Zausel, der, an Jessica gefesselt, mit ihr an der Universität zusammenlebte, weil sie nicht woanders übernachten wollte.

Als sie zehn wurde, mussten wir uns diesem nur allzu offenkundigen Problem stellen.

Zum Abschluss der Grundschule wurde eine Woche in einem Outdoor-Zentrum auf der Isle of Wight angeboten. Genau das, was meiner ansonsten furchtlosen älteren Tochter gefallen hätte, wenn sie nur ihren inneren Dämon überwunden hätte. Daneben dachte ich mir, dass sich ihr Problem noch verstärken würde, wenn sie nicht mitfuhr.

Außerdem wäre es furchtbar demütigend für sie, allein in einem Klassenzimmer zu sitzen, während ihre Mitschüler sich von Felsen abseilten oder Kanu fuhren.

Es gibt nicht viele, die sagen würden, dass Organisiertheit zu meinen Stärken gehört. Aber in den Sommerferien, zehn Monate vor dem gefürchteten Ausflug, kontaktierte ich Dr. Forrest und erklärte ihr meine Notlage. Konnte sie, würde sie uns helfen? Nein, sie konnte uns nicht behandeln, weil wir nicht mehr in ihrem Zuständigkeitsbereich lebten, aber sie verwies mich flugs an einen Kinderpsychiater in Bath, der das sicherlich auf die Reihe bekommen würde.

Von September an suchten wir alle drei Wochen nach der Schule diesen armen Mann auf. Jessica wollte nur hin, wenn Lucy mitkam (siehe Kapitel 13).

Hier eine typische Szene dieser Begegnungen:

Ich saß dem Arzt in seiner wunderbaren, geräumigen, sonnendurchfluteten Praxis gegenüber, sagen wir ein bis eineinhalb Meter von ihm entfernt. Direkt in meinem Blickfeld, mit dem Rücken zu mir, stand Lucy und zeichnete endlos auf eine große Tafel.

In einer Ecke des Zimmers kauerte ihre Schwester. Sie tat so, als wäre sie in ihr Buch versunken.

Der Arzt und ich redeten. Gelegentlich stellte er Jessica eine Frage, irgendetwas Harmloses wie: »Was gefällt dir am besten in der Schule, Jessica?«

Lange Pause, unterbrochen nur vom Kratzen der Kreide, mit der Lucy die Tafel füllte.

Jemand murmelte etwas.

Darauf sagte Lucy: »Jessica sagt, dass ihr das Lesen und Schreiben am besten gefällt«, und zeichnete weiter.

»Lucy, warum, meinst du, will Jessica nicht mit dem Doktor reden?«, fragte ich.

Sie hörte mit dem Zeichnen auf. »Das ist nicht fair von dir. Das weißt du doch.« Und zeichnete weiter.

So ging das quälende sieben Monate lang.

Und wissen Sie was? Jessica fuhr zu ihrem Abenteuer-Camp. Sie griff nicht auf die Befreiung zurück, die ich der Schule in zähen Verhandlungen abgerungen hatte – und sie rief mich nie an, um mir zu sagen, dass sie Heimweh habe.

Bei ihrer Abfahrt, als sie in den Bus stieg, blutete mir das Herz.

Die Woche dauerte eine Ewigkeit.

Beim Essen saßen Lucy und ich uns schweigend gegenüber. »Ich glaube, wenn jemand redet, dann Jessica, meinst du nicht auch, Papa?«

Der Bus traf pünktlich auf die Minute zu Hause ein, Jessica

stieg aus und kam ruhig und ausdruckslos auf mich zu. Erst im letzten Moment warf sie die Arme um mich und flüsterte: »Ich hab's geschafft, Papa.« Ich war so stolz auf sie.

Drei Jahre später nahm sie an einem Schulausflug nach China teil. Obwohl ihre beste Freundin absagte – »sie hat eine Erdnuss-Allergie, Papa, und in China kocht man mit Erdnüssen« –, fuhr sie mit.

Sie ging an die Uni, nicht sonderlich glücklich, muss ich zugeben, aber sie ging, und ich musste nicht bei ihr wohnen.

Der arme Arzt muss doch so einiges vollbracht haben.

Kapitel 21

Eineinhalb Jahre nach dem Umzug nach Bath machte ich einen Film über Lizzies Tod. Ich stellte mich vor die Medusa und starrte ihr unumwunden ins Antlitz.

Es richtete mich nicht zugrunde, aber es veränderte mich.

Die Serie, die ich für BBC Bristol produzierte, wurde aus heiterem Himmel abgesetzt. Ich wurde zu meinem Chef zitiert (der in vielem meinem alten Chef glich, nur war er härter, schroffer, abgebrühter, vom Fernsehen eben – »ein Chef, der dir das Rückgrat rausfiletieren kann, und du bist ihm auch noch dankbar dafür«, so einer seiner früheren Mitarbeiter). Statt blumiger Reden (»Danke für die großartige Arbeit, Jeremy, aber ich muss Sie leider freistellen«, so in der Art, wie ich es erwartet oder befürchtet hatte) bekam ich von ihm zu hören: »Ich möchte, dass Sie mit Peter Symes zusammenarbeiten und *Picture This* koproduzieren.« *Picture This*, eine Reihe von halbstündigen Dokumentarfilmen, war die renommierteste Serie, die BBC Bristol für BBC 2 produzierte. »Er wird für zwei, drei Monate fort sein und braucht jemanden, der ihm seinen Stuhl warm hält. Sind Sie interessiert?«

Und wie, dachte ich mir. »Ja. Klingt gut«, sagte ich.

»Ach, und Sie müssen einen Film für die Reihe schreiben und Regie führen.«

Scheiße, Scheiße und nochmals Scheiße. Haben wir jetzt Weihnachten oder halluziniere ich?

»Gut. Mach ich.«

»Haben Sie schon mal fürs Fernsehen Regie geführt?«

»Ähm ... nein. Ich war hauptsächlich als Redakteur tätig.«

»Nun, hier ist Ihre Chance.«

Pause.

»Wie fühlen Sie sich?«

»Aufgeregt. Nervös ...«

»Es wird nervenaufreibend sein, aber Sie werden viel lernen. Viel Glück.«

Nicht unbedingt das, was ich erwartet hatte.

Am Wochenende sammelte ich Ideen, und am Montagnachmittag traf ich mich mit Peter Symes in seinem Bürokabuff auf dem Speicher von BBC Bristol zu einem »Plausch«. Ich hatte mich ein paar Mal mit ihm unterhalten, aber ich kannte ihn kaum. Er besaß einen außergewöhnlichen Ruf, im Grunde war er eine Legende: Peter Symes, der Schutzpatron der seriösen Fernsehdokumentation. Wir redeten über dieses und jenes, dann fragte er mich, welchen Film ich für die Reihe beitragen wolle. Ich legte ihm verschiedene Ideen vor.

Ich spürte, dass ihn das alles nicht die Bohne interessierte.

»Geht Ihnen noch irgendwas durch den Kopf?«

Ich überlegte.

»Kennen Sie Shakespeares *Wintermärchen*?«

»Ja?«, antwortete er in einem Ton, der zu erkennen gab, dass er es nicht richtig kannte und ich ihm auf die Sprünge helfen sollte.

Ich skizzierte ihm die Handlung des Stücks, das seinen Platz in meinem Herzen gefunden hatte, erzählte ihm von der letzten Aufführung, die ich mit Lizzie gesehen hatte, und sagte ihm, dass die letzte Erkennungsszene mit der Statue, die ich für einen der Höhepunkte bei Shakespeare halte, nicht funktionierte.

»Ja«, sagte er und schien mir zu verstehen zu geben, dass ich damit völlig an dem vorbeiagierte, was einen Dokumentarfilm ausmacht. »Und warum wollen Sie das machen?«

»In meinem letzten Job war mir die Produktion des Stücks angeboten worden. Es gibt nichts, was ich lieber machen würde, aber ich habe nicht gewusst, wie ich die Statue zum Leben erwecken sollte. Also habe ich es sein lassen. Jetzt weiß ich es.«

»Ja, aber warum?«

Dann erzählte ich ihm meine Geschichte, die Geschichte dieses Buches, und seine stechenden blauen, ernsten Augen funkelten, er beugte sich vor, und ähnlich wie bei dem Arzt in Norfolk fast vier Jahre zuvor sah ich, wie ihm fast die Kinnlade herunterfiel.

»Wie im *Wintermärchen* möchte ich Lizzie wieder zum Leben erwecken.«

»Aber wie?«

Und ich erzählte ihm von *La Jetée – Am Rande des Rollfelds.*

Bei einem Filmfestival in Frankreich hatte ich im Jahr zuvor spätabends, leicht betrunken und übermüdet, *La Jetée* gesehen, einen französischen Kurz- und Kultfilm von 1962, der später als Vorlage für *Twelve Monkeys* diente. Mein Französisch reichte nur so weit, um einigermaßen der Handlung folgen zu können. Der Film erzählt von einem Mann, der einen Atomkrieg überlebt und von anderen Überlebenden dafür ausgebildet wird, in die Zukunft zu reisen. Dazu muss er allerdings erst lernen, wie man in die Vergangenheit reist. Ein cleverer Einfall, denn der Film ist natürlich ein Film über die

Erinnerung: die Erinnerung an eine einstige Liebesaffäre. Einzigartig ist, dass er in Schwarzweiß gedreht wurde und nur aus Standbildern besteht. Zwei Drittel des fünfundzwanzigminütigen Films nehmen die Erinnerungen des Helden an einen Nachmittag ein, an dem er sich mit seiner Freundin geliebt hat; die Standbilder zeigen sie auf der Seite liegend, den Kopf auf einen Ellbogen gestützt. Sie blickt direkt in die Kamera. Und dann blinzelt sie. Sie *blinzelt*. In dem Film, der nur aus Standbildern aufgebaut ist, erwacht sie plötzlich zum Leben und blinzelt. Dieses einzige bewegte Bild dauert nur einen Augenblick, eine Sekunde. Es brachte mich fast um den Verstand, als ich das im Kino sah. Dieser geniale Schachzug hatte die Vergangenheit wieder lebendig werden lassen, hatte die Vergangenheit in die Gegenwart zurückgeholt. So wie ich Lizzie in meine Gegenwart zurückholen wollte. Der Film ließ mich wie benommen zurück. Er verfolgte mich. Er war wie ein Traum. Und jetzt wollte ich ihn als Remake drehen. Mit Lizzie.

Ich wollte Lizzie zum Leben erwecken, wenn auch nur für eine Sekunde.

»Verstehe«, sagte er. »Ziemlich clever.«

Ich bekam den Auftrag.

Es wurde zur Obsession. Aber Filmemachen ist eine Obsession. Einen guten Film zu drehen ist so schwer, dass sich alle Mühen nicht lohnen, wenn man nicht besessen davon ist.

Vier Monate lang war ich mit nichts anderem beschäftigt, als Lizzie zurückzuholen.

Ich durchstreifte Südengland nach den abgelegensten, ödesten Landstrichen, castete Schauspieler, die mich und Jessica und Lucy doubelten, und wir filmten Gestalten, die durch Winterlandschaften stapften oder allein auf endlosen Schlammfeldern standen.

Ich mietete einen Wagen und sein bei einem Unfall geschrottetes Double, und wir filmten das Bild, das ich seit Lizzies Tod mit mir herumgetragen hatte: ein zerstörter Wagen mit all unseren Besitztümern, Papieren, Büchern, Fotos, Kuscheltieren, Gepäckstücken, die über die nebelverhangene Landschaft verstreut lagen.

Wir filmten Wittenham Clumps, Nebelschwaden zwischen den Bäumen, überfrorene Pfützen, Schneeregen aus grauem Himmel. Wir filmten die Ödnis, wo immer wir sie fanden.

Wir filmten das Tropfen eines Wasserhahns, Regenschlieren am Fenster, wir drei, wie wir dem Zug in der Oxford-Station hinterherwinkten, wir filmten Jessicas Double bei ihren Gebeten.

Nahezu jede Außenaufnahme spielte im Regen oder im Nebel.

Und in nahezu jeder Einstellung waren Fotos von Lizzie. Sie lagen verstreut auf Feldern, auf Autositzen, steckten am Zugfenster, wurden von Windschutzscheiben reflektiert.

Wir filmten Lizzies geliebte Bücher und Papiere auf ihrem Schreibtisch in weichem, warmem Licht – die Bücher und Tagebücher, in denen ich sie nicht finden, in denen ich sie nicht wiedergewinnen konnte.

Ich fuhr nach Oxford, um Catherine und Dr. Hall und meine Schwester Philippa zu interviewen. Alle waren ungemein angespannt wegen der Tortur, auf die sie sich mir zuliebe eingelassen hatten.

In dem Hotelzimmer, das für unser Interview vorbereitet war, herrschte eine Grabesstille. Wir flüsterten fast unhörbar miteinander. Vor der Kamera dann erzählte mir Philippa, dass sie für diesen Film die Schublade wieder öffnen musste, in der sie ihre Erinnerungen an die Zeit um Lizzies Tod sorgfältig weggepackt hatte – damit sie sie vergessen konnte. Aber jetzt sei sie gezwungen, sich alles wieder anzusehen, und sie könne es gar nicht erwarten, nach Hause zu kommen, um sie wieder in die Schublade zu packen und diese abzusperren. Als sie das erzählte, war ich neidisch auf sie. Neidisch, weil ich keine Schublade mit Erinnerungen hatte, in der ich alles fein säuberlich wegräumen konnte. Ich hatte nur riesige, unordentliche, hässliche Haufen, die überall herumlagen, die mir den Blick auf die Vergangenheit und den Weg in die Zukunft verstellten, die die Gegenwart verpesteten und alles verseuchten. Stinkende, schwärende Haufen, die mein Grundwasser vergifteten. Am liebsten hätte ich laut herausgeschrien: »Du glückliches Miststück! Schau mich an, mir steht die Scheiße bis zum Hals!« Stattdessen stellte ich ihr eine Frage zu Lizzies Beerdigung, und der gallenbittere Geschmack im Mund ließ nach. Dann rief der Kameramann »Cut«, weil er die Filmrolle wechseln musste, und ich eilte zur Toilette, um mich zu beruhigen.

Ich wurde ebenfalls für den Film interviewt. Um ehrlich zu sein, ich konnte meine armselige Handvoll Bilder auf nicht mehr als fünf Minuten aufblähen, also brauchte ich etwas, um die restlichen 24 Minuten und 15 Sekunden zwischen Vor- und Abspann zu füllen. Und ich war der Einzige, der die Geschichte erzählen konnte.

Da ich mich kaum selbst interviewen konnte, bat ich eine weitere Philippa (nicht meine Schwester, eine Kollegin) darum. Zufällig war sie die beste Dokumentarinterviewerin, der ich jemals begegnet war. Als sie zusagte – »ja, klar, ist mir eine Ehre« –, hatte ich auf einmal das Gefühl, einen richtigen Film in der Mache zu haben.

Sie interviewte mich in der Küche unseres Hauses in Bath. Es war wie eine Beichte, grausame drei Stunden, in denen ich in der fahlen Kälte meines Hauses saß (weil die Heizung solchen Lärm verursachte, bestand der Ton-Aufnahmeleiter darauf, sie abzuschalten, obwohl Januar war) und erneut das Leid meiner Geschichte durchlebte. Das alles vor sechs ernsten Leuten, die mein Team bildeten. Es war von einer schrecklichen Öffentlichkeit.

»Wenn es wehtut, ist es wirklich«, sagte ich. »Seit Lizzies Tod habe ich mich nur wirklich gefühlt, wenn es wehtut …«

Ich schaffte es gerade so, die Tränen zurückzuhalten.

»Nur weil jemand tot ist, heißt das nicht, dass man ihn nicht mehr liebt. Und das ist hart. Sehr hart. An jenem Tag ist auch etwas in mir getötet worden …«

Ich krallte mich immer fester an den Stuhl. Meine Knöchel wurden ganz weiß. Ich weinte, aber es war mir egal.

»Lizzie und ich, wir waren fast ein und dieselbe Person. Sie zu verlieren war für mich, als hätte man mir einen Arm abgerissen. Der Schaden, der dadurch entsteht, ist immens, *immens*, die Schockwellen sind heftig, und noch jetzt frage ich mich, wie viel Schaden uns dadurch entstanden ist. Ich habe mehr verloren, als ich ertragen kann, mehr als ich ertragen kann … Ich habe Menschen gesehen, die durch ihren Schmerz weggefegt wurden. Er ist ein schwarzes Loch … Nichts ist mit diesem Schmerz zu vergleichen. Man entkommt ihm nicht. Ich bin zu einem stärkeren Menschen geworden, nachdem ich das alles durchgemacht habe, ganz bestimmt. Aber sieht man andere, die darunter leiden, berührt es einen, als würde ein Knopf gedrückt, die Wunde reißt wieder auf, und dann denke ich, Gott sei Dank bin ich nicht mehr dort an diesem schrecklichen Ort.«

Nach drei Stunden machten wir Mittagspause in einem Pub an der Ecke, das Interview war vorüber.

»Jeremy, warum um alles in der Welt machst du diesen Film?«, fragte mich Philippa.

»Ich ... ich dachte, es hätte eine kathartische Wirkung.«

»Jeremy, Katharsis gibt es in der griechischen Tragödie, aber nicht in einem Leben wie deinem oder meinem. Du Trottel.«

Es ernüchterte mich, aber es war viel zu spät, um noch umzukehren: Ich war angeseilt und erstieg mit meinem Team eine tückische Felswand. Ich musste es zum Gipfel schaffen. Es gab keine Umkehr.

Sie erinnern sich vielleicht, dass John Hall, mein Psychiater, mir gesagt hatte, irgendwann müsse ich nach York zurückkehren. Also beschloss ich, unter dem Deckmantel meines Films das Zimmer aufzusuchen, in dem Lizzie ermordet worden war. Ich dachte, es würde der Höhepunkt des Films werden.

Ich erwähnte das gegenüber John Hall, als ich ihn interviewte. »Hmm. Als ich Ihnen sagte, Sie sollen nach York fahren, dachte ich nicht, dass Sie mit einer Filmcrew in das Zimmer wollen, in dem Lizzie gestorben ist.« Sein Subtext lautete wohl: »Haben Sie jetzt völlig den Verstand verloren?«

»Verstehe.«

»Ich finde es ein wenig extrem.«

Ein wenig extrem fand es auch die Universität York. Sie verweigerten mir die Dreherlaubnis. Aber ich war nicht mehr aufzuhalten und unternahm zwei Nötigungsversuche, die an Erpressung grenzten. Peter Symes war mit der Frau des Vizekanzlers befreundet und setzte sie unter Druck. In der Zwischenzeit schrieb ich einen fiesen Brief an die Pressestelle der

Universität (samt Kopien an jeden, der irgendwas an der Uni darstellte) und führte darin aus, dass ich, sollte man mir weiterhin die Drehgenehmigung verweigern, das im Film thematisieren wolle. Ich würde BBC-Archivaufnahmen zeigen und die Universität durch den Dreck ziehen.

Keine besonders nette Taktik, aber sie ging auf. Die Universität rief meinen Rechercheur an und erlaubte uns, in dem Zimmer zu filmen, unter der Bedingung, dass nicht kenntlich gemacht würde, wo sich dieses Zimmer genau befand. Und wir mussten bis zum Ende der Woche mit den Dreharbeiten fertig sein. Der Anruf kam am Dienstag. Wir meldeten uns für den Freitagvormittag um elf Uhr auf dem Campus an. Ich hatte drei Tage zur Vorbereitung.

Eiligst trommelten wir die Crew zusammen; am Donnerstag nach dem Mittagessen machten wir uns auf den Weg nach York. Es war eine grausige Fahrt, ein wenig wie bei Frodo und seinen Gefährten, die sich dem Schicksalsberg näherten. Je näher wir York kamen, umso verdrießlicher wurde ich. John Hall hatte recht: Warum in Herrgotts Namen machte ich das?

Am Morgen des nächsten Tages filmten die Kollegen im Bahnhof in York, wo Lizzie angekommen war, während ich in einem schwarzen Taxi saß und mir Lizzies letzte Fahrt zum Campus vorstellte. Der Vormittag zog sich hin, dann, um Viertel vor elf, baten wir den Taxifahrer, zur Universität zu fahren. Vor dem Gebäudeblock, in dem Lizzie gestorben war, empfing uns ein unglücklicher Mitarbeiter der Pressestelle. Es waren Ferien, das Gelände war völlig verwaist.

Schneeregen fiel.

Wir hatten nur einen Versuch – man kann nur einmal filmen, wie ein Mann zum ersten Mal den Sterbeort seiner Frau besucht. Ein Retake war nicht möglich. Mein Rechercheur und mein Kameramann gingen mit dem Mitarbeiter der Pressestelle in das Zimmer, während ich im Taxi sitzen blieb und zu verdrängen versuchte, was ich hier eigentlich tat. Zimmer aufgesperrt und ausgekundschaftet, meldeten sie, und plötzlich war ich auf der Rollbahn und startklar. Ich kam mir wie ein Schauspieler vor, ich tat nur so, als würde das alles wirklich geschehen. Ich wusste, ich musste trübsinnig aussehen, also dachte ich mir »trübsinnig«, und noch während mir das durch den Kopf ging, waren wir schon unterwegs. Ich dachte nicht mehr wirklich daran, was ich durchmachte, und schützte mich dadurch, dass ich mir vorzustellen versuchte, wie ich im Film aussah. Bewusst langsam stieg ich die Treppe hinauf, weil es dem Kameramann und dem Ton-Aufnahmeleiter zugutekam, die, mich filmend, rückwärts hoch mussten. Und bewegten sich trübsinnige Menschen nicht langsam?

Wir erreichten das Treppenende, gingen durch den Gang, ich übersah die Tür und musste wieder zurück. Dann stand ich davor, als würde ich auf ein Signal warten, schließlich öffnete ich die Tür und betrat den Raum, in dem Lizzie ermordet worden war.

Was hatte ich erwartet?

Es war nur ein einfaches, frisch gestrichenes, leeres Universitäts-Arbeitszimmer im obersten Stock eines 1970 erbauten Studentengebäudes. Obwohl ich die Universität gut kannte, hatte ich mir das Zimmer ganz anders vorgestellt.

Zunächst war es nur ein Raum, aber je länger ich dort stand und darüber nachdachte, was ich hier tat, umso mehr wurde er zum tristesten, einsamsten Ort des Universums – obwohl wir uns zu dritt, noch dazu mit einer Kamera, in das kleine Zimmer drängten.

Lizzie war nicht da.

Ich versuchte, mir ihren Tod vorzustellen, aber mein Verstand machte nicht mit. Ich konnte sie mir am Schreibtisch bei ihrer Arbeit vorstellen; ich konnte mir vorstellen, wie es an der Tür klopfte, ich konnte mir vorstellen, dass sie gleich umgebracht werden würde, aber dann war Schluss.

Ich brach in Tränen aus.

Es war der letzte Ort, an dem sich Lizzie aufgehalten hatte, und ich sehnte mich verzweifelt danach, dass sie hier war. Aber sie war es nicht. Ein Nebel aus Trauer und Einsamkeit umgab mich, der an körperlichen Schmerz grenzte. Ich wollte gehen; stattdessen nahm ich am Schreibtisch Platz, vergrub das Gesicht in den Händen und spürte nur undeutlich die Gegenwart der beiden anderen Menschen, die nicht recht wussten, wie sie mit der schrecklichen Szene umgehen sollten, die sie gerade filmten. Ich wollte bei Lizzie sein, aber Lizzie war nicht da. Ich wollte von dieser Klippe springen, diesem Gipfel der Schrecklichkeit, und im Vergessen versinken.

Dann erhob ich mich, wischte mir die Tränen und den Rotz weg und sagte: »Gehen wir.« Ich warf einen letzten Blick auf den bedeutungslosen Raum, und bevor ich mich versah, war ich wieder unten und wurde von meiner Assistentin und meinem Rechercheur umarmt.

»Es war schrecklich.«

»Du siehst fertig aus.«

»Es geht mir fürchterlich. Als käme ich gerade aus einer Schlacht.«

Ich war sprachlos. Ich stand unter Schock.

Ich setzte mich ins Taxi, während sie die letzten Dinge mit dem Pressemitarbeiter besprachen. Der Kameramann machte noch einige Aufnahmen, dann fuhren wir nach Hause. Auf dem gesamten Rückweg schlief ich.

Ich hatte Lizzie dort nicht gefunden, aber ich konnte mir ihren Tod danach auf eine Art und Weise vorstellen, die mir vorher nicht möglich gewesen war. Wahrscheinlich wünschte ich mir, es wäre anders. In dem kleinen Zimmer begegnete ich dem größten Leid, dem ich mich jemals stellen musste, und einer nachtschwarzen Einsamkeit. Welche Vergeudung, die hier stattgefunden hatte, Lizzies Tragödie. Ich kam ihrem Tod näher. Dem Mord. Dem Bösen, das ihr angetan worden war. Ich dachte, wenn ich mich ihrem Tod stellte, könnte ich sie ins Leben zurückholen. Das geschah nicht, aber ich hatte die Tortur überlebt.

Seitdem war ich nie mehr in York.

Dann musste ich das verdammte Ding schneiden. Ich hatte vier Wochen dafür, was großzügig bemessen war.

Die erste Woche machte Spaß: Wir stellten einzelne Teile zusammen und gaben allem eine lockere Struktur. Dann musste ich weg, was dem Cutter gefiel: »Dann kann ich ja schon mal bei der letzten Sequenz im Zimmer die Schere ansetzen.«

Als ich zurückkam, hatte er die Zimmer-Szene von zwölf Minuten (so lange hatte mein schrecklicher Besuch gedauert) auf etwa zehn zusammengestutzt. Zuzusehen, wie Robbenbabys erschlagen werden, war erbaulicher als diese zehn Minuten reinen Elends. Wir schnitten uns hindurch, bis etwa drei fürchterliche Minuten übrig blieben.

Die zweite Woche war schwierig, wurde aber von den Mädchen aufgehellt, die – sie hatten Ferien – jeden Tag zu mir in den Schneideraum kamen. Während Pete (der Cutter) und ich den Film bearbeiteten, verlegten sich die Mädchen darauf, ihre eigenen Filme zusammenzustellen, was ihnen großen Spaß machte.

Die dritte Woche war schon härter. Die Mädchen waren wieder in der Schule, und unsere Optionen schränkten sich allmählich immer mehr ein. Die vierte Woche war unglaublich hart: Zum einen mussten wir meine private Heulorgie mehreren Chefs zeigen, wobei ich mich wund und aufgerissen fühlte, zum anderen mussten wir jetzt ganz präzise jedes einzelne Bild und den Takt festlegen, in dem die Geschichte erzählt wurde. Der Film in seiner skrupellosen Logik verzeiht nichts. Ein guter Film fließt ungehindert wie Wasser, er besitzt einen eigenen Rhythmus. In der Prosa oder bei Gesprächen kann man ausholen und abschweifen, man kann sich im Kreis drehen, und es funktioniert dennoch. Der Film dagegen ist ein Medium, in dem glasklares, knappes, unzweideutiges Denken nötig ist.

Die Arbeit im Schnittstudio zwang mich dazu, Ordnung in das Chaos zu bringen, das Lizzies Tod heraufbeschworen hatte. Ich kam dem Zusammenbruch so nahe wie nie zuvor, aber am Freitag der vierten Woche, abends um acht, war der Film fertig.

Zwei Abende später zeigte ich Maka bei uns zu Hause die Endfassung. Ständig sind Standaufnahmen von Lizzie zu sehen, die immer wieder zu einer rätselhaften Aufnahme zurückkehren, auf der sie von der Kamera wegschaut. In der Szene, in der ich einsam im Todeszimmer sitze, teilt sich der Bildschirm, eine Hälfte wird von diesem Bild eingenommen, das langsam immer größer wird, bis es den gesamten Bildschirm füllt. Daraufhin wird das Bild lebendig, Lizzie drehte den Kopf und sieht in die Kamera, worauf es wieder einfriert und sich zu silbernen Regentropfen an einer Fensterscheibe auflöst. Grundlage dafür war die einzige Videoaufnahme, die ich von Lizzie besaß. Der gesamte Film – sein Titel lautet: *A Moving Image (Ein bewegtes Bild)* – ist um diesen vier Sekunden langen Clip herumgebaut, mit dem der Film endet. Die Statue erwacht zum Leben.

Als sie diese Stelle sah, murmelte Maka nur: »O, meine Lizzie«, und umarmte mich.

In unserem gemütlichen Wohnzimmer, umgeben von meinen und Lizzies Büchern, mit Blick auf die glitzernden Lichter von Bath – der Stadt, die sie ihr Zuhause nannte –, während die Kinder oben in ihren Betten schliefen und die Katze auf dem Sofa döste, drehte sich Lizzie zu uns um und sah uns an. In dem Augenblick, in dem ich uns zwang, uns der schrecklichen Wirklichkeit des Mordes zu stellen, war es durch das Kunstmittel des Films möglich geworden, dass sie bei uns war. Mit ihren weichen kastanienbraunen Haaren, ihren warmen, zärtlich braunen Augen, einem liebevollen Lächeln auf den Lippen und einer selbstgefällig-zufriedenen, glücklichen Lucy auf dem Schoß … ist Lizzie, meine geliebte Lizzie hier bei uns. Ich spüre ihre Wärme, ihre Liebe, ihre Zufriedenheit. Ich spüre unsere Ehe, unseren Bund fürs Leben. Ich sehe ihre Schönheit, ich kann ihre weiche, makellose Haut riechen, ich erinnere mich an ihre stotternde, schnelle Redeweise, ihre rastlose Intelligenz, ihre Direktheit, ihre Unkompliziertheit. Ihr Wesen ist bei mir. Ich bin so glücklich, dass ich weine, und Maka wiederholt nur: »Mein Liebling, mein liebes Mädchen«, und dann ist der Augenblick vorüber, aber ich werde ihn immer im Herzen tragen.

Ich habe der Gorgo ins Antlitz gestarrt und bin als Sieger daraus hervorgegangen.

Erschöpft nahm ich mir den Rest des Monats frei und werkelte im Haus. Ich baute Regale, machte mich im Garten zu schaffen (ich – gärtnern! – verfluchte Scheiße) und lud meinen Akku wieder auf. Ich kam mir vor, als erholte ich mich von einem Kriegstrauma.

Diese Pause gab mir die Chance, darüber nachzudenken, was uns zugestoßen war. Hatten wir durch Lizzies Tod Schaden genommen? Ich betrachtete meine Cousine, deren Vater gestorben war und deren Mutter nur scheinbar damit zurechtgekommen, letztlich aber daran zerbrochen war – sie hatte genügend Geld, hatte kaum gearbeitet und ihren Kummer in Alkohol ertränkt. Hatte ihre Mutter durch den Tod ihres Mannes Schaden genommen? Ich denke ja.

Ich betrachtete einen ehemaligen Kollegen. Er hatte eine Affäre mit seiner Chefin, fuhr spät nachts von Liverpool nach Hause zu seiner Familie in Manchester, als ihm auf der zweispurigen Schnellstraße ein Mann vor den Wagen rannte. Er erfasste ihn, der andere war auf der Stelle tot. Das Leben meines Kollegen ging in die Brüche. Ich erinnerte mich, wie er in meinem Büro saß.

»Wenn ich dich so sehe, du lässt dich nicht unterkriegen. Was dir passiert ist, ist viel schlimmer als das, was mir passiert ist, trotzdem bin ich ein Wrack und du nicht. Warum?«

Ist es das Glück der Götter, Glück, das das Schicksal mir zugedacht hat? Ja und nein. Ich hatte zwei Kinder großzuziehen, ich hatte einen Grund, jeden Morgen aufzustehen und mir den Lebensunterhalt zu verdienen, anders hätten wir uns nicht versorgen können. Rappel dich auf, klopf dir den Staub ab und mach weiter. Du musst tun, was du zu tun hast. Während sein Leben auf Sand gebaut war, stand meines auf einem sicheren Fundament. Trotzdem habe ich im Grunde keine Antwort auf seine verzweifelte Frage.

Und die Mädchen? Einige Monate nach Lizzies Tod kamen Karin und David zum Essen. Ihre beiden Töchter, im gleichen Alter wie Jessica und Lucy, spielten mit meinen Mädchen im Garten. Als ich das Essen machte (wohlgemerkt, ich verwende nicht das Wort »kochen«), sah Karin den vieren beim Spielen zu. Jessica erzählte allen, was sie zu tun hatten, und Lucy unterstützte sie darin.

»Jeremy, wenn man mich fragen würde und ich es nicht besser wüsste, würde ich sagen, dass nicht deine beiden gerade eine schreckliche Tragödie durchgemacht haben, sondern unsere Mädchen. Jessica und Lucy sind sich ihrer und ihres Platzes in der Welt so sicher.«

Karin hatte recht. Wenn ich sie mir heute ansehe, sind die beiden zu ganz normalen jungen Frauen herangewachsen, und dabei klopfe ich auf Holz und kreuze die Finger, denn es hätte so leicht anders kommen können.

Aber Lizzie? Dreimal habe ich seit ihrem Tod von ihr geträumt, diese Träume haben mich monatelang verfolgt, so, als wäre sie wieder in mein Leben zurückgekehrt. So wie ihre Bücher mit meinen Büchern auf den Regalen vermischt sind, die sich in fast allen Räumen unseres Hauses finden, so ist auch ihr Leben mit unserem vermengt. Im Moment lese ich *Madame Bovary*; es ist die Ausgabe, die Lizzie während unserer Abschlussprüfungen gekauft hat. Die meisten Menschen hätten zur Ablenkung von den Examensprüfungen Zeitschriften wie *Private Eye* oder *OK* durchgeblättert, nicht aber Lizzie, die sich einen der wichtigsten Texte des 19. Jahrhunderts heraussuchte und dessen Lektüre nicht als Arbeit ansah, obwohl er auf Französisch und nicht auf Englisch verfasst ist. Wir benutzen noch immer die blau-weiße Kätzchentasse, das Geschenk der Mädchen zu ihrem letzten Geburtstag. Sie hat unsichtbar teil an unserem Leben – ich sehe Lizzie vor mir, wenn Lucy sich die Nase putzt, wenn Lucy sich hinsetzt, um Cello zu spielen, wenn sie sich konzentriert. Ich habe ein Foto auf meinem Schreibtisch, das Lizzie im Alter von sieben Jahren zeigt – jedes Mal, wenn mein Blick darauf fällt, glaube ich, es sei Jessica. Nicht nur, weil sie sich so ähnlich sehen (Jessica gleicht ihrer Mutter mittlerweile überhaupt nicht mehr), sondern weil ihre Haltung und ihr nachdenklicher Blick das getreue Abbild von Jessica in jenem Alter sind. Seltsam zu sehen, dass sich Jessica emotional genau wie ihre Mutter verhält. Als sie sich auf die Prüfungen für die weiterführende Schule vorbereitete, war es, als wäre Lizzie im Haus.

Ich denke jeden Tag an sie. Jeden einzelnen Tag seit ihrem Tod habe ich an Lizzie gedacht, und manchmal treibt mich die lächerliche Sorge um, dass sie uns nicht mehr finden würde, wenn sie zurückkommt, weil wir umgezogen sind, oder Jessica und Lucy nicht mehr erkennen würde, weil sie sich verändert haben. Wäre Lizzie noch am Leben, was würde sie jetzt tun? Etwas anderes, dessen bin ich mir sicher, aber es wäre weder schlechter noch besser.

Auch wenn Lizzie in meinem Herzen und in unseren Erinnerungen weiterlebt, wird sie nicht mehr zurückkehren. Das Leben, das wir zusammen geführt haben, fühlt sich an, als wäre es das einer anderen Person, nicht meines, sondern eines ganz anderen Jeremy Howe. Ich habe mich verändert, aber ich habe keinen Schaden davongetragen. Lizzie hat nicht nur Schaden genommen, sie wurde ausgelöscht.

Einige Monate später wurde der Film ausgestrahlt. Ich sorgte dafür, dass ich zu diesem Zeitpunkt, den Sommerferien, außer Landes war. Deda hasste ihn. Die sowieso fragwürdige Beziehung, in der ich zu dieser Zeit lebte, ging endgültig in die Brüche – der Vater meiner Partnerin sah den Film und meinte: »Dafür gehört er ausgepeitscht.« Manche Kritiker in der Presse fanden ihn furchtbar, die meisten aber bewunderten ihn für seine zehrende Ehrlichkeit. Und ich bekam den größten Postsack mit mehreren hundert Briefen, den ich jemals für eine Sendung erhielt. Einer nannte ihn zügellos und widerwärtig, die anderen aber waren hin und weg und dankten mir dafür, dass ich meine Geschichte mit ihnen geteilt hatte.

Ich habe ihn nie den Kindern gezeigt. Ich hatte, falls sie ihn sehen wollten, eine bearbeitete Fassung, in der die allzu drastischen Details zum Mord herausgeschnitten waren, aber sie fragten nie danach.

Und meine Interviewerin Philippa hatte unrecht. Er *hatte* kathartische Wirkung. Ich wurde ein anderer Mensch. All die belastenden Dinge, mit denen ich bei der Bearbeitung des Films zu kämpfen hatte, waren tatsächlich in eine Art Ordnung gebracht worden: Ich packte sie weg und schloss die Schublade, um leichter, unbelasteter weiterzuziehen. Was ich tatsächlich getan habe.

Kapitel 22

In der siebten Phase des Schmerzes geht es um Akzeptanz und Hoffnung. Meine Geschichte hat ein Happy End. Ein sehr glückliches Happy End.

Vor langer Zeit war ich einmal Theaterregisseur. Als Lizzie mit Jessica schwanger war und ich als Freiberufler so gut wie nichts verdiente, meinte sie, dass ich einen richtigen Beruf brauche. Also verließ ich das Theater und ging zur BBC (was nicht so leicht war, aber schließlich ist das hier eine glückliche Geschichte).

Zehn Jahre später rief mich aus heiterem Himmel mein alter Chef vom Theater an.

»Jeremy, ich suche eine Schottin, die ein Stück für mich auf die Bühne stellt, da hab ich an dich gedacht«, sagte er und lachte dabei.

Daher nahm ich mir zwei Monate nach der Ausstrahlung von *A Moving Image* unbezahlten Urlaub von der BBC und fuhr nach Perth in Schottland, um bei Terrence Rattingans *In Praise of Love* Regie zu führen, einem wunderbaren Stück über ein Ehepaar mittleren Alters, das weiß, dass die Frau bald sterben wird. Ein Stück über den Versuch, den Verlust zu verarbeiten, bevor er eintritt. Ich fragte mich nur, warum ich die schottische Regisseurin sein sollte, die er suchte.

Mein dreiwöchiger Aufenthalt in Perth war die längste Zeit, die ich von den Mädchen getrennt war.

Da mein vierzigster Geburtstag in diese Zeit fiel, arrangierte ich, dass Kerry übers Wochenende mit Jessica und Lucy zu mir kam. Ich ließ sie drei Tage von der Schule freistellen, gab ihnen eine gewaltige Geldsumme für Comics und Süßigkeiten, damit sie die unermesslich lange Zugfahrt überstanden, ich schickte ihnen eine Liste mit Dingen, nach denen sie vom Zugfenster Ausschau halten sollten, und am frühen Donnerstagabend trafen sie müde, aber aufgeregt, zum ersten Mal in ihrem Leben in Schottland ein.

Am Freitag vertrödelten sie die Zeit, während ich bei den Proben war.

Am Samstagvormittag kamen sie mit ins Theater, und während ich probte, machten sie sich mit dem Inspizienten über die Requisiten her und probierten die Kostüme an, die für das Weihnachtsspiel vorbereitet wurden (das als Nächstes auf dem Spielplan stand). Nach dem Mittagessen – mit den Proben hatte es sich für diese Woche – fuhren wir nach Edinburgh, besuchten unterwegs die Deep Sea World bei Forth Bridge (Großbritanniens größtes Aquarium – mit Haien!), gingen durch die Princes Street, machten einen Schaufensterbummel, fuhren auf dem Karussell bei der National Gallery und genossen ein auserlesenes Geburtstagsmenü bei Pizza Hut auf der Royal Mile. Müde, aber bester Stimmung kehrten wir nach Perth zurück. Jessica, Lucy und Kerry gingen ins Bett, ich blieb auf und sah mir einen Film an.

Schlaflos in Seattle war im Herbst des Jahres in die Kinos gekommen, in dem Lizzie ermordet wurde. Ich hatte ihn gemieden. Freunde sagten mir: »Jeremy, du musst dir unbedingt *Schlaflos in Seattle* ansehen, es kommt so viel von dir vor … na ja, vielleicht solltest du ihn dir lieber doch nicht ansehen. Wenn ich's mir recht überlege, solltest du ihn dir auf keinen Fall ansehen.« Also hatte ich ihn nicht gesehen. Bis ich ihn schließlich an jenem November-Samstagabend in Perth, wo ich ein Stück über die Liebe inszenierte, im Fernsehen sah.

Der Film haute mich um. In Tränen aufgelöst rief ich noch während des Abspanns Jennie an.

Jennie?

Jennie war mir im Frühjahr von meinen früheren Vorgesetzten bei Channel 4, Karin und David, in deren Cottage in Somerset bei einem Essen vorgestellt worden. Jennie unterrichtete an der National Film and Television School in der Nähe von London, wohnte aber in einem Cottage im Norden Devons, und auf dem Heimweg dorthin war sie zu uns gestoßen. Früher war sie als Filmproduzentin tätig gewesen – sie hatte »richtige« Filme produziert, für die man Geld zahlte, damit man sie im Kino sehen durfte, nicht so zusammengeschusterten TV-Kinkerlitzchen wie meinem Werk. Irgendwann hatte sie von der Branche die Schnauze voll gehabt und sich zurückgezogen, um zu schreiben und hin und wieder zu unterrichten.

Es war ein wunderbares Essen. Es gab nicht den geringsten Grund anzunehmen, dass Karin und David vorhatten, uns zu verkuppeln, aber Jennie und ich verstanden uns auf Anhieb, und wir vereinbarten locker, uns im Sommer wieder zu treffen, da ich und die Kinder zufällig mit meiner Schwester und meiner Mutter mitsamt Anhang für eine Woche im Norden Devons Urlaub machen wollten. Es wäre dämlich gewesen, sie nicht zu treffen, wenn wir schon mal da waren. Ich rief sie also im Sommer von unserem gemieteten Feriencottage aus an, erreichte sie aber nicht. Ich schickte ihr eine Karte und dachte nicht mehr darüber nach, doch dann lud sie sich mit ihrer Antwortkarte quasi selbst zum Essen ein. »Eine Freundin von mir hat einen Stapel Kinderbücher, für die sie keine Verwendung mehr hat. Vielleicht haben deine Mädchen ja Lust darauf? Alles Liebe, Jennie.«

Wir trafen uns zum Essen. Sie schenkte den Kindern zwei Kartons mit Büchern (und teurer Schokolade), die sie sofort in Sicherheit brachten. »Papa, was sollen wir jetzt machen?«

»Warum spielt ihr nicht einfach?«

»Einfach nur spielen?«

»Ja, einfach nur spielen.« Sie zogen nach oben ab und spielten einfach nur, während Jennie und ich miteinander plauderten. Wir verstanden uns ganz gut.

Zwei Wochen später trafen wir uns zum Abendessen.

Für die darauffolgende Woche vereinbarten wir, dass sie mich in London abholte, wo ich den Vormittag über einen Kurzfilm begutachten sollte. Sie sollte mich dann nach Bath mitnehmen, wo sie bei ihrem Bruder übernachten wollte, der in einem Dorf in der Nähe lebte.

Am Freitagmorgen trafen wir uns um elf Uhr im Schneideraum. Was ich ihr nicht gesagt hatte – ich beichtete es erst ein Jahr später: Am Abend zuvor, so gegen zehn Uhr, war mein Termin abgesagt worden. »Der Film ist noch nicht so weit, dass man ihn sehen könnte, tut uns leid, Jeremy.« Ich war daher frühmorgens nur nach London gefahren, um mit Jennie nach Hause fahren zu können. Auf dieser Fahrt funkte es zwischen uns. Und dann war ich auch schon nach Perth entschwunden …

»Hast du *Schlaflos in Seattle* gesehen?«, fragte ich sie am Telefon.

»Klar.« Sie weinte. Die nächsten zwei Stunden redeten wir und redeten.

Am Tag vor meinem vierzigsten Geburtstag hatte ich

mich verliebt. Ich war 39 Jahre und 364 Tage alt und wusste, was Liebe ist; das hier war keine Affäre, sondern das einzig Wahre. Jennie war schön, intelligent, geistreich, charmant, und trotz ihrer bunten Vergangenheit war sie mir unglaublich ähnlich. Sie war mit einem Jazztrompeter verheiratet gewesen, geschieden, hatte mit über dreißig ihren Lehrerberuf aufgegeben, verfasste Drehbücher, führte Regie, arbeitete schließlich als Filmproduzentin in Hollywood und produzierte eine Reihe erstklassiger Spielfilme, von Komödien bis zu Kunstfilmen. Und doch waren wir beide ganz gewöhnliche, vernünftige englische Akademiker aus der Mittelschicht, die sich nur irgendwie in der verrückten Filmwelt gefunden hatten. Ich weiß, es klingt sonderbar, aber als ich an jenem Sonntagnachmittag mit Karin und David und Jennie im Garten saß und die Kinder an der Gartenmauer Handstand übten und Jennie erzählte, wie gern sie Kuchen backte – diese Frau, die zu den erfolgreichsten Filmproduzenten des Landes gehörte, liebte es, Kuchen zu backen! –, da wusste ich, dass sie etwas Besonderes war. Und sie war und ist witzig. Wir hatten uns viel zu erzählen, weil wir so vieles gemeinsam hatten.

Einige Wochen darauf zogen wir zusammen. Ich hatte nicht den geringsten Zweifel, ich zögerte keinen Augenblick. Obwohl wir uns erst seit zwei Monaten kannten, war es die leichteste Entscheidung meines Lebens. Ich erinnere mich, was mir mein kluger Ton-Aufnahmeleiter für *A Moving Image* von seiner Frau gesagt hatte, mit der er seit dreißig Jahren verheiratet war – er bedauere nur, sie nicht schon früher geheiratet zu haben. Wenn du weißt, dass du jemanden liebst, dann handle danach – genau das taten Jennie und ich. Für mich war es wie eine Heimkehr. Zum ersten Mal seit viereinhalb Jahren wurde unser Haus wieder zu einem Zuhause, mein Leben wurde wieder normal, wir wurden eine Familie, und das alles wegen Jennie. Jeremy, Jessica, Lucy und Jennie, unsere Familie. Ich legte meine Vergangenheit in die Schublade, von der Philippa gesprochen hatte, dazu den Ehering, den Lizzie mir angesteckt hatte, und ging meinen Weg weiter, nun nicht mehr als Witwer, sondern als normaler Mensch. Ein Teil meines Herzens wird immer Lizzie gehören, aber ich war nicht mehr in der Vergangenheit gefangen. Was wenige Monate zuvor noch unmöglich erschienen war, war jetzt plötzlich ganz einfach. Das ganz gewöhnliche Leben winkte mir zu. Ich liebe das gewöhnliche Leben. Eine chinesische Redensart lautet, man möge in interessanten Zeiten leben. Ich habe nicht das geringste Verlangen danach, in interessanten Zeiten zu leben.

Und das Happy End? Ich schreibe diese Zeilen am Meer in Kalifornien, während Jennie, seit über zehn Jahren meine Frau, im Zimmer nebenan schläft. Ich habe Liebe und eine Gefährtin und eine richtige Familie gefunden, Dinge, von denen ich glaubte, sie wären mir für immer entrissen. Jennie war Jessica und Lucy, die jetzt erwachsene Frauen sind, eine wunderbare Mutter. Der Grund für meinen Aufenthalt in Kalifornien: Lucy studiert an der Universität in San Diego; Jessica, die als Produktionsassistentin für einen Radiosender arbeitet, hat sich eine Woche freigenommen, um uns zu begleiten. Ich bin in meinem Leben und meiner Arbeit wieder in der richtigen Spur, ich bin glücklich und zufrieden, in einem Maße, wie ich es im Juli 1992 nie für möglich gehalten hätte. Ich höre den Wind in der Takelage der Jachten, die nicht weit von uns im Hafen liegen, und muss an den Sturm denken, der über unser Leben hinweggefegt ist. Diesen Sturm, in dem ich mich an Jessica und Lucy geklammert habe, während ich um mein

Leben fürchtete und mir einen Weg durch das Chaos bahnte. Das sind jetzt nur noch Erinnerungen, denn mir war es vergönnt, meinen Weg weiterzugehen. Ich werde nicht über die Gegenwart schreiben, über mein jetziges Leben, meine wunderbare Ehe, meine wunderschönen, erwachsenen Töchter, die ihr Gleichgewicht gefunden haben. Meine Geschichte handelt von einem einzigen, langen Augenblick in der Vergangenheit und wie er dazu beigetragen hat, uns, Jessica, Lucy und mich, zusammenzuschweißen. Wir haben nicht Schaden genommen, wir haben uns nur verändert. Um noch einmal Wordsworth ins Spiel zu bringen – diese Geschichte handelt von einem Vater, der zweier Frauen Mutter war: meiner beiden geliebten Töchter.

Danksagung

Wenn Lizzie und ich eine Strategie für die Erziehung der Mädchen oder einen unausgesprochenen Wunsch gehabt haben – sieht man von unseren Hakeleien ab, welche weiterführende Schule sie besuchen sollten (ich war für die örtliche Gesamtschule, Lizzie für die des Girls' Public Day School Trust; sie hat in Abwesenheit gewonnen) –, dann wohl den, dass ihre Kindheit idyllisch verlaufen und so lange wie möglich anhalten sollte. Die Ereignisse im Juli 1992 haben beides zunichtegemacht, aber ich hoffe, die Seiten, die Sie soeben gelesen haben, belegen, dass mit einigen Kompromissen und viel Improvisation Jessica und Lucy und ich selbst es ganz gut hingekriegt haben. Viele haben mir gesagt, wie toll ich meine Töchter großgezogen habe – ja, ich glaube, es ist mir geglückt, aber möglich wurde es nur durch die Liebe und Fürsorge von Freunden, Nachbarn und Experten. Wenn dieses Buch von etwas handelt, dann von der Liebe, der Hilfsbereitschaft und Zuneigung, die die Howes empfangen haben. Ich hoffe, es zeugt von der Liebe und Freundschaft in all ihren Erscheinungen.

Aus tiefstem Herzen möchte ich allen danken, Genannten wie Ungenannten, Lebenden wie den leider bereits Verstorbenen, die uns hilfreich die Hand gereicht haben, als wir es so dringend nötig hatten. Vor allem meiner Mutter, die zu krank ist, um dies noch zu lesen, meinem Bruder Jonathan und meiner Schwester Philippa; Yvonne und Malcolm, Ethel und Mirko, Louise und David und meiner Cousine Liz. Den von Lizzie ausgewählten Paten der Mädchen: Jane Weaver, ihren Eltern Inga-Stina und Roger Ewbank und ihrem Mann Sean; Martin und Phyllis Hatfull, Eoin O'Callaghan, Gill Manning, Rachel und Ian Kirk Smith und Sarah Michell und Robbie. Allen Freunden und Nachbarn: den Reads, den Unias, den Hooles, den Zawadas, Brills und Bedells, den Goreings und Golds, den Byrnes, den Thoroughgoods, den Pauls, den Huxleys, den Gledhills, den Tamblings, den Walls, den Hurrels, den Kennedys und weiteren – sie alle haben uns auf vielfältige Weise unterstützt. Den unterschiedlichsten Vorgesetzten, die im Text immer wieder auftauchen: David Rose und Karin Bamborough, Michael Winter, John Tydeman, Colin Rose, Jeremy Gibson und Peter Symes. Und meinen Kollegen, vor allem der verstorbenen Kate Poulton und ihrer Familie, Clive Brill, Alexa Moore, Henry Dagg, Janet Whitaker und Cherry Cookson, Rebecca Wilmshurst, Jeremy Mortimer, Philippa Lowthorpe, Val Mitchell, Isobel Pritchard, Jonathan Collinson Bloom, John Wilson und Peter Brownlee. Unseren Nannys Annette und Kerry, den Ärzten Forrest, Hall, Ganz, Potter und Rathbone, Jessica und Lucys Freunden und deren Müttern und ihren Lehrern: Mr. Townsend, Mr. Standish, Mrs. Nauman, Mrs. Draper, Elizabeth und Michelle im Besonderen, dazu vielen, vielen anderen – Freunden, Nachbarn, Arbeitskollegen und völlig Fremden, die uns alle nicht helfen mussten, es aber getan haben.

Ich sollte Di Speirs danken für den Rat, mir einen Agenten zu suchen, sowie meiner Agentin Charlotte Robertson von Aitken Alexander für ihre hervorragenden Anmerkungen.

Und natürlich meinem Lektor George Morley, der meine zerstückelte Prosa so fabelhaft redigierte.

Vor allem will ich Jennie und Jessica und Lucy danken. Ohne sie würde es diese Geschichte nicht geben, und ohne ihre Unterstützung und Liebe wäre ich nicht in der Lage gewesen, MamaPapa zu schreiben.

Ein Vermächtnis voller Liebe, Hoffnung und Weisheit

Christine Horgan
FÜR SEBASTIAN
Ein Vater, ein Wunsch
und ein Abschied für immer
Aus dem irischen Englisch
von Veronika Dünninger
272 Seiten
mit zahlreichen
Abbildungen
ISBN 978-3-404-61673-2

Jordan Ferguson war 35, als er erfuhr, dass er nur noch wenige Monate leben würde. Seine größte Sorge galt seinem neunjährigen Sohn, Sebastian. Er wollte ihm mehr hinterlassen als nur ein paar Habseligkeiten. Sein Buch ist eine einzigartige Sammlung inspirierender, persönlicher Botschaften von Malern, Musikern, Politikern, Managern und Sportstars – für Sebastian.